경인교육대학교 특성화사업단
C-멘토링 총서 4

초등교사를 위한 정치 교육 입문

설규주 · 강대현 공저

MENTORING

학지사

머리말

우리나라 대부분의 초등교사들은 하루에도 서너 과목, 일주일이면 대략 열 과목에 육박하는 수업을 하고 있다. 교사 개개인의 수업 역량을 언급하기 이전에, 이와 같은 초등학교 수업환경의 구조 자체는 교사에게 상당한 부담이 될 수 있다. 그중에서도 비교적 수업이 잘되는 과목이 있고 그렇지 않은 과목이 있을 수 있는데, 특히 사회 수업은 교사와 학생 모두에게 가르치고 배우기 어려운 과목으로 인식되고 있다. 그 이유로는 사회과에서 다루는 내용이 많고 어려우며 재미가 없다는 점이 가장 많이 제기되고 있으며, 그러한 속성을 지닌 대표적인 영역으로 정치 단원이 꼽힌다.

정치 단원을 소재로 하는 사회 수업을 잘 이끌어 간다는 것은 결코 쉬운 일이 아니다. 그러나 정치 단원은 현대사회에서 상충하는 다양한 이해관계를 합리적으로 조정하고 해결하는 능력과 태도 함양을 목표로 한다는 점에서 시민으로서의 자질을 기르고자 하는 사회과에서 결코 소홀히 할 수는 없는 영역이다. 이 책은 이러한 의의를 가진 정치 단원을 가르치는 초등교사에게 조금이나마 보탬을 주고자 하는 목적에서 집필되었다.

이를 위해 저자들은 2006년부터 2008년까지 정치 단원을 다루는 초등학교 사회 수업을 함께 관찰하고 분석하면서 그 특징을 파악해 왔다. 저자들은 수업 관찰 결과를 토대로 초등학교 정치 단원 수업의 특징을 크게 두 가지로 요약할 수 있었다. 첫째, 교사의 정치 관련 내용지식이 충분하지 못하다는 점이다. 대다수의 초등교사들은 교대의 사회과 관련 강좌에서 교수 · 학습 방법 위주로 학습을 했기 때문에 정치학 내용지식을 쌓을 충분한 기회를 갖지 못했다. 교생 실습 기간이나 임용 후 학교 현장에서도 여러 과목의 수업을 동시에 준비해야 하기 때문에 특별히 정치에 대한 내용만을 보강하기는 쉽지 않다. 둘째, 특정한 정치 관련 내용 지식과 거기에 가장 잘 어울리는 교수 · 학습 방법의 조합, 즉 정치학적 내용교수지식(Pedagogical Content Knowledge, 이하 PCK)이 효과적으로 발휘되지 못하고 있다는 점이다. 이것은 곧 정치 단원이 추구하는 목적과 내용에 적합한 교수 · 학습 방법이 선택 · 적용되지 못하는 것으로도 볼 수 있다.

초등학교 정치 단원 수업의 이와 같은 현실에 대한 대응으로서 이 책에서는 정치 관련 '내용지식'과 '내용교수지식'의 강화라는 처방을 제안하고 있다.

이를 위해 1장에서는 정치학에서 다루는 주요 개념과 원리를 영역별로 구분하여 제시하고 그에 대한 해설을 덧붙였다. 이 내용은 실제 초등학생들에게 그대로 가르쳐야 하는 것은 아니지만, 적어도 교사 수준에서는 정치학의 전반적인 구조와 맥락을 알고 있어야 한다는 판단에 따른 것이다.

2장에서는 제7차 및 2007 개정 교육과정의 정치 단원 내용과 현행 교과서 및 수업 관찰 결과를 분석하여 제시하였다. 여기서는 초등학교 수준은 물론 중등학교의 정치 교육 내용에 대한 개요를 제시하여 교육과정상에 나타나는 정치 관련 내용의 전체적인 흐름을 파악하는 데 도움을 줄 수 있도록 하였다. 또한, 현행 사회과의 정치 단원 교과서가 안고 있는 문제점을 구체적인 사례와 함께 제시하였고 초등교사 두 명의 정치 단원 수업의 특징과 문제점을 기술하였다.

3장에서는 초등학교에서의 정치 단원 수업이 왜 어려운가에 대한 진단을 교사와 학생 측면으로 나누어 제시하였다. 이 과정에서 초등교사와의 면담 자료, 학생들을 대상으로 한 설문조사 결과를 활용하였다. 교사의 경우 수업 내용 측면과 수업 방법 측면에서 살펴보았고, 학생의 경우에는 4학년과 6학년을 대상으로 정치 단원 수업에서의 어려운 점을 조사하였다.

4장에서는 지금까지 분석하고 진단한 초등학교 정치 단원 수업의 문제점을 개선하기 위해 필요한 처방을 제시하였다. 즉, 초등학교 정치 단원의 대안적인 수업 방안으로, 먼저 수업 내용 측면에서는 정치 단원의 주요 개념을 추출하고 그 개념의 교수학적 변환의 구체적인 사례들을 제시하였다. 또한 수업 방법 측면에서는 다섯 가지의 사례를 통해 정치 관련 내용교수지식을 강화하고 발휘하는 데 도움을 줄 수 있도록 하였다.

이 책은 초등학교 정치 단원 수업과 관련된 현장 교사들과 저자들의 문제의식이 바탕이 되어 기획되었다. 저자들의 능력의 한계로 말미암아 좀 더 내실 있고 완성도 높은 책을 만들어 내지 못한 것이 못내 아쉽고 부끄럽다. 다만, 이 책에 담겨 있는 작은 노력이 우리나라 어딘가의 초등학교 교실에서는 쉽고 재미있는, 그리고 의미 있는 수업의 소재로 활용되었으면 하는 것이 저자들의 소박한 바람이다.

이 책은 2008년 수도권 대학 특성화 지원사업의 재원을 받아 출판되었다. 이 책이 출판될 수 있도록 도와주신 경인교육대학교 특성화사업단과 학지사 관계자 여러분께 감사의 말씀을 전한다. 또한, 4장에서 정치 관련 주요 개념의 교수학적 변환 사례들을 만드는 데 귀한 도움을 주신 경인교육대학교 교육대학원 사회교육과 선생님들과 경인교육대학교 부설초등학교 선생님들께도 깊이 감사드린다.

2009년 2월

저자 설규주, 강대현

차례

제 1 장

초등교사를 위한 정치학 입문

1 초등교사에게 정치학이란

초등학교에서 정치학은 어떤 위상을 갖고 있을까. 초등교사들에게 정치학은 익숙한 학문일까, 아니면 생소한 학문일까. 초등교사들은 사회과 수업을 하면서 자신들이 정치나 정치학을 가르친다고 생각하고, 초등학생들은 자신들이 정치나 정치학을 배운다고 생각할까. 아마도 초등교사들의 경우 자신이 사회 과목을 가르친다고는 생각해도 정치나 정치학을 가르친다고 생각하는 경우는 많지 않을 것이다. 하물며 초등학생들은 자신들이 배우는 내용이 정치학의 개념과 원리(일반화)라는 것은 더더욱 모를 것이다.

사실, 초등학교에서 정치학은 사회과를 구성하는 세 가지 영역인 지리, 역사, 일반사회 중 일반사회 영역에 국한된 것이다. 그리고 정치학은 경제학, 사회학, 문화인류학, 법학 등과 더불어 일반사회 영역의 여러 배경 학문들 중 하나에 불과하다. 게다가 대부분의 초등교사는 사회과만을 가르치는 것이 아니라 10개 교과를 함께 가르치는 것이 일반적인 현실이다.

즉, 10개 교과 중 하나인 사회과에는 지리, 역사, 일반사회 등 세 가지 세부 영역이 있고, 그중 하나인 일반사회영역에는 정치학, 법학, 경제학, 사회학, 문화인류학 등의 다섯 가지 배경 학문이 있으며, 그중 하나인 정치학은 그 비율상 초등교사들이 알아야 할 내용지식(content knowledge) 중의 극히 일부에 불과하다. 이처럼 초등학교에서, 그리고 초등 사회과에서 정치학의 비중이 크지 않음에도 불구하고, 저자들이 이와 같은 '정치 단원 수업 입문' 성격의 책을 쓰는 일을 시작한 데에는 몇 가지 이유가 있다.

첫째, 아무리 교과의 세부 영역에 해당하는 정치학 내용이라고 하더라도, 모르고 가르친다는 것 자체는 문제가 된다는 점이다. 특히 초등교사들의 경우 학생에 대한 이해와 교수 · 학습 방법은 비교적 탁월하지만, 이에 비해 정치 내용 지식의 전문성이 떨어지는 것이 사실이기 때문에 이 점에서 초등교사들이 정치학의 주요 내용을 이해하려는 노력이 필요하다.

둘째, 다양한 공동체의 구성원인 시민을 양성하는 것을 목적으로 하고 있는 사회과 교육에서 정치학은 그야말로 중핵적인 내용 영역에 해당한다. 즉, 정치학은 일반사회 영역의 다른 배경 학문인 법학, 경제학, 사회학, 문화인류학 이전에 교사들이 반드시 알아야 할 시민교육의 가장 기본적이고 핵심적인 배경 학문인 것이다.

셋째, 정치학 개론, 교육과정과 교과서 상의 정치 단원, 정치 단원 수업 사례 등을 번거롭게 다른 출처를 통해서 확인하는 것보다는 하나의 책에서 배우는 것이 효과적일 수 있다. 따라서 초등 사회과와 정치학의 관계를 설정하는 것을 기초로 해서, 관련 정치 교육과정과 교과서, 정치 단원 수업 사례 등을 통해서 문제점을 확인하고 대안을 모색하는 작업을 하나의 책에서 동시에 진행하는 것이 보다 효율적이라고 볼 수 있다.

그래서 저자들은 정치학에 가장 먼저 관심을 가지고 초등교사들에게 정치 영역 수업을 준비하기 위한 기초 자료를 제공하는 측면에서 관련 내용을 정리하게 된 것이다. 이에 따라 이 장에서는 정치의 의미, 정치학의 성격, 정치학의 주요 개념, 정치학의 연구 방법 등에 대해서 개괄적으로 살펴보려고 한다.

2 정치, 그것이 알고 싶다[1)]

정치는 어원적으로 볼 때 고대 그리스의 폴리스(polis)라는 용어에서 비롯되었다. 폴리스는 당시의 도시국가(도시공동체)를 의미하였고, 여기에서 그 어원을 찾을 수 있는 정치(politics)는 폴리스 내에서 이루어지는 어떤 특정한 일이나 활동을 지칭하는 것이었다.[2)] 그러나 오늘날 그리스 사람들이 정치를 무엇으로 보았느냐는 어찌 보면 중요한 문제가 아닐 수도 있다. 왜냐하면 그 후의 정치학자들은 역사적 상황의 변화에 따라서 제각기 다른 문제의식을 갖고 정치에 대한 상이한 개념들을 지녔기 때문이다. 여기서는 먼저 정치를 국가 현상, 권력 현상, 정치 체계 등으로 인식하는 세 가지 관점에 대해서 설명하고, 정치의 의미에 대해서 종합적으로 논의하려고 한다.

1) 국가 현상설: "국가가 있는 곳에 정치가 있다"

많은 근대의 정치 사상가들은 정치를 국가의 법률과 같은 것으로 보았다. 그리하여 근대의 많은 정치 사상가들은 정치를 국가와 결부해서 생각하였다. 물론 이러한 국가 중심의 정치학 전통 속에서도 정치 사상가 개개인이 갖는 국가나 정치의 개념은 결코 동일하지 않았다. 예를 들어,

---

1) 정치의 의미 부분은 구영록 외(1992: 9-16)의 분류를 따라 내용을 정리하여 제시하였다.

2) 물론 고대 그리스의 폴리스에서 이루어진 정치 활동에 대해서는 아리스토텔레스(Aristoteles)의 『정치학』을 통해서 학문적으로 거론된 정치 내용을 추측할 수 있을 뿐이지, 현실의 정치 활동이 구체적으로 어떤 것이었는지 확인할 수 없다. 다만 『정치학』에서 아리스토텔레스의 정치 개념이 폴리스의 행복이라는 철학과 직결되어 있었다는 것만은 분명하다.

홉스(T. Hobbes)는 정치를 주로 질서를 유지하고 생명과 재산을 보호하는 일로 여겼다. 반면에 벤담(J. Bentham)은 입법을 정치의 기본으로 보고, 정치는 입법부의 구성 및 기능, 입법부가 심의, 통과시키는 법률 등을 의미하는 것으로 보았다.

물론 이러한 근대 서구의 자유주의적 정치관은 국가와 개인과의 관계를 중심으로 형성되었다는 특징이 있다. 근대 서구의 자유주의자들은 대체로 국가와 개인을 대립시켜 국가로부터 개인의 자유를 확보하는 것을 정치 이론의 주요 내용으로 삼았다. 그런가 하면 제2차 세계 대전 이후에 독립을 하게 된 대부분의 개발도상국에서는 이와는 다른 정치관이 대두되었다. 근대국가의 기초가 튼튼하지 못한 이들 국가에서는 국제적 위상을 지닌 국가를 건설하고, 근대국가가 요구하는 통합된 국민을 형성하는 것을 정치라고 보았다.

그러나 이러한 국가나 정치를 바라보는 관점들이 지닌 세부적인 차이에도 불구하고, 일반적으로 국가의 목적, 기능, 존재 양식과 관련된 것을 정치라고 보는 이론을 '국가 현상설'이라고 한다. 현실적으로 현대의 인간은 이 세상에 태어남과 동시에 어떤 한 국가의 국민이 되고, 국가가 정하는 법률에 따라 권리와 의무를 갖는다. 또한 이념적으로 개인과 국가는 일체가 되어 역사적 운명을 같이함을 원칙으로 하고, 도덕적으로는 국가에 대한 충성을 중요한 가치로 삼게 된다. 이러한 점에서 정치를 국가 현상으로 파악하는 견해는 논란의 여지에도 불구하고 여전히 설득력 있는 정치 개념으로 받아들여지고 있다.

2) 권력 현상설: "권력이 있는 곳에 정치가 있다"

현대사회에 접어들면서 정치가 작용하는 범주가 단지 국가로만 한정되지 않고 다양한 영역으로 확대된 측면이 있다. 현대사회의 시민은 국가 외에도 다양한 집단과 공동체에 소속되어 있고 공동체 안팎의 다양한 구성원들과의 상호작용을 경험하고 있다. 이에 따라 정치란 구성원들의 다양한 이해관계를 조정하고 갈등을 해결함으로써 구성원들이 소속하고 있는 공동체의 이상을 구현하는 것으로 정의해 볼 수 있다.

그 결과, 정치를 국가에 국한시키는 생각에 큰 변화가 생기고, 정치를 모든 사회에서 공통적으로 나타나는 지배와 피지배관계로 파악하려는 주장들이 나타나고 있다. 이러한 주장들에 의하면, 정치 현상은 권력 현상이며, 정치는 권력의 획득, 유지, 확대와 관련된 인간의 모든 활동을 의미하게 된다. 정치를 이같이 권력 현상으로 볼 때, 정치는 정복, 억압, 대립, 투쟁, 갈등, 타협, 복종 등의 여러 현상과 관련된다.

그러나 정치를 단순한 권력 현상 또는 지배 현상으로 바라보는 것에는 많은 문제점들이 있다. 첫째, 지배 · 피지배 현상은 인간의 모든 사회집단에서 정도의 차이는 있을지언정 대부분 존재하고 있어 정치의 의미를 너무 확대하는 측면이 있다. 둘째, 민주사회에서는 지배자와 피지배자의 구별이 없음이 원칙이다. 그리고 통치의 근거는 개인의 동의에 있는 까닭에 권력 현상만으로 진정한 의미의 민주정치를 설명할 수가 없다. 셋째, 인간은 특정한 개인이나 집단에 복종하는 경우보다는 오랜 역사를 지닌 전통이나 관습에 복종하는 경우가 많다. 넷째, 사회질서는 권력만으로 유지되지 않는다. 소위 정치는 정당한 통치를 의미하여 왔음을 생각해 볼 때, 정치를 단순히 권력에 의한 통치와 동일시할 수 없다.

이처럼 정치를 권력 현상과 동일시할 경우, 이상과 같은 난점들이 수반되는 까닭에 권력 현상설을 그대로 받아들일 수는 없다. 그렇다고 해서 국가 외의 다양한 정치적 성격을 지닌 공동체가 등장하고, 이들의 역할과 중요성이 부각되는 상황에서 전통적인 국가 현상설만을 고집할 수도 없는 상황이다. 이에 따라 정치를 새롭게 정의하는 시도들이 나타났다.

3) 정치 체계 이론: "사회적 가치를 배분하는 곳에 정치가 있다"

이스턴(D. Easton)은 국가나 권력 개념을 중심으로 정치 현상을 설명하는 종래의 방식에 대해 비판하고, 정치 개념을 새로운 시각에서 정의하였다. 이스턴은 국가나 권력 개념 그 자체의 불명확성과 중첩성이 국가나 권력 개념을 중심으로 정치 현상을 규명하는 노력에 한계를 갖게 한다고 보았다.[3)]

정치 현상을 국가 현상과 동일시할 때 나타나는 문제점은 우선 국가가 형성되기 이전의 정치 현상을 설명할 수 없다는 것이다. 또 국가 현상 그 자체도 인간의 복잡한 정치적 행동을 매개로 해서 비로소 표출된다고 볼 때, 종래의 국가 현상설은 국가 현상 이면의 복잡한 활동을 외면한 채 제도나 법 등과 같은 공식적 측면에 연구의 초점을 맞춤으로써 정치 현상의 능동성이나 역동성을 제대로 설명하지 못하게 된다.

또한 이스턴은 권력 중심의 연구 역시 정치 현상을 규명하는 데 한계를 갖는다고 보았다. 무엇보다도 권력 중심의 접근은 권력만을 유일한 변수로 간주함으로써 정치적 삶의 다른 측면들을 포착하는 데 실패하고 있다고 보았다. 인간의 정치적 삶은 오로지 지배를 위한 권력 투쟁의 측면만으로 구성되는 것이 아니라, 보다 다양하고 복합적인 정치적 활동으로 구성된다는 것이다.

이에 따라 이스턴은 정치 현상을 보다 포괄적이고 적실성 있게 연구하기 위해 국가나 권력 개념을 버릴 것을 역설하고, 그 대신 '확대된 정치적 삶의 지평'을 함축하고 있는 정치 체계(political system)라는 개념에 주목할 것을 주장한다. 여기서 이스턴이 보는 인간의 정치적 삶이란 '한 사

---

3) 이스턴은 국가 개념이 근대사에서 민족적 통합과 주권 확립을 위한 투쟁에 동원되었던 일종의 신화적 개념으로서, 모호하고 부정확한 성격을 지닌 것으로 비판하였다(구영록 외, 1992: 14에서 재인용).

회의 권위적 정책 수립이나 그 집행에 중요한 영향을 미치는 모든 종류의 활동'과 관련된다.

이러한 시각에서 이스턴은 정치를 '한 사회의 가치들을 권위적으로 배분하는 것'으로 정의하였다. 물론 이때, 이러한 정의를 구성하고 있는 가치, 배분, 권위적 등의 용어들이 각각 무엇을 의미하는가 하는 점이 문제가 된다.

첫째, '가치'라는 용어와 관련해서, 정치적 삶이 인간의 다양한 정치적 활동으로 구성된다고 볼 때, 이러한 다양한 정치적 활동은 그 사회의 '가치 있는 것들'을 둘러싸고 전개된다. 사회의 '가치 있는 것들'이란 부, 재화, 자원 등 물질적인 것과 권력, 존경, 명예 등 비물질적인 것으로 나누어 볼 수 있다.

둘째, '배분'이라는 용어와 관련해서, 인간 사회의 모든 중요한 문제는 이러한 가치들이 희소하기 때문에 구성원의 모든 욕구가 충족되지 못하는 데서 발생한다. 그 사회 내 가치의 존재량이 적으면 적을수록 이를 둘러싼 갈등과 경쟁은 치열해질 수밖에 없다. 따라서 가치의 배분을 둘러싼 갈등과 경쟁관계를 원만히 해결하기 위해서는 어느 정도의 조정과 통제의 필요성이 생기게 된다.

셋째, '권위적'이라는 용어와 관련해서, 이러한 조정과 통제는 가치를 배분하는 정책, 즉 '결정'과 '행동'으로 표출된다. 물론 정치학이 사회 내 가치의 모든 배분 문제를 연구 대상으로 삼을 수는 없다. 정치학은 오로지 권위적 배분만을 연구 대상으로 한다. 여기서 '권위적'이라는 말은 가치의 배분 과정에 참여하거나 그 배분에 영향을 입는 사람들이 그 결정에 '구속된다'는 의미를 갖는다.

이스턴의 이러한 정치 개념은 정치학 연구에서 있어서 인식의 지평과 영역을 보다 확대시켰으나, 최근에 이에 대해서 정치 체계 역시 매우 모호한 개념이라는 비판이 제기되고 있다. 오히려 최근에는 국가 개념을 정교화하여, 이를 중심으로 정치의 본질을 파악하려는 경향이 다시 나타나고 있다.

4) 종합적 논의

앞에서 살펴본 바와 같이, 정치를 국가, 권력, 정치 체계 등으로 정의내린다고 해서 정치 개념이 보다 분명해지는 것은 아니다. 오히려 각각의 정의는 현실의 정치 현상이나 정치 문제를 배제 또는 왜곡하거나, 다른 현상이나 문제까지를 불필요하게 포괄하는 문제점을 지니고 있다. 따라서, 어느 한 가지 방식의 관점을 배타적으로 취하기보다는 각각의 장단점을 고려하여 정치 개념을 이해하려는 자세를 갖는 것이 바람직하다.

한편, 우리들에게 익숙한 일상적인 정치 현상이나 문제들을 살펴보면, 적어도 두 가지 공통적인 특징을 추출할 수 있다. 하나는 ① 인간 집단을 위한 공동 결정이라는 특징이며, 다른 하나는 ② 인간 또는 인간 집단이 다른 인간 또는 다른 인간 집단의 행위에 영향을 미치려는 권력의 사용을 포함한다는 것이다(김계동 외 공역, 2008).

첫째, 정치는 일상생활에서 어떤 인간 집단과 그들 구성원 모두에게 하나의 집단으로서 공동으로 적용되는 결정을 해야 하는 경우와 관련된다. 물론 인간의 모든 행위가 집단을 위한 공동의 정책 수립을 포함하는 것은 아니다. 인간의 다양한 행위 중 정치는 인간 집단을 위한 공동 정책을 수립하는 데 기여하는 행위들로 구성되며, 그 정책들과 그 정책들의 수립 과정에 대한 사항만이 정치적 사항이 된다. 그러나 어떤 결정이 정치적인 결정이냐에 대해서는 관점에 따라 달라진다는 점에서 이러한 특징은 정치와 정치 이외의 현상이나 문제 사이에 경계를 모호하게 하는 점이 있다.

둘째, 정치는 어떤 개인 또는 집단에 의한 다른 개인 또는 집단에 대한 권력의 행사를 항상 포함한다. 다시 말해서, 인간 집단을 위한 공동 정책 결정은 집단의 일부 구성원이 집단의 다른 사람들에게 권력을 행사하는 방식으로 이루어진다. 이때 권력은 한 개인(집단)이 다른 사람(집단)의 행위에 영향을 미칠 수 있는 다양한 수단을 광범위하게 포함한다. 일반적으로 권력은 강제, 설득, 동기 구축 등에 의하여 행사될 수 있는데, 중요한 점은 모든 정치가 권력의 사용을 포함하고 있으며, 그러한 권력은 다양한 형태를 보인다는 점이다. 이러한 특징 역시 권력 개념의 모호함과 권력이 전혀 개입되지 않은 행위를 찾아보기 어렵다는 점에서 정치와 정치 이외의 현상이나 문제 사이의 경계를 모호하게 하는 측면이 있다.

그러나 정치 현상이나 문제가 지닌 이러한 두 가지 특징들은 우리가 정치 현상이나 정치 문제를 바라볼 때 중요한 안내가 될 수 있다. 더불어 중요한 공동 정책의 결정이나 권력의 사용은 대부분 국가라는 집단을 통해서 제도와 법률의 형태로 이루어진다는 점에 주목한다면, 국가 현상설이 그렇게 고루한 주장은 아니다. 따라서 국가는 우리에게 정치적으로 중요한 존재가 되고 있으며, 국가의 정치 또한 대단히 중요하다.

일반적으로 우리가 '정치'를 언급할 때는 대체로 국가의 정치를 의미한다. 이런 점에서 일반적인 정치 개념은 물론 국가와 관련한 정치 개념을 함께 인식하고 정치 현상이나 정치 문제를 바라보는 노력이 필요하

〈표 1-1〉 정치 개념의 두 가지 차원

일반적인 정치 개념	국가에 한정한 정치 개념
• 인간 집단을 위한 공동의 의사결정 • 개인이나 집단의 다른 개인이나 집단에 대한 권력 사용	• 국가 제도와 법률 자체 • 국가의 (제도와 법률 형태로 이루어지는) 정책 결정 • 국가의 (제도와 법률 형태로 이루어지는) 권력 사용

다. 〈표 1-1〉은 정치 개념을 일반적인 정치 개념과 국가에 한정한 정치 개념이라는 두 가지 차원으로 나누어 제시하고 있다.

종합하면, 정치는 국가에 한정해서 그 의미를 규정할 수도 있지만 일상생활 전반에 걸쳐 그 의미를 확장할 수도 있다. 따라서 인간 집단이 있고, 공동의 의사결정이 필요하고, 권력 관계가 있는 곳에서는 어디서나 정치 현상이 나타나게 마련이다.

3 정치학에는 왕도가 없다

정치에 대해서 정의를 내리는 것만큼이나 정치학의 성격을 규정하는 것도 쉬운 일이 아니다. 플라톤(Platon)에게 정치학은 철학으로서 참다운 이데아를 추구하는 것이었으며, 그의 제자 아리스토텔레스(Aristoteles)에게 정치학은 공동체의 선을 추구하기 위한 학문이었다. 이런 관점에서 보면 정치학은 인간들 사이의 이해와 갈등을 조정하여 훌륭한 정치 공동체를 건설하는 것에 대해서 연구하는 것이다. 그리고 정치 현상이나 공동체의 선을 추구하는 데는 수없이 많은 요소들이 포함되어 있으므로 정치학은 종합 학문이라고 할 수 있다.

그러나 오늘날의 학자들은 정치학을 좀 더 전문적으로 정의하고 있다. 학자들마다 정치 현상에서 어떤 것을 가장 중요시하느냐에 따라서 정치학의 성격을 달리 규정하고, 정치 현상을 바라보는 관점이나 이해에 따라 추구하는 정치학의 유형도 달라진다.

1) 정치학의 유형

앞에서 언급한 정치의 의미와 어느 정도 관련되지만, 정치 현상을 어떻게 바라보고, 정치학을 어떻게 이해하느냐에 따라 크게 네 가지 정도의 정치학 유형이 나타난다(설규주, 2008).

첫째, 정치학에 있어서 가장 오래된 전통은 철학적인 것이다. 이는 정치(혹은 국가)의 가장 이상적인 형태는 어떤 것인가, 정치를 어떻게 해야 하는가 등 당위성에 대해서 연구하는 것을 정치학이라고 보는 입장이다. 이러한 견해는 정치의 도덕성과 이상을 중시한 장점이 있지만, 정치 현상을 과학적으로 분석하지 못하는 한계가 있다.

둘째, 정치제도에 대한 연구를 정치학이라고 보는 견해가 있다. 국가의 구성과 정부의 형태 등, 정치제도는 정치가 현실적으로 이루어지는데 있어 가장 중요한 틀이므로, 국가의 법률적인 규정과 정치제도를 연구하는 것을 정치학의 가장 중요한 과제로 보는 것이다.

셋째, 권력 획득을 위하여 경쟁하는 집단 간의 투쟁을 연구하는 것을 정치학이라고 보는 입장이 있다. 정치 현상에서는 권력을 가장 중요한 요인으로 보고 권력 획득에 관한 연구를 정치학이라고 생각하는 것이다. 그러나 권력이 정치 현상의 핵심이기는 하지만, 정치적 행위는 권력과 관계없는 것도 포함하고 있기 때문에 이 정의는 너무 정치학을 협소하게 본다는 지적이 있다. 반대로 권력 획득은 인간의 모든 집단에서 나타나기 때문에 정치학의 대상을 너무 확대한다는 지적도 있다.

넷째, 이들보다는 좀 더 포괄적으로 정치학은 사회를 위하여 가치를 권위적으로 배분하는 것을 연구하는 학문이라고 정의하는 사람들이 있다. 각 개인이나 집단이 추구하는 사회적 가치를 권위적으로 배분하는 것을 연구한다는 것은 집단 내의 이해관계와 갈등을 조정하고 해결하는 과정과 결과를 연구한다는 의미로, 정치학의 기본적인 성격을 잘 보여주는 입장이다.

물론 이러한 정치학의 유형에 대한 논의는 앞에서 언급한 정치의 의미와 상당 부분 연관되어 있다. 앞에서 살펴본 정치의 세 가지 의미와 정치학의 네 가지 유형을 관련시켜 제시하면 〈표 1－2〉와 같다.

〈표 1－2〉 정치의 의미와 정치학의 유형

정치의 의미	정치학의 유형
국가 현상설	정치철학: 이상적인 정치(국가) 형태에 대한 연구
	정치제도 연구: 국가의 구성과 정부의 형태 등 법률적인 규정과 정치제도에 대한 연구
권력 현상설	정치 행위 연구: 경쟁하는 집단 간의 투쟁 및 권력 획득에 관한 연구
정치 체계 이론	정치 체계 연구: 사회적 가치를 권위적으로 배분하는 것에 관한 연구

2) 정치학의 특징과 주요 분야[4)]

이러한 정치학의 유형을 기초로 해서 오늘날 정치학은 주로 정치, 특히 국가의 정치에 대한 분석을 일반적인 임무로 하는 학문의 한 분야로 인식되고 있다. 그리고 이러한 가운데 학자들 사이에서 정치학이 얼마나 '과학적'이어야 하는가에 대하여 논쟁이 지속되고 있다.

대체로 정치학자들의 전반적인 유형은 ① 정치의 역사적이고 철학적인 측면을 다루고, 일부 사례에 있어서만 구체적이면서 수치로 나타나지 않는 질적 자료를 수집하고 분석하는 해석주의 정치학자들과 ② 여러 다양한 사례들에 함축되어 있는 광범위한 유형을 찾으려 하고, 양적 자료를 가지고 통계 분석 방법을 활용하는 행태주의 정치학자들로 나뉜다.

그러나 정치학자들 사이에 나타나는 이러한 두 가지 경향을 흑백논리로 보는 것은 바람직하지 않다. 두 가지 경향은 서로 적대적이지 않으며,

4) 이 부분은 김계동 외 공역(2008: 17-19)의 분류를 따라 내용을 정리하여 제시하였다.

대부분의 정치학자들은 '해석주의'의 일부 요소와 '행태주의'의 일부 요소를 종합하려고 노력한다. 그러나 연구 현장에서 수집되는 자료의 다양성에 따라 이러한 노력에도 정도의 차이가 나타난다.

정치 현상에 대한 자료를 수집하는 데 있어 어떠한 방법을 선호하든지, 정치학자들은 일반적으로 정치에 대해서 폭넓은 일반화와 추상적 개념을 강조하는 경향이 있다. 정치학자들은 이론을 통하여 일반화를 추구하는데, 이때 경험 이론은 우리가 관찰하는 세계에서 어떻게 모든 일들이 일어나는지를 설명하는 이론이며, 규범 이론은 세계가 어떠한 활동을 하는지를 묘사하는 것이 아니라 세계에 대해 평가하는 것이다.

이러한 정치학의 두 가지 경향과 정치 이론의 두 가지 유형을 종합하여, 오늘날 정치학의 주요 하위 분야는 정치학자들이 세부적으로 연구하는 주제들을 중심으로 〈표 1-3〉과 같이 분류할 수 있다.

〈표 1-3〉 정치학의 주요 하위 분야와 세부 연구 주제

주요 하위 분야	세부 연구 주제
정치 행태	정치와 관련된 개인과 비정부기구가 왜, 무엇을 하는가에 대한 연구 (여론, 선거, 이익단체, 시민 단체 그리고 정당에 대한 연구가 여기에 포함된다)
정치제도	국가의 정부기구, 의회, 대통령, 관료 제도, 그리고 부분적으로 법원에 대한 연구
공법	법원이 왜 그러한 결정을 내렸는지에 대한 법적 근거를 연구
공공 정책	정치의 산물, 그리고 취해진 정책의 종류에 대한 분석
지방 정치	앞서 설명한 모든 정치의 하위 분야에 대하여 국가 전체가 아니라 지방정부 차원에서 연구

비교 정치	위의 모든 학문 분야에 대한 국가 차원의 비교 연구(각국에서 일어나는 정치를 총괄하는 작업은 매우 편협하게 이루어질 수 있는데, 이것은 정치학에서 항상 나타나는 현상이다. 각 국가의 정치학자들은 객관성을 결여하고 자기중심적이 되는 경우가 많다. 스웨덴 정치학자들은 스웨덴 연구에 적합한 하위 정치 분야를 가지고 있으며, 프랑스, 일본 등 다른 국가들도 마찬가지다. 그래서 비교 연구가 중요하다)
국제정치	전쟁, 외교 등을 통하여 국가들이 공동 결정을 하는 것과 국가들의 관계에 대한 연구(앞서 설명한 분야들은 모두 국내 정치를 다루며, 국제정치만이 국가들의 관계를 다룬다)
정치 이론	정치사상사 및 정치적 가치에 대한 비판적 논의

4 정치학의 주요 개념, 이것만은 기억하자

1) 정치학의 주요 개념 개관

다른 사회과학과 마찬가지로 정치학도 개념과 일반화를 중심으로 내용 구성이 이루어져 있다. 이 중에서도 개념은 가장 기본적인 내용 요소라고 할 수 있다. 여기서는 정치학에서 다루어지는 주요 개념을 소개하고, 그 개념의 의미를 간략하게 설명하려고 한다. 정치학에서 다루는 주요 개념은 다양한 방식으로 정리할 수 있다. 여기서는 정치학의 내용 요소를 크게 정치 사상과 정치 이론, 국가 · 정부 · 시민, 정치 문화와 정치 과정, 정치발전, 국제정치 등의 영역으로 나누어, 정치학 개론서 및 정치 교과서에 나와 있는 주요 개념들을 중심으로 〈표 1−4〉와 같이 제시하였다(설규주, 2008).

〈표 1-4〉 정치학의 주요 개념

영역	주요 개념
정치 사상과 정치 이론	(1) 정치 (2) 민주정치 (3) 민주주의 (4) 인간의 존엄성 (5) 자유와 평등 (6) 천부인권 사상 (7) 자연권 (8) 소유권 (9) 저항권 (10) 자유민주주의 (11) 마르크시즘 (12) 공산주의 (13) 사회민주주의 (14) 사회계약론 (15) 직접 민주정치 (16) 간접 민주정치 (17) 대의 민주주의 (18) 엘리트 민주주의 (19) 참여 민주주의 (20) 숙의 민주주의 (21) 전자 민주주의
국가, 정부, 시민	(1) 야경국가 (2) 복지국가 (3) 정치권력 (4) 정부 (5) 입헌군주정 (6) 공화정 (7) 입법부 (8) 행정부 (9) 사법부 (10) 선거 (11) 정당 (12) 대통령제 (13) 의원내각제 (14) 헌법 (15) 국민주권 (16) 국민자치 (17) 권력분립 (18) 법치주의 (19) 기본권 (20) 의무 (21) 지방자치 (22) 지방의회 (23) 지방자치단체장
정치 문화와 정치과정	(1) 정치 문화 (2) 정치 사회화 (3) 정치과정 (4) 정책 집행 (5) 정치 참여 (6) 압력 집단 (7) 이익 단체 (8) 시민 단체 (9) 여론 (10) 대중매체 (11) 시민 불복종 (12) 공공 정책 (13) 정치적 무관심
정치 발전	(1) 정치 발전 (2) 근대화 (3) 혁명 (4) 민주화
국제정치	(1) 국제정치 (2) 국제 관계 (3) 국제기구 (4) 국제법 (5) 국제분쟁 (6) 국제 평화주의 (7) 동맹 (8) 블록 (9) 외교 (10) 신자유주의 (11) 세계화

2) 정치학의 주요 개념 해설[5)]

(1) 정치 사상과 정치 이론

① 정치

일반적으로 정치는 국가의 권력을 획득하고 유지하며 행사하는 활동을 의미한다. 그리고 정치권력은 국가의 구성원이 상호 간의 이해관계를 조정하며 인간다운 삶을 누릴 수 있도록 자원을 배분하는 데 사용된다. 이러한 정치의 일반적 의미는 다시 정치의 좁은 의미와 넓은 의미로 나누어 볼 수 있다. 좁은 의미의 정치는 선거를 통해 선출된 정치인들에 의해 국가 제도와 법률의 형태로 이루어지는 권력 행위를 말하고, 넓은 의미의 정치는 사회의 한정된 자원을, 갈등을 최소화하며 권위적으로 배분하는 모든 활동을 가리킨다.

② 민주정치

민주정치는 민주주의 이념과 원리에 입각하여 이루어지는 정치로서 국민 다수의 공통적인 의견에 따라 움직이는 특성을 가지고 있다. 민주정치에서는 모든 정치 활동을 여론과 연결시켜 그 정당성을 인정받으려고 하기 때문에 여론정치라는 별칭으로 불리기도 한다. 현대사회로 접어들면서 사람들은 대중매체를 통해 사회 각 영역에 관한 문제에 대하여 관심을 갖게 되었다. 그리고 이러한 대중매체의 발달로 인해 유권자인 국민 스스로가 주인 의식을 갖고 여론을 형성하여 정치에 직·간접적으

---

5) 용어 해설은 〈표 1-4〉에 있는 범주와 번호의 순서에 따라 제시하였다. 정치 교육 용어와 관련한 참고문헌 목록은 중복되는 것들이 많아서 해설 중간 중간에 제시하지 않고 맨 뒤에 한꺼번에 정리해 놓았다. 주로 김영인 외(2008), 서울대학교 정치학과 교수 공저(2002), 위키디피아 백과사전, 네이버 백과사전, 두산 엔싸이버 등을 많이 활용하였고 일부 사이트의 내용도 인용하였다.

로 참여하는 밑거름이 되었다. 그 결과 여론은 더욱 큰 힘을 갖게 되었고, 정치인들은 정치 활동을 함에 있어서 국민 여론에 보다 많은 주의를 기울이게 되었다.

③ 민주주의

민주주의는 '국민이 스스로 주권을 행사하는 사상이나 체제'라고 표현할 수 있다. 민주주의는 귀족제나 군주제 또는 독재 체제에 대응하는 것으로 그리스어의 'demokratia'에 근원을 두고 있다. 이는 'demos(국민)'와 'kratos(지배)'의 두 낱말이 합쳐진 것으로서, '국민의 지배'를 의미한다. 이것은 곧 국민 스스로 자기 결정권을 행사하는 것을 가리킨다고 할 수 있다.

이러한 민주주의의 필수 요건은 대략 여섯 가지로 나눌 수 있다. 첫째, 국민은 선거를 통하여 절대 권한을 행사할 수 있어야 한다. 둘째, 적어도 2개 이상의 정당들이 선거에서 정치 강령과 후보들을 내세울 수 있어야 한다. 셋째, 국가는 모든 구성원의 시민권을 보장하여야 하는데, 여기에는 신체의 자유와 더불어 언론 · 출판 및 집회 · 결사의 자유가 포함된다. 넷째, 정부의 정책은 국민의 복리 증진을 위한 것이어야 한다. 다섯째, 국가는 효율적인 지도력과 책임 있는 비판을 보장하여야 한다. 여섯째, 정권 교체는 평화적 방법으로 이루어져야 한다.

위의 내용이 정치제도로서의 민주주의를 표현한 것이라면, 생활양식으로서의 민주주의는 이를 보다 넓게 해석한 것이라고 할 수 있다. 생활양식으로서의 민주주의는 단지 제도 정치권에서의 선거 행위, 통치 행위 등으로 국한되지 않는다. 사실 인간은 일상적으로 여러 공동체에 동시에 소속되어 다른 사람들과의 상호작용을 펼쳐 나간다. 이 과정에서 각자가 자기 삶의 주인으로서 자신의 문제와 공동체의 문제에 대한 의사결정권을 행사하고 그것에 대해 책임을 지는 것은 매우 중요하다. 민주주의는 특정한 정치제도일 뿐만 아니라 일상적인 공간에 스며들어 있는 생활양식이기도 하다.

④ 인간의 존엄성

민주주의의 가장 기본적인 가치는 바로 인간의 존엄성을 존중하는 데 있다. 따라서 시민이 지녀야 할 가장 중요한 의식이자 덕목은 바로 자신과 타인이 인간으로서 존엄한 존재임을 인정하고 존중하는 것이라고 할 수 있다. 인간의 존엄함의 근거는 모든 인간에게 공통적으로 해당되는 사실, 즉 우리 모두가 같은 인간이라는 것이며 다른 생물학적 존재와는 구별되는 존재라는 점이다. 인간의 존엄성이 중요한 이유는 인간이 서로를 어떤 존재로 파악하고 있느냐, 그리고 인간과 인간이 맺는 상호 관계를 어떻게 규정하느냐에 따라 민주적 가치의 실현 방향과 정도가 결정될 수 있기 때문이다. 따라서 시민은 인간의 존엄성을 인식하는 데 있어서 자기 자신의 존엄성은 물론 타인의 존엄성에 대해서도 동일하게 인정하고 존중하는 태도가 필요하다. 또한, 인간의 존엄성은 시간적, 공간적 조건에 관계없이 보장되어야 하고 인간이 결코 다른 목적을 위한 수단으로 이용되어서는 안 된다는 점에 유의해야 한다.

⑤ 자유와 평등

자유는 인간의 존엄성을 보장하는 데 있어서 꼭 필요한 조건이다. 자유는 자기 이외의 다른 무엇의 강제나 압력을 받지 않고 자기의 의사와 행동을 결정하는 것을 가리킨다. 보다 구체적으로는 신체적 자유, 정신적 자유, 학문적 자유, 종교적 자유, 사상적 자유, 거주 · 이전의 자유, 언론 · 출판 및 집회 · 결사의 자유, 직업의 자유 등이 여기에 해당된다. 자유는 인간 자신의 본성이기도 하고 그것을 통해서 개인의 자아 실현과 사회의 발전도 가능하다는 점에서 보편타당한 가치를 지니고 있는 것으로 인정받고 있다. 따라서 시민은 자유의 의미와 가치를 충분히 인식하고 그것이 우리 사회에서 보다 완전하게 보장되고 행사될 수 있도록 노력해야 한다. 단, 자유가 방종(放縱)으로 오해되어서는 안 된다. 방종은 단지 자기 욕구에 따라 행동하는 것을 가리키는 말이다. 책임과 의무가 뒤따르지 않는 자유는 곧 방종으로 이어질 가능성이 높으며 방종은 타인과 사회에 심각한 위협을 가할 수 있다는 점에서 문제가 된다.

한편, 민주주의의 근본 이념인 인간의 존엄성 보장을 위해서는 자유와 함께 평등이 실현되어야 한다. 인간은 성(性), 인종, 신분, 종교, 지위 등으로 인해 차별을 받아서는 안 되는 평등한 존재다. 차별적 대우를 받지 않는다는 것은 인간 생활의 모든 면에서 차이가 나타나지 않도록 한다는 것이 아니라, 누구나 균등한 기회를 제공받고 법에 의한 보호와 제재의 측면에서 동등한 대우를 받는다는 것을 의미한다. 다시 말해서 모든 사람이 모든 면에서 똑같아야 한다는 기계적이고 형식적인 평등이 아니라, 각기 다른 능력이나 소질을 발휘한 경우 그에 대해 차등적으로 보상받을 수 있다는 점을 인식할 필요가 있다. 즉, 비례적이고 실질적인 평등을 추구해야 한다는 것이다.

이러한 자유와 평등은 상호 보완적인 면을 가지고 있으면서도 상호 배타적인 면도 지니고 있다. 자유를 위해 기본적인 평등이 보장되어야 하며, 가장 기본적인 평등은 기본적 자유의 평등이라는 측면에서는 양자는 상호 보완적이다. 그러나 자유를 절대화해서 무제한으로 주장한다면 평등의 개념은 허용될 여지가 없어질 것이고, 반대로 평등의 개념을 절대화해서 그것을 무제한으로 밀고 나간다면 그 사이에 자유의 개념이 존립할 기반은 찾아낼 수 없다.

⑥ 천부인권 사상

천부인권이란 인간이 태어날 때부터 부여받는 권리를 말한다. 이것은 역사적으로 인간이 투쟁을 통해 쟁취하거나 실정법에 의하여 생겨나고 보장되는 권리와 반대된다. 천부인권 사상은 근대 자연법론에 의하여 확립된 개념으로서, 인간이 타고나면서 부여받은 권리는 다른 사람에게 양도할 수 없는 불가침의 권리라고 일컫는다. 실정법론에서는 권리란 법률로써 인정되는 경우에만 성립되므로 법률 이전의 자연권 개념이 인정되지 않으나, 자연법론에서는 인간의 자연권은 법률 이전의 천부적 권리라고 하며, 국가가 법률로써도 이를 제한하거나 침해할 수 없다고 본다.

⑦ 자연권

자연권은 인간이 태어날 때부터 자연적으로 가지는 천부의 권리를 말한다. 이것은 곧 천부인권과 통하는 권리다. 자연권 사상은 자연법 사상에 그 기초를 두고 있으며, 자연법 사상은 그 기원이 고대까지 거슬러 올라갈 수 있는데, 근대적인 자연권 사상은 홉스의 자기 보존권과 자연적 자유권, 로크의 재산권과 저항권, 루소(J. J. Rouseau)의 평등권 사상 등의 근대자연법론과 사회계약설에 의하여 형성되면서 17~18세기 시민혁명의 사상적 지도이념이 되었다. 자연권은 시민혁명의 성공으로 근대 입헌민주주의 헌법 상의 기본적 인권 보장으로 성문화되고 확립되었다. 자연권 사상은 미국 독립선언문에서 “우리는 모든 사람이 평등하게 창조되었고, 조물주에 의하여 일정한 불가양의 권리가 부여되었으며, 그 가운데에는 생명·자유 및 행복의 추구가 포함되어 있는 것을 자명(自明)한 진리로 믿는다.”라고 한 데에서 그 내용이 잘 표현되어 있다. 또한 프랑스 인권선언 전문(前文)에서는 “누구라도 침범할 수 없는 자연적인 인권”, 제1조에서는 “사람은 태어나면서부터 자유롭고 평등한 권리를 가진다.”라고 표현하고 있다.

⑧ 소유권

소유권은 재산권 중에서 가장 기본이 되는 권리이며, 사유재산제의 표현이고, 사적 자치(私的 自治)의 원칙과 밀접하게 관련된다. 소유권의 객체는 물건으로 제한된다. 근대국가에서는 소유권의 절대성을 인정하였다. 그러나 자본주의가 진전되면서 그 모순이 심화됨에 따라 현대 국가에서는 소유권의 상대성 · 사회성 · 공공성을 강조하고 있다.

⑨ 저항권

저항권은 시민의 기본권을 침해하는 국가권력의 불법적 행사에 대하여 그 복종을 거부하거나 실력 행사를 통하여 저항할 수 있는 시민의 권리를 말한다. 저항권 사상은 중세에도 있었지만, 근대적 의미에서의 저항권은 16세기 종교전쟁 무렵에 구교(로마 가톨릭)와 결합한 군주는 인민과의 계약을 위배한 폭군이므로 그를 죽이는 것도 정당하다는 주장 속에서 나타났다. 더 나아가 저항권은 17～18세기에 이르러 대두된 자연법 사상과 사회계약설, 특히 로크의 사상을 배경으로 하여 성립하였다. 미국의 독립전쟁과 프랑스혁명 등에 큰 영향을 끼쳤던 저항권은 19세기에 이르러 재판제도의 정비와 법실증주의로 인하여 한때 자취를 감추었다가 20세기 파시즘의 대두와 그에 대항하는 저항운동으로 인해 다시 전면에 등장하였다. 저항권의 성질에 관하여는 그것이 엄격한 의미에서의 법적 권리는 될 수 없고 초(超)실정법적 · 자연법적 · 도덕적 · 이념적인 개념에 불과하다는 주장과, 적어도 실정법에 규정된 이상 법적 권리로 보아야 한다는 입장이 서로 대립하고 있다. 우리나라의 경우는 헌법에 저항권의 규정이 없다. 다만 헌법전문에 "불의에 항거한 4 · 19 민주이념을 계승하고"라는 문구를 명시함으로써 저항권의 근거 규정으로 삼고 있다.

⑩ 자유민주주의

자유민주주의는 자유주의와 민주주의가 결합된 정치 원리 또는 정부 형태다. 자유민주주의는 인간의 존엄성을 바탕으로 하여 개인의 자유와 권리를 보장하는 헌법을 세우고 민주적 절차 아래 다수에 의해 선출된 대표자들이 법치주의의 틀 내에서 의사결정을 하는 체제다. 자유민주주의의 기원은 18세기 유럽의 계몽주의 시대로 거슬러 올라간다. 그 당시 대부분의 유럽 국가들은 군주제였고 정치권력은 국왕이나 귀족들에 의해 행사되던 시기였기에, 많은 유럽의 군주들은 왕권신수설에 기초하여 자신의 권력에 의문을 품는 것을 신성 모독이라고 규정했다. 이러한 전통적인 견해에 대해 계몽주의자들은 세상의 일은 인간의 이성, 자유와 평등의 원칙에 의하여 결정되어야 한다고 반박하였다. 이들은 인간은 자유롭고 평등하게 태어났고 정치적 권력이 귀족의 가문에서 태어났다는 이유만으로 주어질 수 없으며 국가는 인민을 위해 존재하는 것이지, 인민이 국가를 위해 존재하는 것이 아니라고 주장했다. 이는 18세기 말에 접어들어 미국의 독립과 프랑스혁명에 영감을 주었으며 두 역사적 사건은 자유주의 이념을 확산시켰고, 사람들은 계몽주의 철학자들이 주장한 원리들을 실천으로 옮겨 새로운 정부 형태를 만들었다. 그러나 이러한 정부 형태들은 오늘날 자유민주주의라고 부르는 체제와는 달리 국민의 일부인 부르주아에게만 선거권을 부여했다. 이러한 부르주아 중심의 프랑스 자유주의 체제는 오래 가지 못했으나 훗날 자유민주주의의 기원이 되었다. 새로운 정부 체제의 지지자들이 자유주의자들이었기에 신체제 역시 자유민주주의로 알려지게 되었던 것이다.

⑪ 마르크시즘(Marxism)

마르크스(K. Marx)는 인간의 본성이라 할 수 있는 것은 어떤 것도 존재하지 않으며, 오히려 사회가 변동함에 따라 인간의 존재 양식은 변화하는 것이라고 주장했다. 즉, 마르크스는 사람들이 존재하는 방식은 그들이 속한 사회의 유형으로부터 분리할 수 없기 때문에 사람들이 어떻게 행동하는가를 이해하기 위해서는 먼저 역사적으로 변동해 온 '사회관계의 총체'를 분석해야 하며, 이를 통해 인류가 어떤 것들을 공통으로 가지고 있는지 알 수 있다고 했다. 그는 이것을 노동이라고 믿었고, 노동이 인간의 본질이며 사회의 토대라고 주장했다. 노동과 생산이 사회적 활동이라면 생산조직의 변동은 사회변동을 초래할 것이고, 사람들의 행동에도 변화가 올 것이며 이를 통해 사람들의 행동 방식도 이해할 수 있을 것이라고 믿었다. 또한 자본주의 사회에서 노동자들은 자신의 노동을 자본가들에게 팔기 때문에 노동은 어떤 목표를 위한 수단이 되어 인간은 자신의 인간 본성으로부터 소외되고, 이렇게 소외된 노동의 조건은 노동자와 자본가 사이의 착취 관계를 낳아, 일하지 않는 자가 다른 사람의 노동을 통제하고 그들로부터 이윤을 얻는다고 했다. 그러기에 마르크스는 부르주아 사회의 전복으로 노동자, 자본가 계급을 비롯한 사회 전체를 해방시켜야 한다고 생각했다.

⑫ 공산주의

공산주의는 생산재의 공공 소유에 기반한 무계급 · 무국가 사회조직에 관한 이론, 또는 그러한 체제를 목표로 삼는다고 주장하는 다양한 정치 운동들을 일컫는다. 공산주의는 19세기 유럽의 급속한 산업화와 함께 논의되기 시작한 사회주의 정치사상에 기원을 둔다. 인류의 초기 사회조직은 '고대의 공산주의'라 정의될 수 있으나 정치 운동으로서의 공산주의는 일반적으로 아직 현실화된 적이 없는 미래의 사회조직을 말한다. 다른 한편으로, 현실 정치에서 '공산주의'라는 용어는 공산당 지배하에 있는 정치 · 경제적 체제를 일컫는 표현으로 사용되기도 한다.

⑬ 사회민주주의

사회민주주의는 19세기 말에 고전적인 사회주의로부터 등장한 정치사상이다. 현대의 사회민주주의는 자본주의 체제를 더 평등하고 인간적으로 만들기 위해 사회가 나서서 평등을 위한 복지 정책 성립에 힘쓰는 것을 말한다. 이는 마르크시즘을 인정하는 넓은 의미부터 그것을 부정하고 이상주의적 휴머니즘을 표방하는 좁은 의미의 민주사회주의까지 여러 형태가 있어서 하나로 정의하기는 어렵다. 한 가지 역사적 사례를 들면, 19세기 중엽 프랑스에서 자본주의의 진전과 함께 불가피하게 몰락한 도시 수공업자나 새로 대두하기 시작한 공업 노동자로 이루어진 근로 대중은 제한선거제에 의하여 정치 참여의 길이 막혀 있었다. 그러나 이들은 보통선거권을 요구했고, 그들이 겪고 있는 사회문제를 해결하려고 하였다. 이와 같은 근로 대중의 요구를 종래의 자유민주주의와 구별하는 의미에서 사회민주주의라고 한다.

⑭ 사회계약론

루소는 자신의 저서 『사회계약론』을 통해 자연 상태에서 자유롭고 평등하던 인간이 사회계약을 통하여 사회 또는 국가를 형성하지만, 인간의 자유와 평등은 상실되는 것이 아니고, 최고의 의사인 일반의지 속에 구현된다고 주장하였다. 사회계약론은 루소의 저서를 의미함과 동시에 일반적인 이론으로도 볼 수 있는데, 사회계약론을 주장한 대표적인 학자로는 루소, 로크, 홉스 등이 있다. 루소는 권력은 자연상태의 개개인들로부터 나온다고 하여 '천부인권설'을 주장했으며 이는 이후 국민주권론으로 발전하여 프랑스혁명의 사상적 기초가 되었다. 또한, 로크(J. Locke)는 자연 상태를 평화로운 상태로 보고 사람들은 자신의 자유, 생명, 재산 등을 보장하기 위해 제한적인 국가를 필요로 한다고 주장하였다. 반면, 홉스는 자연 상태를 "만인에 대한 만인의 투쟁"으로 보았는데, 이를 극복하고 평화를 유지하기 위해서는 만인이 두려워할 수 있는 공통의 힘이 있어야 한다고 했다. 여기서 말하는 공통의 힘은 누구에게도 양도할 수 없는 절대적 권리와 힘(백성을 보호할 수 있는 힘)을 가진 군주를 말한다. 이에 따라 국가는 투쟁 관계를 종식시키기 위한 암묵적인 동의에 의한 수단으로 보았다. 이렇게 본다면, 사회계약설이라 하여 무조건 민주정이나 공화정을 옹호하는 근거가 되는 것이 아니다. 홉스의 경우처럼 군주 국가를 옹호하기 위한 근거로 삼을 수도 있다.

⑮ 직접 민주정치

직접 민주정치는 모든 국민들이 모여서 어떠한 정치적 사건이나 상황, 정책 등에 직접적으로 참여하여 해결해 나가는 정치 형태를 말한다. 직접 민주정치를 실현하는 주요 원리로는 국민투표, 국민발안, 국민소환을 들 수 있다. 현재 우리나라에서는 국민투표제도를 시행하고 있으며, 국민발안, 국민소환제도는 시행하지 않고 있다. 다만 지방자치단체 수준에서는 주민소환제가 실시되고 있다. 직접 민주정치는 국민 개개인 모두가 정치에 관여하는 것이기 때문에 고대 아테네와 같은 소규모 도시국가에서는 가능한 일이지만, 인구가 수백만에서 수천만을 넘는 현대 국가의 상황에서는 현실적으로 완전하게 실현하기가 어렵다.

⑯ 간접 민주정치

간접 민주정치는 국민이 스스로 선출한 대의원을 통하여 국가권력을 행사하는 정치제도로서 대의민주제라고도 한다. 의회정치라는 말과 거의 같은 뜻으로 쓰이지만, 영국식 의회정치의 개념보다 약간 넓은 뜻을 가진다. 근대민주제는 절대군주에 의한 통일국가의 형성 후에 출현한 것인데, 근대국가는 넓은 영토와 많은 인구, 그리고 복잡한 기능을 가지고 있기 때문에 직접민주제의 실현이 기술적으로 곤란하며, 민주제에 이성적 계기를 도입할 필요가 있다는 이유로 고안된 것이다.

그러나 이것은 국민이 투표에 의하여 권력을 위임하는 방식이기 때문에 국민이 자신이 뽑은 대표의 행동 속에서 자기의 의사를 찾아낼 수 없으면 양자 사이의 신뢰 관계는 상실된다. 이러한 제도는 두 개의 인격을 하나의 의사로 간주하려는 데서 원래부터 무리가 있었던 것이고, 이 제도가 설립되던 당초에는 선거제도가 일정한 재산 소유자인 시민계급에 한정되어 있었기 때문에 양자의 동질성이 어느 정도는 확보되어 있었지만, 19세기 후반부터 대중의 참정권 획득, 행정권의 강화로 대표와 선거구 주민 사이에 존재하던 동질성이 상당 부분 파괴되었고, 실제 정치에서 그러한 위험이 나타나고 있어, 대의제의 위기를 말하는 목소리가 높아지고 있다.

⑰ 대의 민주주의

대의 민주주의는 간접 민주정치와 맥을 같이 하는 용어로, 국민이 스스로 선출한 대표자를 통하여 국가권력을 행사하는 정치제도다. 덧붙여 대표를 통하여 간접적으로 의사결정과정에 참여하고 이에 구속된다는 특징이 있다. 대의 민주주의의 근원은 명확하지 않으나, 13세기를 전후로 영국에서 최초의 대표 기구가 등장한 것으로 보인다. 이후 프랑스나 스페인, 독일, 이탈리아 등으로 전파되었다. 이후 르네상스와 계몽주의를 기점으로 통치권이 피치자의 동의에서 나와야 한다는 이론이 힘을 얻고, 18세기에 이르러서는 영국의 에드먼드 버크가 대표는 선출자가 아닌 독자적인 양식과 판단에 구속된다고 주장한 대표 이론에 이르면서 근대적 대표제가 발전하게 되었다.

⑱ 엘리트 민주주의

엘리트 민주주의는 국가 조직에서 정책 과정에 참여하는 세력은 특정한 소수로 국한되며, 이들에 의해 정책이 좌우된다는 이론이다. 여기서 정책은 집단 사이의 갈등이나 요구를 통해 만들어지는 것이 아니라 파워 엘리트 또는 지배엘리트에 의해서 결정된다고 본다. 엘리트주의자들은 보통선거제의 실시에 따른 대중 시대의 도래와 함께 정서성과 무비판적인 동조를 특징으로 하는 대중과 선동적인 정치가의 역할이 시민의 역할을 대체한다고 본다. 이러한 문제를 해결하기 위해 정부 · 군대 · 경제연합조직 등 대규모의 사회조직에서 조직을 이끄는 유능한 사람 또는 집단을 엘리트라고 보고, 이를 다시 중앙 및 지방의 엘리트들로 구분한다. 이때 권력은 조직을 이끌고 통제할 수 있는 능력과 그 지위에 의해 결정된다.

⑲ 참여 민주주의

참여 민주주의는 시민 다수가 의사결정 과정에 자발적으로 참여하는 민주주의를 포괄적으로 설명하는 용어다. 정치적 집단 내의 모든 구성원들에게 의사결정 과정에서 의미 있는 기여를 할 수 있는 기회를 만들려고 노력하며, 그런 기회에 접근하는 사람들의 범위를 확장하는 방법을 찾는 것을 핵심으로 한다. 참여 민주주의는 대의 민주주의가 그 한계와 역기능을 드러내는 상황에서 등장한다. 예를 들면, 국민에 의해 선출된 의원들이 국민의 의견을 반영하지 않고, 자신들만의 이익이나 이념을 위한 정책을 시행하는 것 등을 들 수 있다. 참여 민주주의는 이러한 상황을 해결하려는 방안에서 나왔지만, 대의제를 대체하는 것이 아니라 보완하기 위한 것으로, NGO 활동 같은 것을 그 대표적인 예로 꼽을 수 있다. 한편, 다수의 참여에 의한 결정이 사회적 수준을 떨어뜨리며 행정적, 재정적 비용을 낭비하여 비효율적이라고 주장하며 참여 민주주의에 대해 부정적인 시각을 가진 사람들도 적지 않다.

⑳ 숙의(熟議) 민주주의

하버마스(J. Habermas)가 제안한 숙의 민주주의는 '참여'를 통해 시민을 정치의 주체로 회복시키고 공정한 정치과정을 이끄는 것을 목적으로 한다. 그는 숙의 민주주의의 성립 요건으로 공통의 관심사에 관한 시민들 사이의 숙의가 일어나는 사회적 공간인 '공론장'을 제시하였다. 그는 공론장을 "신분에 구애받지 않고 누구나 토론에 참여할 수 있으며, 그동안 금기의 영역에 있던 주제까지 토론하는 공간"으로 규정한다. 즉, 시민들의 관심 분야와 정치 문제가 자유롭고 공개적으로 논의되는 영역으로, 비판적 참여의 통로가 되는 공론장의 생성은 공적 영역과 사적 영역 사이의 정치적 의사 교환을 활발하게 한다.

㉑ 전자 민주주의

전자 민주주의는 뉴미디어와 정보기술이 빠르게 발전하면서 등장한 새로운 형태의 정치체제로, 대의 민주주의 체제의 보완으로 등장하였다. 대의 민주주의는 그동안 산업사회의 기본 이념 역할을 해 왔으나, 국민의 대표들이 주권자인 국민의 이익을 대변하기보다는 자신의 이익을 더 중시하거나, 또는 국민의 이익을 실질적으로 대변하지 못하는 등 여러 부작용이 발생했다. 전자 민주주의에서는 일반 국민들이 인터넷을 통해 직접 정치과정에 참여함으로써 대의 민주주의의 한계를 극복하고 직접 민주주의의 실현 가능성을 높이는 한편, 궁극적으로는 정부가 사라지고 없는 새로운 세기의 정치 이념을 지향한다. 인터넷을 통한 여론 수렴, 선거 캠페인 및 홍보, 온라인 투표, 사이버 국회, 전자 공청회, 정책결정에 따른 시민의 참여 및 토론을 비롯해 자신이 지지하는 후보나 정책 등을 인터넷을 통해 다른 사람들에게 알리는 일련의 정치적 행위 등이 모두 전자 민주주의에 포함된다. 사이버크라시(cybercracy), 클리코크라시(clickocracy), e-데모크라시(e-democracy)를 비롯해 텔레데모크라시(teledemocracy), 테크노폴리틱스(techno politics), 인터넷민주주의 등 여러 명칭으로 쓰이고 있어 확실한 용어로 정착되지는 않았으나, 의미는 대동소이하다.

(2) 국가, 정부, 시민

① 야경국가(夜警國家)

독일의 사회주의자 라살(F. Lassalle)이 처음 사용한 개념으로, 국가는 외적의 침략으로부터의 방어, 치안의 유지, 사유재산 및 자유에 대한 침해의 배제 등 필요한 최소한의 임무만을 수행해야 한다고 하는 자유방임주의에 근거한 자본주의 국가관이다. 자유주의의 입장에서 볼 때 국가의 역할은 마치 야경(夜警)과 같은 것으로 개인의 자유로운 활동을 보장하는 최소한의 질서유지에 한정되어야 하며, 자본의 자유경쟁만이 최대다수의 최대행복을 보장하는 최적 배분을 가져올 수 있다는 것이다. 따라서 국가의 적극적 역할을 강조하는 현대의 복지국가와는 상반된다.

② 복지국가

국민 전체의 복지 증진 및 행복 추구를 국가의 가장 중요한 사명으로 보는 국가관이다. 근대국가 초기에 절대군주는 '공공의 복지는 최고의 법'이라든가, '군주는 국민의 제1의 공복'이라고 칭하며, 국민의 복지실현을 기치로 내걸고 중상주의 정책을 취하였다. 이때 국민의 복지 내용은 군주 스스로가 임의로 결정하였고, 국민 복지의 이름으로 국민 생활의 구석구석에까지 간섭하기도 하였다. 따라서 이를 현대의 사회복지국가와 구별하여 공공복지국가라고도 한다. 이에 비해 현대적 의미의 복지국가는 자본주의 생산양식과 결부되어 있으면서도, 19세기 후반부터 나타난 민주사회주의나 사회민주주의 등과 같은 수정자본주의 이론도 수용하여 국민 전체의 사회복지를 추구하고 있다. 우리나라의 헌법에서도 전문과 제34조 등에서 복지국가 건설을 목적으로 하고 있음을 천명하고 있다.

③ 정치권력

정치권력은 사회의 여러 기능 가운데, 특히 정치적 기능을 수행하는 권력을 가리킨다. 베버(M. Webber)에 의하면 "사회관계 속에서 저항을 억누르면서까지 자기 의지를 관철하는 것"이 권력인데, 이 중에서 정치활동을 통해 획득하는 권력을 정치권력이라고 할 수 있다. 정치권력은 그것을 배경으로 사회 내에 있는 여러 가치들을 권위적으로 배분하는 것을 가능하게 하기 때문에 매우 중요하다고 볼 수 있다.

④ 정부

정부는 규칙이나 법률을 제정하고 시행시킬 권위를 가진 조직체를 말한다. 넓은 의미로는 입법 · 사법 · 행정 등 한 나라의 통치기구 전체를 가리키며, 좁은 의미로는 내각 또는 행정부 및 그에 부속된 행정기구만을 가리킨다. 우리나라에서는 주로 좁은 의미로 사용되며, 헌법 제4장의 정부가 이에 해당된다. 정부는 대통령과 행정부로 구성되며, 행정권은 대통령을 수반으로 하는 정부에 속한다. 대통령은 행정권의 수반일 뿐만 아니라 국가원수이며 국군통수권(헌법 74조), 긴급처분 · 명령권(76조), 국민투표부의권(72조) 등 강력한 권위와 권한을 지녀 정치의 중심이 되고 있다. 우리나라의 정부 형태는 많은 변화를 거쳐 왔으며, 현재의 정부형태는 대통령제 또는 대통령 중심제라 할 수 있다.

⑤ 입헌군주정

입헌군주정은 헌법 체계 아래서 세습되거나 선임된 군주를 인정하는 정부 형태다. 현대의 입헌군주제는 보통 권력분립의 개념을 충족하며, 군주는 국가원수로서 상징적인 역할을 한다. 현재 대표적인 입헌군주제 국가로는 영국, 네덜란드, 덴마크, 노르웨이, 모나코, 말레이시아, 일본, 캄보디아, 쿠웨이트, 사우디아라비아 등이 있다. 오늘날의 입헌군주제는 대부분 대의 민주주의와 혼합되어 있고, 국가의 주권은 국민에게 있다는 주권 이론을 내세운다. 왕(여왕)은 나라의 수장으로서 존경을 받을 수는 있으나, 선거를 통해 권력을 획득하여 실질적으로 나라를 통치하는 역할은 총리가 수행한다.

⑥ 공화정

공화정의 사전적 의미는 복수의 주권자가 통치하는 정치체제를 가리킨다. 공화정의 특징은 출생에 따른 봉건적인 차별을 부정하고, 국민주권, 자유, 평등, 민주주의를 원리로 삼는 입헌제라는 것이다. 이에 따라 공화정은 법을 기반으로 사회 구성원이 정치적 의사결정에 평등하게 참여하는 형태로 운영된다. 그러므로 군주제와는 달리 공화제에는 군주가 존재하지 않는다. 또한 공화제를 주장하거나 실현하려고 하는 정치적인 태도나 이념을 공화주의라 한다.

⑦ 입법부

입법부는 법률을 제정, 개정, 폐기하는 국가기관으로 행정부, 사법부와 함께 국가의 주요 기능을 담당한다. 입법부는 나라마다 부르는 명칭이 다르다. 우리나라의 입법부는 국회라 불린다.

우리나라 국회의 권한을 정리하면 다음과 같다. 첫째, 입법에 관한 권한으로, ① 헌법 개정 제안 · 의결권, ② 법률 제정 · 개정권, ③ 조약 체결 · 비준 동의권 등이 있다. 둘째, 재정에 관한 권한으로 ① 예산안 심의 · 확정권, ② 결산 심사권, ③ 기금 심사권, ④ 재정 입법권, ⑤ 기타 권한 등이 있다. 셋째, 일반 국정에 관한 권한으로 ① 국정 감사권, ② 국정 조사권, ③ 헌법기관 구성권, ④ 탄핵 소추권, ⑤ 기타 권한 등이 있다.

〈표 1－5〉는 우리나라의 국회와 외국의 의회를 개괄적으로 비교한 것이다.

〈표 1－5〉 우리나라 국회와 외국의 의회 비교

국가	의원	임기	정수(명)	선거권	피선거권	선출방법
한국	국회의원	4년	299	19세 이상	25세 이상	소선거구제 245명 비례대표제 54명
영국	상원 (귀족원)	종신	–	–	–	수상이 추천 국왕이 임명
	하원 (서민원)	5년	659	18세 이상	21세 이상	소선거구제
미국	상원 (원로원)	6년(2년마 다 1/3씩 교체)	100	18세 이상	30세 이상	소선거구제 (각 주별 2인 선출)
	하원 (대의원)	2년	435	18세 이상	25세 이상	소선거구제
일본	참의원	6년(3년마 다 1/2씩 교체)	252	20세 이상	30세 이상	소선거구제 152명 비례대표제 100명
	중의원	4년	500	20세 이상	25세 이상	소선거구제 300명 비례대표제 200명

⑧ 행정부

행정부는 대통령, 국무총리, 국무위원, 행정 각 부의 장으로 구성된 기관으로 나라의 살림살이를 맡아 하는 곳이다. 현재 우리나라의 행정부에 속하는 기관으로는 기획재정부, 교육과학기술부, 통일부, 외교통상부, 법무부, 국방부 등이 있다. 행정부는 주로 법률에 따라 행정 작용을 하는 기관들로 구성되며 입법부와 사법부를 제외한 좁은 의미의 정부를 가리킨다.

⑨ 사법부

사법부는 누군가가 법을 위반하여 사회질서를 어지럽히는 행위가 발생했거나 개인이나 집단 간의 다툼이 생겼을 경우에 법을 적용하여 갈등을 해결하고 잘잘못을 가리는 역할을 하는 국가기관이다. 사법에 관한 모든 권한은 법원에서 집행한다. 또한 법원에서 이루어지는 재판은 국민의 생명과 재산에 직접 영향을 주므로 어떠한 권력의 간섭이나 압력을 받지 않고 법률과 법관의 양심에 따라 이루어져야 한다.

⑩ 선거

오늘날 대부분의 민주주의 국가에서는 대의제(代議制)를 실시하고 있다. 대의제는 시민이 직접 국정에 참여하는 대신에 선거를 통해 대표자를 뽑고 그들에게 국정을 맡기는 것을 말한다. 따라서 선거는 민주주의 국가에서 국민이 자신의 의사를 표현하고 정책 결정에 참여함으로써 정당한 주권을 행사하는 기본적인 수단이라고 할 수 있다. 선거는 공직자나 대표자를 선출하는 의사결정 절차로, 대개 투표를 통해 진행된다. 선거는 고대 그리스의 도편추방제를 기원으로 하고 있다. 도편추방제는 오늘날의 선거처럼 대표로 일할 사람을 뽑는 것이 아니라 다수의 힘으로

〈표 1-6〉 선거의 기본 원칙

원칙	의미	반대 개념
보통 선거	재산, 신분, 인종, 종교, 성별, 학력 등을 이유로 차별하지 않고 일정한 연령(우리나라의 경우 만 19세)에 이른 모든 시민에게 원칙적으로 선거권 부여	제한 선거
평등 선거	학력, 신분, 재산, 인종, 성별, 종교 등을 이유로 특정 유권자들에게 더 많거나 더 적은 투표권을 부여하지 않고 1인 1표제를 원칙으로 모든 유권자의 표에 대해 동일한 가치를 부여	차등 선거
직접 선거	일반 유권자가 대리인을 통하지 않고 대표자를 직접 선출	간접 선거
비밀 선거	위협, 매수, 연고(緣故) 등 선거에 영향을 끼칠 만한 요인으로 인해 선거가 방해받지 않도록 하기 위해 유권자가 누구에게 투표했는지 다른 사람이 알지 못하게 하는 원칙	공개 선거

〈표 1-7〉 선거별 주기와 시기

선거	주기	실시 시기	운동 기간
대통령 선거	5년	대통령 임기만료일 전 70일 이후 첫 번째 수요일(12월 16일에서 12월 22일 사이의 수요일)	23일
국회의원 선거	4년	국회의원 임기만료일 전 50일 이후 첫번째 수요일(4월 9일에서 4월 15일 사이의 수요일)	14일
지방선거	4년	지방자치단체장 및 지방의회의원 임기만료일 전 30일 이후 첫 번째 수요일(5월 31일에서 6월 6일 사이의 수요일)	14일
재 · 보궐 선거		• 선거 실시사유가 전년도 10월 1일부터 올해 3월 31일 사이에 확정된 경우: 4월 중 마지막 수요일 • 선거 실시 사유가 4월 1일부터 9월 30일 사이에 확정된 경우: 10월 중 마지막 수요일	14일

내쫓을 사람을 뽑은 것이지만, 선거의 고전적 형태로 볼 수 있다. 선거는 민주주의 선거의 4대 원칙인 보통, 평등, 직접, 비밀선거에 의해 이루어져야 하며, 공정한 선거를 위하여 우리나라에서는 중앙선거관리위원회를 두고 있다.

⑪ 정당

정당은 정치권력의 획득을 목표로 정견이 같은 사람들이 공통된 정책에 입각하여 일반적 이익을 증진시키고자 결합한 정치결사 단체를 가리킨다. 서양 정치사에서는 근대 정당의 성립을 19세기 초로 보기도 하는데, 정당이 의회정치를 전제로 한다는 점에서 19세기 말로 보는 경우도 있다. 그 이전에는 개인적인 유대 관계를 기반으로 조직되어 사적 활동을 통해서 개인의 이익을 추구하는 도당이나 붕당의 성격이 강했다. 그러나 근대 이후부터는 일정한 정치적 견해나 주장 또는 정책을 가지고 국민에게 그 지지를 호소하여 대중의 참여와 지지를 얻어 궁극적으로는 정치권력을 획득하고 정책을 실현하고자 하는 정당으로서의 면모를 갖추게 되었다.

⑫ 대통령제

대통령제는 입법부와 행정부를 엄격하게 분리시켜서 견제와 균형(checks and balances)의 원리에 충실한 제도다. 대통령제하에서 행정부는 국회를 해산할 수 없고, 행정부가 국회에 대해 책임을 지지 않기 때문에 국회는 내각을 불신임할 수 없다. 그리고 대통령을 중심으로 하는 행정부가 국민에 대해 책임을 지고 국정을 맡는다. 행정부의 최고 수반인 대통령은 일반적으로 선거에 의해 선출되고 특별한 사유 없이는 임기 내에 바뀌지 않기 때문에 정해진 임기 동안에는 비교적 안정적으로 정책을 집행할 수 있다는 장점이 있다. 동시에 대통령제는 일정한 임기 동안 행정권이 보장되기 때문에 행정부가 국정 운영을 잘못하더라도 그 책임을 물어 대통령을 함부로 교체할 수가 없다. 또한, 국민에 대해서만 책임을 지므로 국회와 조화를 이루지 못하고 갈등과 대립 양상을 띨 가능성도 있다. 또한 대통령에게 권력이 지나치게 집중될 경우 독재와 같은 통치가 나타날 수도 있다.

⑬ 의원내각제

의원내각제는 내각책임제라고도 부른다. 의원내각제에서는 행정을 담당하는 내각을 의회 다수당이 구성한다는 점이 특징이다. 따라서 의회와 행정부의 관계가 긴밀할 수밖에 없다. 의원내각제를 채택하는 나라에서는 영국이나 일본처럼 국가를 대표하는 상징적인 존재로서의 왕이 있거나 혹은 독일처럼 대통령이 있더라도 역시 상징적 수준의 권력만을 행사하는 경우가 많다. 의회의 다수당이 내각을 구성하고 일반적으로 그 다수당의 대표가 수상을 맡아 행정을 담당하기 때문에 내각은 당연히 의회에 대해 책임을 져야 한다. 따라서 내각이 정치를 잘못하면 의회는 그 책임을 물어 내각을 사퇴시킬 수 있다. 한편, 내각은 의회를 해산하는 권한과 법률안 제안권을 가지고 있다. 이러한 의원내각제는 행정권 집행에 대해 신속하게 정치적 책임을 지고 그에 대해 반응할 수 있다는 장점이 있다. 동시에 의회 권력과 행정 권력이 사실상 다르지 않기 때문에 권력분립이 뚜렷하게 이루어지지 않은 채, 행정부가 의회의 권력 개입에 의해 많은 영향을 받을 가능성이 있다. 또한, 정치적 환경 변화에 민감하게 반응한다는 명목으로 잦은 의회 해산과 내각 불신임으로 인해 다수당과 내각이 지나치게 자주 교체되면 정국이 오히려 혼란스러워질 수 있다는 문제점도 있다.

⑭ 헌법

헌법은 국가의 통치 조직과 작용의 기본 원리 및 국민의 기본권을 보장하는 근본 규범이고 최고 규범이다. 형식적 의미의 헌법은 규정되어 있는 내용과 관계없이 헌법이라는 이름을 가진 규범으로서 곧 성문헌법을 말한다. 그러므로 불문헌법 국가에는 형식적 의미의 헌법이 존재하지 않는다. 반면에, 실질적 의미의 헌법은 규범의 형식과 관계없이 국가의 통치 조직과 작용의 기본 원칙에 관한 규범을 총칭한다. 실질적 의미의 헌법에는 형식적 의미의 헌법뿐 아니라 정부조직법, 국회법, 법원조직법, 정당법, 선거법 등의 법률과 관련 명령 및 규칙, 헌법적 관습 등 명칭과 존재 형식에 불구하고 국가의 통치 조직과 작용에 관한 기본 원칙을 규율하는 모든 규범이 포함된다. 형식적 의미와 실질적 의미의 헌법은 그 내용과 범위가 반드시 일치하지는 않는다. 헌법 현실의 변화와 헌법의 특성에 비추어 실질적 의미의 헌법을 모두 성문화하는 것은 입법 기술상 불가능하다. 또 실질적 의미의 헌법이 아닌 사항이 정책적으로 형식적 의미의 헌법에 포함되는 경우도 있다.

⑮ 국민주권

국민주권은 바람직한 국가의 정치 형태를 최종적으로 결정하는 권력이 국민에게 있다는 원리를 가리킨다. 이는 곧 군주주권에 대응하는 말이며, 민주주의의 발전과 더불어 등장한 원리다. 엄밀히 말한다면 국민을 추상적인 단일체로 파악하여 그것이 주권을 가지는 넓은 의미의 경우와, 개별적인 개인에 주목하여 그 집단으로서의 국민이 주권을 가지는 경우로 구별하기도 한다. 후자의 국민주권이라는 말에는 다분히 부르주아 주권이라는 뉘앙스를 가미하여 쓰고 있는 경우가 많다. 오늘날 대부분의 국가들은 넓은 의미의 국민주권의 원리를 인정하고 있다.

⑯ 국민자치

국민자치는 국민주권설에 입각한, 국민에 대해 국민 스스로가 지배하는 원리를 가리킨다. 링컨의 "국민의, 국민에 의한, 국민을 위한"이라는 연설 중, "국민에 의한" 정치를 국민자치라고 해석할 수 있다. 국민자치의 실현 방법으로는 크게 간접 민주정치와 직접 민주정치가 있다.

⑰ 권력분립

권력분립은 국가권력을 나누어 각각 다른 기관에 분담시켜 서로 견제하고 균형있게 함으로써 국민의 자유와 권리를 보장하려는 자유주의적 조직원리와 제도를 가리킨다. 17세기 말 영국의 로크에 의하여 입법권과 집행권의 2권분립론이 주창되었고, 18세기 초에 프랑스의 몽테스키외(C. L. Motesquieu)에 의하여 3권분립주의로 확장되었으며, 18세기 말에 이르러 1787년 미국 헌법과 1791년 프랑스 헌법에 채택된 후 세계 각국 헌법에 반영되어 근대 입헌주의 헌법의 본질적 요소 또는 기본 원리로 확립되었다. 오늘날 국가권력을 3권으로 분립시키는 것이 원칙이기 때문에 보통 3권분립(입법, 행정, 사법권의 독립)이라고도 한다. 권력분립의 원리는 이른바 '자유 보장을 위한 하나의 정치 기술'로서 고안된 것이며, 적극적으로 국가 활동의 능률을 증진시키기 위한 분업적 원리가 아니라 소극적으로 국가권력의 남용을 방지하기 위한 균형적 원리이고, 일종의 중립적 원리로 간주되고 있다.

⑱ 법치주의

법치주의는 모든 국가의 작용은 의회에서 제정한 법률에 의거하여 행하여야 한다는 원칙을 가리킨다. 넓게는 법에 의한 정치를 말하며, 절대주의 국가를 부정하면서 성립한 근대 시민국가의 정치 원리라고 할 수 있다. 이 원칙이 구체적으로 실현된 것은 나라마다 역사적 상황에 따라 다르지만, 영국과 미국에서는 '법의 지배'로 전개되었고, 유럽 대륙에서는 '법치국가'로서 발전하였다. 법치주의 유형에는 단순히 법에 의한 지배 원리를 의미하는 형식적 법치주의와, 법의 목적과 내용까지도 사회정의에 부합해야 한다는 실질적 법치주의가 있다.

⑲ 기본권

국민이 인간답게 살기 위해 반드시 보장되어야 할 기본적 권리로서 법으로 보장되어 있는 것을 가리킨다. 우리 헌법에서는 시민에게 보장되어야 하는 기본권을 다음과 같이 유형별로 제시하고 있다. 첫째, 인간으로서의 존엄과 가치다. 이것은 인간의 존엄성에 관한 것으로 모든 기본권의 이념적 토대이자 구체적인 기본권 보장의 목적이 된다. 둘째, 행복추구권이다. 이것은 앞서 소개한 인간으로서의 존엄과 가치를 실현하기 위한 수단이자, 여러 기본권을 모두 아우르는 포괄적 기본권이기도 하다. 셋째, 평등권적 기본권이다. 평등권은 기본권 보장의 기회를 누구에게나 동등하게 주어야 한다는 것이므로 다른 기본권 보장의 전제 조건이 된다고 할 수 있다. 넷째, 자유권적 기본권이다. 자유권은 시민이 국가권력의 간섭을 받지 않고 자신의 의사에 따라 행동할 수 있는 권리를 의미한다. 다섯째, 참정권적 기본권이다. 참정권은 민주사회의 주인으로서 정치적 주권(主權)을 가지고 있는 시민이 능동적으로 정치에 참여할 수 있도록 보장하는 권리다. 여섯째, 사회권적 기본권이다. 사회권은 인간다운 생활을 위해 국가에 대해 요구할 수 있는 권리를 말한다. 일곱째, 청구권적 기본권이다. 청구권은 국가에 대하여 어떤 조치를 취해 줄 것을 청구(請求)할 수 있는 권리를 말한다.

⑳ 의무

의무란 사회생활과 사회질서를 유지 · 조정하기 위한 사회적 · 물리적 · 정신적인 강제 및 구속을 가리킨다. 정치 영역에서는 주로 법적인 의무를 다룬다. 법률상의 의무는 권리의 반대개념으로서 법률상의 인격에 부과되는 구속이라고 본다. 여기서는 적극적으로 무엇을 하지 않으면 안 된다는 작위의 의무와 소극적으로 무엇을 해서는 안 된다는 부작위의 의무로 크게 구별된다. 이를 도덕상의 의무와 구별하기 위하여 법적 의무 또는 법률상의 의무라고 한다.

㉑ 지방자치

지방자치는 일정한 지역을 단위로 하여 주민이 스스로 선출한 지방의회와 지방자치단체장을 통해 그 지역의 정치와 행정을 자율적으로 처리하는 제도다. 이것은 중앙집권의 개념과 대비된다. 중앙집권체제는 국가정책의 통일성과 효율성을 높일 수 있다는 장점이 있지만, 각 지역의 특수한 맥락과 주민의 사정을 고려하기 어렵다는 단점도 있다. 이에 비해 지방자치는 주민 스스로 각 지역에 보다 적합한 정책을 수립하고 추진할 수 있다는 데에 그 의의가 있다. 특히 자신이 직접 몸담고 있고 늘 가까이서 경험하게 되는 지역사회를 중심으로 아래로부터의 풀뿌리 민주주의를 실현할 수 있다는 점에서 민주주의의 학교라고도 불린다.

㉒ 지방의회

지방의회는 지방자치단체의 의결기관으로서 우리나라에서는 지방자치단체의 단위에 따라 광역 의회와 기초 의회로 나뉜다. 광역 의회에는 특별시의회, 광역시의회, 도의회가 포함되고 기초 의회에는 시의회, 구의회, 군의회가 포함된다. 이러한 지방의회에 속하는 지방의원들은 법령의 범위 안에서 조례를 제정할 수 있다. 조례는 해당 지방자치단체 내에서 적용된다. 참고로 국회와 지방의회의 차이점을 살펴보면 〈표 1-8〉과 같다.

〈표 1-8〉 국회와 지방의회의 차이점

구분	국회	지방의회
성격	헌법상 최고 기관 중 하나 국민의 대표 기관	헌법상 기관 지역 주민의 대표 기관
유권자	만 19세 이상의 국민	만 19세 이상의 지역 주민
출마 자격	만 25세 이상 국민	만 25세 이상 주민등록상 지역 주민
기능	법률 제정 → 국민 전체에게 적용됨	조례 제정 → 지방자치단체 내의 주민에게만 적용됨
의원 신분	전업(專業)직, 유급	부업(副業)직, 무급
임기	4년	4년
연임 횟수 제한	없음	3회
특권	불체포특권, 면책특권	없음
정당 공천	허용	광역 의회 의원에게만 정당 공천 허용

㉓ 지방자치단체장

지방자치단체장은 지방자치단체의 행정적 사무를 처리하고 지방의회의 의결 사항을 집행하는 기관이다. 우리나라의 경우, 지방자치단체장 역시 단위에 따라 광역 단체장과 기초 단체장으로 구분된다. 특별시장, 광역시장, 도지사는 광역 단체장에 해당되고 시장, 구청장, 군수는 기초 단체장에 해당된다. 이러한 지방자치단체장은 법령과 조례의 범위 내에서 그 지방 사무에 관한 자치 규칙을 제정할 수 있다.

〈표 1-9〉 단위 및 기능에 따라 구분한 우리나라 선거의 종류

<table>
<tr><th>단위</th><th>기능</th><th colspan="3">종류</th></tr>
<tr><td rowspan="2">중앙 선거</td><td>행정</td><td colspan="3">대통령 선거</td></tr>
<tr><td>입법</td><td colspan="3">국회의원 선거</td></tr>
<tr><td rowspan="4">지방 선거</td><td rowspan="2">행정</td><td rowspan="2">지방자치단체장 선거</td><td>광역</td><td>서울특별시장/부산광역시장 등
경기도지사/강원도지사 등</td></tr>
<tr><td>기초</td><td>종로구청장/해운대구청장 등
수원시장/인제군수 등</td></tr>
<tr><td rowspan="2">입법</td><td rowspan="2">지방의회 선거</td><td>광역</td><td>광주광역시의회/대전광역시의회 등
경상남도의회/전라북도의회 등</td></tr>
<tr><td>기초</td><td>광산구의회/유성구의회 등
마산시의회/전주시의회 등</td></tr>
</table>

(3) 정치 문화와 정치과정

① 정치 문화

정치 문화란 사회집단의 정치적 풍토나 태도 등을 포함하는 정치체제의 심리적 측면 또는 내면화된 정치체제를 가리킨다. 1950년대 이후 미국에서 행태주의 정치학이 유행하면서 널리 사용되기 시작한 개념이다. 정치문화론의 지평을 열었다고 평가받는 미국의 정치학자 알몬드와 버바(Almond & Verba)에 의하면, 정치 문화의 개념은 다음의 3가지 요소로 구성된다. 첫째, 정치에 대한 인지적 정향으로 그 사회집단의 현실 인식과 정치 의식 및 정치 성향 등이다. 둘째, 감정적 정향으로 그 사회집단이 정치에 관해서 갖는 애착심, 혐오감, 충성 등이다. 셋째, 평가적 정향으로 이는 그 사회집단의 가치 체계를 의미한다.

② 정치 사회화

정치 사회화는 정치사회의 성원이 되기 위해서 그 정치 사회가 공인한 제반 정치 생활양식과 행위양식을 습득해 가는 의도적 · 비의도적이고 체계적 · 비체계적인 학습과정이다. 즉, 정치 사회화는 특정 사회의 정치 문화를 습득해 나가는 과정이라고도 볼 수 있다. 원래 사회화라는 용어는 제2차 세계 대전 후 미국의 사회학에서 발달한 개념으로, 어린이가 소속된 사회의 기본적 가치와 규범을 몸에 익혀서 그 사회 구성원으로서의 역할을 학습해 가는 과정을 뜻하였다. 이를 정치 영역에 적용한 정치 사회화는 특정 사회집단의 구성원이 정치에 대해서 공통적으로 갖는 태도, 신념, 가치관, 규범, 행동양식 등을 학습해 가는 과정을 의미한다.

③ 정치과정

정치과정은 정치적 의사결정이 일어나는 과정을 가리킨다. 여기에는 투입과 산출이 중요한 요소로 기능한다. 즉, 다양한 의견과 이익을 가진 집단들이 매스컴, 이익 집단, 정당, 선거 등을 통해 자신들의 주장을 정책에 반영시키려 하는데 그러한 투입 요소들이 여러 형태로 조정되어 어떤 정책이나 결정으로 산출되는 것이다.

④ 정책 집행

정책 집행은 정책 결정 과정을 통해 만들어진 정책을 시행하는 것을 가리킨다. 정책 결정 과정을 통해 얻어진 정책 속에 포함되어 있는 수많은 정책 수단과 계획들은 집행 작업을 거쳐 현실로 나타나야, 원하는 목표를 달성할 수 있고 정책 문제를 해결할 수 있다. 정책 집행은 오랜 시간, 여러 장소, 복합적인 상황 속에서 발생하는 일련의 행정적 · 정치적 결정과 활동으로 이루어진다.

⑤ 정치 참여

정치 참여는 정치 공동체의 의사결정 과정에 시민이 적극적, 능동적인 주체로서 기여하는 것을 말한다. 정치 참여는 곧 정치 공동체의 구성원으로서의 권리이자 의무이며 개별 시민의 이익을 보호하는 동시에 정치 공동체의 이익, 즉 공익을 보호하는 기능을 갖는다. 일반적으로 정치과정에는 정부, 기업, 개인, 이익 집단 등 다양한 주체들이 참여하는데, 민주 사회에서의 정치과정은 시민의 자발적 의사에 따라 움직여야 한다는 점에서 시민의 참여의식은 매우 중요하다. 특히 대의민주제하에서는 대통령, 국회의원, 지방자치단체장, 지방의회 의원 등의 대표자를 선출하거나 일부 중요한 공공문제에 대해 투표하는 수준에서 시민의 정치 참여가 머무를 가능성이 많다. 이와 같이 정치 참여의 폭이 공식적인 영역과 방식으로만 제한되거나 참여 자체에 대해 시민이 무관심할 경우, 민주주의가 순조롭게 발전하기 어렵기 때문에 정치 참여는 시민이 지녀야 할 매우 중요한 덕목이다.

⑥ 압력 집단

이익 집단과 일맥상통한다. 그런데 어떤 특정한 이해 · 관심 · 욕구 등에 의거해서 조직화된 집단이라는 점에서는 유사하지만, 이익 집단에 비해 압력 집단이 상대적으로 일정한 정치 목적을 수행하기 위해 더 적극적으로 활동하는 집단을 말하는 경우가 많다는 점에서 다소 차이가 있다. 이 때문에 미국의 경우, 의원들에게 어떤 집단이 특정 쟁점에 대하여 어떤 입장에 서 있는가를 전달하고, 이와 관련해서 영향력을 행사하는 로비스트 집단을 압력 집단이라고 말하기도 한다.

⑦ 이익 단체

자신이 속한 집단의 특정한 이익을 위해 결성하여 활동하는 단체를 말한다. 이익 단체는 근대사회의 조직 및 기능의 분화, 민주주의 정치 원리의 보급을 배경으로 하여 증가해 왔는데, 대체로 특정 직업이나 자격 등을 가진 사람들이 많이 소속되어 자신이 속한 직업이나 자격을 가진 집단의 이익을 위해 정치적 영향력을 행사하려고 한다.

⑧ 시민 단체

시민 단체는 불특정 시민들이 자발적으로 구성하여 활동하는 비영리 단체다. 사회 각 분야에서 발생하는 공적 문제를 해결하는 것을 목적으로 시민들의 의견을 적극 반영하기 위하여 만들어지는 경우가 많은데, 이른바 신사회운동의 흐름에 따라 사회 개혁 · 사회복지 · 환경 개선 · 소비자 생활 보호 등의 목적을 추구한다. 우리나라의 대표적인 시민 단체로는 참여연대, 경실련, 환경운동연합, YMCA, 사랑의 장기 기증 운동본부, 녹색연합, 한국소비생활연구원, 사랑의 먹거리 나누기 운동본부 등이 있다.

⑨ 여론

여론은 사회 구성원 전원이 관련되는 일에 대해서 사회적으로 제시되는 각종 의견 중에서 다수의 지지를 받고 있다고 인정되는 의견을 가리킨다. 여론의 성격은 매우 복잡한데, 다양한 의견의 형성과 표현, 상호간의 경합 · 간섭 · 통합과 같이 복잡하게 얽히는 역동적인 과정 전반을 이해해야 여론을 파악할 수 있다. 현대는 여론정치의 시대다. 그러나 여론이 항상 이성적이고 합리적인 수준에서만 형성되는 것이 아니다. 다수의 의견이 독재 권력의 정당성을 변호해 줄 수도 있고, 권력이나 매스미디어에 의해서 조작된 여론이 만들어지기도 한다. 그래서 혹자는 여론을 사회의 경제적 불평등에서 발생한 지배권력 이데올로기의 한 종류이며, 매스미디어에 편승한 의견의 집합체라고 주장하기도 한다.

⑩ 대중매체

대중매체는 신문사, 출판사, 방송국 등 특정 소수의 정보 제공자가 불특정 다수의 대중에게 정보를 전달하는 수단을 가리킨다. 전파를 이용한 대중매체에는 텔레비전과 라디오가 있으며, 인쇄를 이용한 대중매체에는 잡지와 신문이 있다. 1990년대 후반부터는 인터넷을 이용한 정보 전달이 급격하게 늘고 있다. 또한 뉴미디어라 하여 케이블 TV, 위성방송, 데이터 방송, 고화질 TV, 인터넷 방송, DMB, 와이브로 등도 그 활용의 폭이 점차 넓어지고 있다. 대중매체를 통한 정보 전달은 여론을 형성시키고, 형성된 여론을 통해서 정부나 정당 등을 압박할 수도 있다. 따라서 대중매체는 다양한 의사를 하나로 결집시켜 정부나 정당을 압박하여 반대중적인 정책개발이나 시행을 견제할 수 있으며, 시민의 자발적인 정치참여를 확대시키는 계기가 되어 정치 문화를 개선할 수 있다. 또한 정부나 정당의 정책 수행에 대한 감시 기능을 함으로써 정치 개선 효과를 기대할 수 있다. 반면에 영향력 있는 대중매체가 매체의 의도대로 여론을 조장할 수 있으며, 특정 정치집단이나 정권의 언론 플레이에 악용될 가능성이 있다. 또한 온라인 등에 댓글 아르바이트 등을 고용하여 특정한 기사를 순식간에 이슈로 만들어 여론을 호도할 수도 있다.

⑪ 시민 불복종

시민 불복종은 정부의 정책이나 제도에 어떤 변화를 가져오려는 목적으로 일반적으로 법에 반대해서 행해지는 공적, 비폭력적, 양심적인 저항 행위다. 시민 불복종은 시민이 정부의 제도에 맞서 항상 불복종해도 된다는 것이 아니라, 불가피하게 불복종으로 대응해야 할 만큼의 타당한 명분과 근거가 있을 때에만 그것이 정당화될 수 있다. 시민 불복종의 주된 목적은 정부 또는 점령국으로부터 양보(또는 승인 · 용인)를 획득하려는 것이다. 시민 불복종은 아프리카와 인도의 민족주의 운동, 미국 흑인의 시민권 운동, 여러 국가의 노동운동과 반전운동에서 주요한 전술과 이념이었다. 시민 불복종은 법체제 전반에 대한 거부라기보다는 상징적이고 의식적인 법률 위반이다. 봉쇄되어 있거나 존재하지 않는 법적 개혁 경로를 모색하려는 시민 불복종의 주체는 특정한 법률과 충돌하는, 보다 지고하고 초법적인 원리에 대한 의무를 다하려고 한다. 시민 불복종의 주체는 처벌을 감수하면서, 정치적 다수파 또는 정부가 의미 있는 정치적 · 사회적 · 경제적 개혁을 실행할 것을 자극할 도덕적 모범을 세우려고 한다. 따라서 도덕적 모범을 보여야 한다는 원칙에 따라, 시민 불복종의 주체들은 비합법적인 행동은 비폭력적이어야 한다는 점을 강조한다.

⑫ 공공 정책

정책은 개인 혹은 집단이 의도적으로 수행하는 일련의 문제 해결 활동이므로, 공공 정책은 이러한 활동의 주체가 정부 및 공공 기관인 경우를 말한다. 공공 정책은 공공 기관이 주체이기 때문에 정치권력이 내재되어 있으며, 비용과 편익의 배분을 통해 국민들의 이해관계에 영향을 미친다.

⑬ 정치적 무관심

정치적 무관심은 정치적 상황에 대한 주체적인 인식과 행동이 결여되어 있는 정치적 태도를 가리킨다. 근대 이전의 사회에서 정치권력은 소수 지배자에게 있었으며, 다수의 피지배자는 정치적 관심을 가지지 않는 것이 보통이었고, 또한 적극적으로 정치적 관심을 가지는 것이 금지되었다. 이것을 '전통형 무관심'이라 부른다. 그런데 근대 이후 민주정치의 발전과 선거권의 확대를 통하여 일반 국민이 정치에 참여할 수 있게 되었는데도 불구하고 정치적 무관심이 확대되고 있는데, 이것을 '현대형 무관심'이라 부른다.

(4) 정치발전

① 정치발전

정치발전은 여러 가지 의미를 포함하고 있다. 첫째, 경제성장을 위한 정치적 필수조건으로 보는 견해가 있다. 둘째, 정치적 근대화를 가리키는 것으로 보는 견해가 있다. 셋째, 국민국가가 성공적으로 확립되기 위한 정치 통합을 가리키는 것으로 보는 견해가 있다. 넷째, 제도화 과정 및 행정의 발전으로 보는 견해가 있다. 다섯째, 시민의 참여와 충성심, 귀속감 등이 발달하는 것으로 보는 견해가 있다. 여섯째, 민주주의의 확립으로 보는 견해가 있다. 일곱째, 정치적 안정과 통합을 가리키는 것으로 보는 견해가 있다.

② 근대화

정치, 경제, 사회, 문화, 가치관 등의 면에서 전반적으로 구조적 변화가 진행되어 후진적인 상태에서 보다 향상된 생활 조건과 의식을 형성해 가는 과정을 가리킨다. 오늘날 근대화라는 말은 널리 사용되고 있지만, 아직 그 개념 규정이나 내용에 관해서는 일치된 견해가 없다. 그래서 근대화라는 말은 경우에 따라서는 서구화, 공업화, 민주화, 합리화, 도시화 등 다의적으로 사용되고 있다. 최근에는 개혁 또는 발전과 같은 뜻으로 사용되기도 한다. 넓은 의미에서의 근대화란 전통적 사회가 근대적 사회로 이행하는 과정이라고 할 수 있다. 정치적 영역에서의 근대화는 특별히 민주주의 제도의 확립을 가리키기도 한다.

③ 혁명

혁명은 비합법적인 수단으로 국체 또는 정체를 변혁시키는 일을 가리킨다. 이것은 역사 발전에 따라 기존 사회체제를 변혁하기 위해 이제까지 국가권력을 장악하였던 계층을 대신하여, 피지배계층이 그 권력을 비합법적인 방법으로 탈취하는 권력 교체의 형식이다. 혁명은 개념상 정치혁명과 사회혁명으로 구별되기도 한다. 정치학자 라스웰에 의하면 정치혁명은 권력기구의 급격한 변화인 데 비하여, 사회혁명은 지배의 실질적이고 급격한 변화다. 그런데 정치혁명은 일반적으로 그 전후에 사회혁명을 동반하는 것이 보통이다. 혁명에 대한 반대운동으로서 반(反)혁명이 있는데, 이는 구지배세력이 일반적으로 무력을 통해서 구체제의 복귀를 기도하는 운동이다.

④ 민주화

사전적으로는 민주적으로 되어 가는 것을 의미하지만, 특별히 우리나라에서는 1987년 6월 항쟁 이후의 역사적 상황을 가리키는 말로 쓰이기도 한다. 당시 시민들은 대통령 직선제 등 시민의 정당한 자유와 권리를 요구하며 전국에서 정부를 상대로 강력한 시위를 벌였다. 처음에는 이를 강경 진압하던 당시 5공화국 정부는 시위가 전국적으로 확산되자 마침내 시민들의 요구를 상당 부분 수용하게 되었다. 이를 계기로 우리나라에서는 정치, 경제, 사회, 문화, 법 등 각 분야에서 권위주의 대신 민주적 가치가 보다 빠르게 적용되어 갔다.

(5) 국제정치

① 국제정치

개별 주권국가들의 상호작용에 의해 생겨나는 정치 현상을 가리킨다. 국가 간의 정치적 관계가 군사적, 경제적, 사회 · 문화적 관계를 조절하고 통제한다는 점에서 국제정치의 중요성이 있다. 전통적 시각에서 국제정치의 행위자는 개별 주권국가로 인식되어 왔다. 그러나 국제연합과 같은 초국가적 기구의 탄생과 유럽연합(EU) 등의 출현으로 주권국가만이 유일한 행위자라는 전통적 주장은 설득력을 잃고 있다. 한편 미시적 분석을 강조하는 현대 정치이론의 경우, 궁극적으로 개인 간의 상호관계를 통해 국제질서를 이해할 수 있다고 본다. 이런 점에서 국제정치의 행위자는 개인, 국가, 초국가적 국제기구라고 할 수 있다. 국제정치의 목표는 국가 간 갈등과 분쟁이 전쟁으로 발전하는 것을 막고, 평화를 유지할 수 있는 안정된 국제질서를 형성하는 것이다. 이를 위해 힘의 균형체제, 힘의 우위체제, 주권국가들의 통합 등의 방법이 모색된다.

② 국제관계

국제정치에서 나타나는 국가 간 또는 주요 세력 간의 정형화된 상호관계를 가리킨다. 국제관계의 핵심이 정치에 있기 때문에 일반적으로 국제관계는 국제정치와 동일한 의미로 사용되기도 한다. 하지만 국제정치가 주로 정치적, 공적 관계를 의미하는 것인데 비해 국제관계는 정치적, 경제적, 법적, 사회 · 문화적 관계를 포함하는 보다 종합적인 관계로서 파악된다. 제2차 세계 대전 이후의 국제관계는 미국과 소련을 정점으로 한 양극체제였다. 그러나 1960년대 이후 미국의 경제력 약화와 함께 일본과 독일이 주요 세력으로 등장하면서 기존의 양극체제는 다극화의 경향을 띠기 시작하였다. 이러한 양극체제 안에서의 다극화현상은 1980년대 말동구사회주의의 붕괴와 소련의 몰락 등으로 냉전체제의 한 축이 사라지면서 경제력 중심의 다극체제로 전환되었다. 그러나 탈냉전 이후의 다극체제에서도 여전히 초강대국으로서 미국의 지위는 지속되고 있다.

③ 국제기구

조약에 입각하여 복수의 주권국가로 구성되어, 일정한 목적 하에 국제법상 독자적으로 존재하는 동시에 자체 기관에 의하여 독자적인 행동을 하는 조직체를 가리킨다. 국제기관, 국제조직, 국제단체라고도 한다. 대체로 정부를 구성단위로 하기 때문에 '정부간 기구(Inter-Governmental Organization: IGO)'라 불리기도 한다. 따라서 국제적 민간단체인 '국제비정부기구(Non-Governmental Organization: NGO)'와는 구별된다. 국제기구는 그 구성원이 세계 여러 나라를 포함하는 일반적 국제기구와, 지역적으로 한정되어 있는 지역적 국제기구로 나눌 수 있다. 국제연합이나 국제연합교육과학문화기구(UNESCO), 국제노동기구(ILO) 등은 전자의 예이고, 북대서양조약기구(NATO) · 미주기구(OAS) · 유럽연합(EU) · 아시아개발은행(ADB) 등은 후자의 예다.

④ 국제법

국가 간에 명시되거나 묵시된 합의를 기초로 하여 형성된 법을 가리키며, 국제공법이라고도 한다. 주로 국가 상호 간의 관계를 규정하는 것으로서 최근에는 개인이나 국제조직(국제연합 등)도 국제법상의 법률관계의 당사자(국제법 주체)로서의 지위를 인정하는 사례가 많아졌다. 국제법은 국가 상호 간에 명시된 합의에 바탕을 둔 조약과 여러 국가의 관행을 기초로 하여 성립되는 관습 국제법으로 성립되고 있다. 조약은 그 조약에 참가한 국가밖에 구속하지 않기 때문에 현재도 국제사회 일반에 타당한 국제법은 관습 국제법의 형태를 취하고 있다.

⑤ 국제분쟁

국가와 국가 간의 분쟁을 가리킨다. 처음부터 국가와 국가 간에 일어난 분쟁뿐만 아니라, 개별 국가의 국민 간에 발생한 싸움이 국가 차원의 문제로 전환되어 국가 간의 분쟁으로 확산되는 경우까지도 포함한다. 특히 후자를 '준 국제분쟁'이라고도 한다. 국제분쟁에서 특히 문제시되는 것은 어떻게 분쟁을 해결하느냐 하는 것이다. 예전에는 전쟁도 국제분쟁의 처리 방법으로 인정되었으나, 최근에는 국제분쟁을 무력으로 해결하는 것은 일반적으로 금지되어 있다(국제연합헌장 2조 3항). 국제분쟁의 양상은 여러 가지가 있다. 예를 들어, 특정한 지역에 대한 영토권을 2개 이상의 국가가 주장하는 경우, 대륙붕의 배타적 개발권 또는 공해상의 어업권을 둘러싼 대립 등이 현대 국제사회에서 흔히 볼 수 있는 국제분쟁의 양상들이다.

⑥ 국제 평화주의

국제 평화 유지에 노력하고 침략전쟁을 부인하며, 국제법질서를 존중하는 태도를 가리킨다. 오늘날 국제 평화주의는 서구적 민주주의의 공통적 현상이다. 전쟁의 금지와 평화의 보장은 국제적 민주주의의 보장을 위해서는 필수불가결한 것이다. 제2차 세계 대전에서의 막대한 인명과 재산의 희생은 인류에게 유례없는 전쟁의 잔혹함을 일깨웠고, 이후 전쟁의 참화에서 인류를 보호하려는 열망 속에 국제연합이 탄생하였다. 또한 세계 각국은 헌법 조항 등을 만들어 국제 평화 유지에 힘쓰고 있다. 그 예로 독일 기본법의 경우 평화 파괴 행위의 처벌과 무기의 제조 · 운반 · 거래의 금지를 규정하고, 필요한 경우 국가 주권의 국제기구 이양과 국제법규의 국내법규에 대한 우월을 인정하고 있다. 네덜란드와 포르투갈의 헌법은 국제분쟁의 평화적 해결을, 프랑스 제4공화국 헌법은 전쟁 수단으로서의 군비 제한을, 일본 헌법은 군비의 폐지를 규정하는 등 국제평화 유지를 위하여 노력하고 있다.

⑦ 동맹

조약 등과 같은 국제적 약속에 의해서 상호원조의 의무를 약속하는 국가 간의 협력을 의미한다. 동맹을 이루는 국제적 합의를 '동맹조약'이라고 한다. 동맹은 '일정한 경우'에 한해서 법적 원조의 쌍무적 의무를 지게 되는데 그 성격에 따라 공격동맹 · 방어동맹 · 공수동맹으로 구분된다. 동맹은 일시적 결합인 점에서 영구적 결합인 연방국가 또는 국가연합과 구별된다. 또 동맹은 쌍무적 의무를 부담하므로 그러한 의무가 없는 보호조약이나 담보조약과 구별된다. 동맹의 대표적인 예로는 1813년의 대(對)나폴레옹 대(大)동맹, 1815년의 신성동맹, 1902년의 영 · 일동맹 등이 있다.

⑧ 블록

정치 · 경제상의 특수 이익을 위해 제휴한 국가들의 집합을 가리킨다. 국제 블록 현상은 정치적 블록과 경제적 블록 현상으로 나뉘는데, 정치적 블록 현상의 예로는 EU와 같은 정치적 협력을 포함한 국가 연합 기구를 들 수 있고, 경제적 블록 현상의 예로는 FTA와 관세동맹 등을 통한 국제 블록 형성 등을 들 수 있다. 최근에는 이러한 두 가지 현상이 중첩적으로 나타나는 경향을 띠기도 한다.

⑨ 외교

국제사회에서 교섭을 통하여 국가 간에 맺는 일체의 대외관계를 의미한다. 영어의 디플로머시(diplomacy)는 '접어 포개다'라는 뜻의 그리스어 디플로마스(diplomas)로부터 유래한다. 로마제국시대에는 '접어 포개진' 모양의 금속판으로 만든 통행권을 디플로마스(diplomas)라고 불렀고, 그 후 의미가 확대되어 1645년부터 공문서라는 의미로 쓰이게 되었다. 오늘날과 같이 외교의 뜻으로 디플로머시(diplomacy)가 쓰이게 된 것은 18세기 말엽으로 비교적 최근의 일이다.

⑩ 신자유주의

국가 권력의 시장 개입을 비판하고 시장의 기능과 민간의 자유로운 활동을 중시하는 이론을 가리킨다. 미국과 영국 등 선진국들은 케인스 이론을 도입한 수정자본주의를 채택하였는데, 그 요체는 정부가 시장에 적극적으로 개입하여 소득평준화와 완전고용을 이룸으로써 복지국가를 지향하는 것이다. 케인스 이론은 이른바 '자본주의의 황금기'와 함께하였으나, 1970년대 이후 세계적인 불황이 다가오면서 이에 대한 반론이 제기되었다. 장기적인 스태그플레이션은 케인스 이론에 기반한 경제정책이 실패한 결과라고 지적하며 대두된 것이 신자유주의다. 신자유주의는 자유시장과 규제 완화, 재산권을 중시한다. 신자유주의론자들은 국가권력의 시장 개입을 완전히 부정하지는 않지만, 그것이 경제의 효율성과 형평성을 오히려 악화시킨다고 주장한다. 따라서 '준칙에 의한' 소극적인 통화정책과 국제금융의 자유화를 통하여 안정된 경제성장에 도달하는 것을 목표로 한다. 신자유주의자들은 자유무역과 국제적 분업이라는 말로 시장 개방을 주장하는데, 이는 세계무역기구(WTO)나 우루과이라운드 같은 다자간 협상을 통한 시장 개방의 압력으로 나타나기도 한다.

신자유주의의 도입에 따라 케인즈 이론에서의 완전고용은 노동시장의 유연화로 해체되고, 정부가 관장하거나 보조해 오던 영역들이 상당수 민간에 이전되었다. 신자유주의는 자유방임경제를 지향함으로써 비능률을 해소하고 경쟁시장의 효율성 및 국가 경쟁력을 강화하는 긍정적 효과가 있는 반면, 불황과 실업, 그로 인한 빈부 격차 확대, 시장 개방 압력으로 인한 선진국과 후진국 간의 갈등 초래라는 부정적인 측면도 있다.

⑪ 세계화

세계화는 그동안 다른 문화와 성향을 갖고 있던 세계 각국의 사회 · 문화가 서로 밀접한 관계를 갖게 되는 것을 말한다. 이 과정은 경제, 과학기술, 사회 · 문화, 정치권력과 맞물려 있다. 교통이 발달하기 이전의 지구는 아주 폐쇄적이었다. 그러나 항해술의 발달과 더불어 시작된 교통 · 통신의 급속한 발달은 세계 각 지역 사람의 왕래와 문화의 교류를 가능하게 하였고, 세계화를 더욱 가속화시켰다. 세계화는 국가 간의 매우 치열한 경쟁을 통해 이루어지고 있으며, 각국의 끊임없는 연구 · 개발과 경쟁을 통하여 국제사회의 발전을 가져오고 있다. 그러나 세계화는 강대국 중심의 세계 질서의 재편이라고 보는 부정적인 시각도 있다. 선진국이 상대적으로 조건이 열악한 개발도상국이나 제3세계의 사회에 영향력을 확대하여 그 사회의 구조를 취약하게 만들어 붕괴시킨다는 것이다.

5 정치학, 철학인가 과학인가[6)]

3절에서 언급한 바와 같이 정치에 대한 사고와 사상은 오랜 역사를 지니고 있다. 그것은 서양에서는 고대 그리스, 동양에서는 중국의 춘추시대까지 소급된다. 그러나 오늘날 우리에게 익숙한 정치학은 대략 1세기 정도의 역사를 지녔다. 정치학도 다른 사회과학 분야와 마찬가지로 19세기에 도덕철학으로부터 분리 · 발전되었다.

정치철학에서 제도적 접근이 나타난 것은 19세기 후반이었고, 20세기에 들어서서 다양한 지적 운동을 통해 정치학에 행태주의가 등장하였다. 그리고 비교적 최근에 후기행태주의라는 새로운 입장이 나타났다. 그렇다고 해서 정치학에서 전통적인 정치사상에 대한 연구나 제도적 분석의 중요성이 퇴색한 것은 아니며, 근래에 와서 정치에 대한 연구가 보다 더 다양해졌다고 할 수 있다. 여기서는 이러한 정치학의 발전 과정을 따라 정치학의 주요한 연구 방법에 대해서 살펴보려고 한다.

1) 규범적 · 사변적 연구 방법

소위 정치학의 고전이라고 할 수 있는 저술들은 정치에 있어서 '당위'의 문제들을 다룬 규범적 연구들이 대부분이었다. 이러한 저술들은 인간성, 가치의 정당화, 권리와 의무의 조정 등의 문제를 다루었다. 예컨대, 플라톤은 『공화국』에서 이상 국가에 대한 고찰을 통하여 정의(justice)의 문제를 논했다. 아리스토텔레스도 플라톤과 마찬가지로 이상 국가를 찾

---

6) 정치학의 연구 방법 부분은 김세균 외(2008: 23−32)의 분류에 따라 내용을 정리하여 제시하였다.

으려고 했으며, 스승과 달리 사실의 관찰을 중요시했지만, 넓은 의미에서 스승과 같이 도덕철학자 혹은 정치철학자였다.

근대적인 의미에서 정치학 탐구는 마키아벨리(N. Machiavelli)에서 시작되었다고 볼 수 있다. 그는 정부와 정치제도가 실제로 어떻게 운영되고 있었는가 하는 문제를 연구한 최초의 정치학자였다. 정치에 대한 그의 기술(description)은 아주 실용적이었고, 그의 분석은 정치 현상에 대한 주의 깊은 관찰이라는 경험적 방법에 의존했다. 그는 플로렌스 공화국의 정치제도와 과정을 깊이 있게 관찰하고, 메디치(Medici) 가(家)를 위하여 권력의 최대화 문제를 다루었다. 그러나 마키아벨리의 경험적 접근은 당시의 유행에서 벗어난 매우 예외적인 사례였다.

근대에 들어와서 갈릴레오(Galileo)와 뉴턴(Newton) 등의 업적에 힘입어 학문적 탐구는 자연철학과 도덕철학으로 나뉘게 되었다. 그 후 철학은 자연과학에서는 물론 사회과학에서도 그 기반을 점차 상실하기 시작했다. 그러나 여전히 19세기 중반까지 정치 연구는 주로 규범적인 성격을 띠었고, 주된 연구 방법 역시 연역적이었다.

전통적으로 연역 추리는 일반적인 전제에서 보다 구체적인 결론을 도출하는 것으로, 홉스나 로크의 저작은 연역 추리의 대표적인 사례들이다. 홉스나 로크 등은 사회계약의 내용, 타당한 정부의 형태, 정치적 의무의 성격에 관하여 서로 다른 결론에 도달했지만, 두 사람 모두 인간성에 관한 최초의 일반적인 전제에서 결론을 연역 추리했다는 점에서 매우 유사하다고 할 수 있다.

루소 역시 인간이 태초의 자연 상태에서 모두가 평등하고 자유로웠다는 명제에서 출발하여, 이상적인 국가란 이러한 인간을 다시 평등하고 자유롭게 복원할 수 있는 것이어야 한다고 규정하였다. 또한 공리주의가 주장하고 있는 정치적 자유 및 정부의 책임에 대한 처방들도 "인간 행동의 기본은 쾌락을 추구하고 고통을 피한다."는 원리에서 도출된 것이다.

마찬가지로 헤겔(G. W. F. Hegel)과 마르크스는 “역사란 스스로 진보를 향해 나아간다.”는 전제하에 인간의 의도와는 상관없이 장차 이 땅에 ‘이상국가가 도래할 것’이라는 정치관을 피력하였다.

이처럼 규범적 · 사변적 연구 방법은 세계가 어떤 활동을 하는지를 묘사하는 것이 아니라 세계에 대해 평가한다. 이렇게 만들어지는 규범 이론은 특정 사례를 일반적인 원칙과 연결시킨다. 하나의 사례로 “국가는 어떤 종류의 공공 보건 정책을 가져야 하는가?”에 대해서 규범 이론은 “정부는 국민들의 삶에 되도록 최소한의 개입을 하여야 한다.” 또는 “사회는 모든 사람이 삶에 있어서 동등한 기회를 가질 수 있을 때 잘 유지된다.”와 같은 일반적인 원칙을 특정 정책 문제에 적용시킴으로써 답을 구한다. 이러한 일반적 원칙들은 결국 이데올로기(서로 연관되어 있으며 서로에 대해 수정을 가하는 체계적으로 구성된 일련의 관념들)로 귀결된다. 결국 규범적 · 사변적 연구는 대개 이데올로기를 정립하고, 이데올로기를 정책 문제에 적용하는 방식으로 이루어진다(김계동 외 공역, 2008: 19).

이러한 연구 방법은 본질적으로 윤리적 · 처방적 · 규범적 문제에 관심을 가진다. 예를 들어, 왜 나는 국가에 복종해야 하는가, 보상은 어떻게 분배되어야 하는가, 개인적 자유의 한계는 무엇이어야 하는가 등 규범적인 문제를 주요한 사상가들의 문헌들을 토대로 분석하면서 그들이 무엇을 이야기하였고, 그들이 자신의 견해를 어떻게 발전시키고 정당화하였는지 검토하고, 나아가 그들이 수행한 지적 활동의 전후관계를 검토하는데 일차적인 관심을 가진다. 이러한 분석은 비판적이고 정확하게 실행될 수 있지만, 과학적 의미에서 객관적이라고 할 수는 없다.

2) 법적 · 제도적 연구 방법

정치학이 점차 하나의 독립된 학문으로 인정되어 대학에서 공식적으로 교수되기 시작하면서, 사회과학의 여러 분야 간의 경계가 점차로 분명해지기 시작하였다. 더불어 정치학의 목적, 범위, 방법에 있어서 근본적인 변화가 일어났는데, 연구 방법은 주로 기술적(descriptive)이 되었고, 주된 관심은 국가의 기존 정치제도(기구)와 과정에 대한 서술이었다. 그렇기 때문에 연구의 중점은 자연히 법률적으로 조직된 정부였고, 분석 자료도 헌법과 법률 등의 공식 문서였다. 정치연구에서 제도와 구조가 중요한 독립변수로 강조되었으며, 정치제도가 인간 행동에 영향을 주는 가장 중요한 요소라는 통념이 일반화되었다.

법적 · 제도적 연구는 인간의 정치 행동이 규범과 신화를 넘어 법과 제도의 틀 속에서 역사적으로 규정되는 과정을 이해하고 서술하는 데 치중하는 접근 방식이다. 법적 연구는 주로 헌법 및 법전의 해석과 집행과 관련된 것을 연구하는 방법이며, 제도적 연구는 수상이나 대통령, 공무원의 권한, 선거제도, 정당 등 정치제도들에 대한 역사적 배경 조사와 서술적 사실들을 탐구하는 방법이다.

예를 들어, 중앙정부에 의한 통치인가 아니면 지방정부에 의한 통치인가 하는 문제는 정치적으로 중요한 사안이며, 법적 · 제도적 연구 방법을 통해서 접근할 수 있는 주제다. 이 문제를 어떻게 법과 제도를 통해서 살펴볼 수 있을까. 우선 헌법에 따라 연방국가인지, 단일국가인지를 분석해 볼 수 있다. 단일국가는 영토 내에 다른 정부는 존재하지 않고 오직 중앙정부만이 모든 영역의 정책에 대해 독점적인 권한을 행사하는 국가다. 단일국가에서는 지방에 존재하는 정치기구들의 결정들이 중앙정부에 의해서 법적 · 제도적으로 번복될 수 있도록 보장되어 있다. 따라서 헌법과 법률 분석을 통해서 이를 확인해 볼 수 있다.

그러나 이러한 법적 · 제도적 분석과 접근은 헌법과 법체계의 내용 서술에 치중하여 법 안에서 사람들이 실제로 어떻게 행동하는가를 경시하였다. 그리고 하나의 제도와 사례들이 다른 것들과 어떻게 연결되어 인간의 정치행동을 유발하는가에 대한 체계적인 검토가 부족하다고 할 수 있다.

3) 행태주의 연구 방법

현대 정치학의 주요 관심사이자 방법론상의 주된 문제는 행태주의에 관한 것이었다. 행태주의에 관한 논쟁은 정치학에 있어서 과학의 의미와 역할의 문제를 둘러싸고 전개되었다. "정치학이 보다 과학에 가깝게 접근할 수 있는가, 그럴 수 있다고 해도 과연 그것이 바람직한 일인가?" 하는 두 가지 질문에 관하여 소위 행태주의자들은 긍정적인 입장을 취하였다.

행태주의자들의 지적 가정과 주장은 다음과 같다. 첫째, 정치학은 궁극적으로 예측력과 설명력이 있는 과학에 좀 더 접근할 수 있으며, 정치학의 목표는 체계적인 경험 이론(empirical theory)의 구성이다. 둘째, 연구는 이론 지향적이어야 하며 이를 위해 탐구 과정에서 이론과 자료의 밀접한 상호작용이 있어야 한다. 셋째, 사실 문제는 가치 문제와 구별하여 분석해야 한다. 넷째, 사회과학의 여러 분야 사이에는 본질적인 통합이 있어야 하며, 학제적 연구를 통하여 보다 많은 성취를 이룰 수 있다. 다섯째, 정치학자들은 방법론에 있어서 보다 자의식을 느껴야 하며, 엄밀해야 한다. 여섯째, 분석은 단순히 정치제도보다는 개인과 집단의 행동에 초점을 두어야 한다. 이러한 여섯 가지 주장에 따라 행태주의 정치학자들은 다양한 연구를 수행하였다.

행태주의적 접근에 따른 권력 분석 사례로, 예를 들어 1950년대와 1960년대에 "미국 도시들을 운영하는 소수집단이 존재하는가?"라는 미국 도시들에 대한 유명한 논쟁이 있다. 헌터(F. Hunter)는 조지아(Georgia) 주의 애틀랜타(Atlanta) 시에 대한 연구에서 애틀랜타 시의 정치를 집단적으로 지배하는 기업과 사회적 엘리트가 중심이 된 지역사회권력의 피라

미드식 구조를 밝혀 냈다. 그러나 이에 대응하여 다알(R. Dahl)은 코네티컷(Connecticut) 주의 뉴헤이븐(New Haven)에 대한 연구에서 매우 다양한 집단이 다양한 이유로 적극적인 정치 활동을 하고 있음을 발견하였다. 다알은 하나의 집단이 뉴헤이븐을 운영하는 것이 아니라, 다양한 종류의 집단들이 정치에 관여하고 있으며, 어떠한 정치적 이슈들에 대한 결정을 하느냐에 따라 참여자가 달라진다는 결론을 내렸다(김계동 외 공역, 2008: 9).

이상과 같은 행태주의자들의 주장과 연구에 대하여 전통주의자들은 지극히 비판적이었다. 물론 전통주의자들의 입장도 다 같은 것은 아니었다. 물론 그들의 대부분은 도덕 및 사회철학의 실천가이며, 또 제도 분석가들이다. 행태주의자들은 사회과학도 그 방법과 목표에 있어서 자연과학에 좀 더 접근할 수 있다고 주장하지만 전통주의자들은 정치학이 진정한 의미의 과학이 될 수도 없거니와 그렇게 되는 것이 바람직하지도 않다고 보았다.

4) 후기행태주의 연구 방법

20세기 중반 이후 현대사회에 대두된 인권운동, 폭동, 정치적 암살, 환경오염, 지역 간 분쟁 등은 정치학자들로 하여금 과연 그들의 연구가 중요한 문제를 다루고 있으며, 그들의 접근 방법이 타당하며, 또 그들이 학자로서 책임 있는 일을 수행해 왔는가 하는 문제에 관하여 반성하게 만들었다. 그리하여 후기행태주의자들은 적실성과 행동을 표방하면서 정치학이라는 학문 분야, 정치학을 직업으로 삼고 있는 집단 및 대학을 비판하고 나섰다.

후기행태주의자들의 주장을 요약하면 다음과 같다. 첫째, 내용이 기법에 우선하여야 한다. 둘째, 행태주의적 과학은 경험적 보수주의 이데올로기를 숨기고 있다. 셋째, 지나친 행태주의적 연구는 현실과 괴리되게 마련이다. 넷째, 가치에 대한 연구도 정치학의 주요 부분이다. 다섯째, 학문 분야에 종사하는 자는 모든 계급에 대해 책임을 지고 있다. 여섯째, 안다는 것은 행동에 대한 책임을 지는 것이며 행동한다는 것은 사회의 재구성에 참여하는 것이다. 일곱째, 지식인이 그 지식의 활용에 관하여 의무를 진다면, 그들이 속한 학회와 대학 자체도 시대의 투쟁을 방관해서는 안 된다.

요컨대, 이상과 같은 후기행태주의의 신조는 정치학자들이 무엇을 하고 있으며, 무엇을 하여야 하며, 연구의 우선순위가 무엇이며, 어떤 측면이 강조되어야 하는가 하는 문제를 실질적으로 재평가한 것이다. 그러나 후기행태주의는 정치의 과학적 연구의 가능성과 희망을 부인하지 않고 있다. 이 점에서 후기행태주의는 행태주의와 연속성을 어느 정도 지니고 있다고 볼 수 있다.

5) 종합적 논의: 후기행태주의 이후의 정치학 연구 방법

1980년대 이후 정치학 연구에서는 더욱 다양하고 활력이 넘치는 이론과 방법론을 발전시키는 전기가 마련되었다. 정치학 연구는 이론의 통일성 강조와 자유주의에 편향된 방법론을 벗어나 다양성과 차별성을 존중하는 방향으로 발전했다. 서구에서는 국가론의 재등장을 통해서, 라틴 아메리카에서는 종속이론을 통해서 자유주의적 편향을 극복하고 계급과 이데올로기의 중요성이 다시 확인되었다.

규범적 이론을 내세우는 정치사상과 경험적 연구를 강조하는 행태주의 사이에 교량과 화해가 강조되고, 가치와 사실을 엄밀히 구분하고 하나의 방법에 매달리는 방법론적 일원론을 넘어 다양한 방법을 구사하는 다원적 방법론을 지향하게 되었다 행태주의와 후기행태주의 학풍 내에서도 시급한 사회문제 해결을 위해 학제적인 연구를 모색하려는 공공정책론, 신제도주의론, 정치경제론 등이 부활했고, 인간 행동의 합리적인 모델링을 표방하는 합리적 선택이론이 발달하였다.

6 초등 사회과는 꼬마 정치학자를 길러 내야 한다

초등 사회과는 민주 시민 양성을 위한 공식적인 교육의 출발점에 해당되는 교과목이다. 슬기로운 생활에서 사회 관련 단원이 있기는 하지만, 공식적으로 사회과 교육이 실시되는 것은 초등학교 3학년이며, 초등학교 3~6학년 사이에 지리, 역사와 함께 주요한 영역으로 정치 단원을 가르치고 있다. 초등 사회과에서 다루어지는 정치 내용에 대해서는 이후 논의에서 보다 구체적으로 살펴볼 예정이므로, 여기서는 먼저 초등 사회과 교육에서 정치학이 지니는 의미와 현실을 전반적으로 논의하려고 한다.

우선, 초등 사회과 교육에서 정치학은 경제학과 함께 가장 근간이 되는, 시민 양성을 위한 교육 내용이라고 할 수 있다. 특히 정치학은 그 성격상 국가와 결부되어 나타나는 시민의 지위, 역할, 자질과 밀접하게 관련된 학문으로서, 정치 현상을 잘 이해하고 분석하는 능력은 시민에게 요구되는 가장 기본적인 소양이라고 할 수 있다. 또한 정치학에서 다루는 주요 개념이나 일반화는 정치 현상을 이해하는 데 효과적인 인식의 도구가 되기 때문에 학생들에게 반드시 가르쳐야 할 학습 내용이기도 하다.

그동안 사회과와 그 배경 학문인 사회과학의 관계와 관련해서 다양한 논의가 있어 왔다. 사회과는 사회과학의 내용으로 상당 부분 구성되어 있지만, 사회과학 그 자체는 아니다. 심지어 혹자는 사회과는 사회과학이 끝나는 곳에서 시작된다고 이야기하면서 일상의 경험과 문제를 강조하기도 한다. 그러나 사회과에서 가르쳐야 할, 그리고 실제로 가르칠 수 있는 지식과 사고는 체계적이고 반성적인 것이어야 하며, 교과 수업에서는 이러한 지식과 사고에 기초하여 선택하고 행동하도록 교육할 수밖에 없다. 즉, 사회과학적 지식과 사고 이외에 인간에게 인문·사회 현상에 대해 체계적인 지식과 사고를 제공할 수 있는 기반이나 원천은 현실적으로 그리 많지 않다(강대현, 2008: 153).

이러한 사회과와 사회과학의 관계에 대한 논의는 초등 사회과와 정치학의 관계에서도 바로 적용된다고 할 수 있다. 초등 사회과에서 정치의 기본 개념과 원리를 제대로 가르치는 것은 정치 현상에 대한 인식과 사고를 길러 주는 유용한 방식이 될 수 있다. 따라서 초등교사와 학생들은 정치의 기본 개념과 원리를 체계적으로 이해할수록 정치 현상에 대한 인식과 사고의 폭이 깊어지고 넓어질 수 있다.

그러나 현재까지 초등학생을 위한 정치학 입문 서적은 찾아보기 어렵고, 교과서의 경우에도 초등학생 수준에 맞추어 정치 개념이나 일반화를 쉽고 재미있게 제시하거나 표현하는 측면이 부족한 것이 현실이다. 또한 정치를 가르치는 초등교사들의 경우에도 예비 교사 교육이나 현직 교사 연수 단계에서 정치학에 대한 충분한 교육이 이루어지지 않아서, 교과서 내용을 전달하거나 탐구활동을 통해서 학생들 스스로 배우도록 안내하는 수준에 머무르고 있다. 그 결과 정치 문제나 현상을 정치학자의 시각이나 관점에서 체계적으로 분석할 수 있도록 학생들을 안내하는 초등 정치 단원 수업을 찾아보기 어렵다.

이러한 문제점을 해결하기 위해서는 몇 가지 노력들이 요구된다. 하나는 초등학생들을 위해서 쉽고 재미있는 정치 관련 입문 서적들이 발간되고, 이러한 서적들을 토대로 쉽고 재미있는 정치 교과서가 만들어져야 한다. 동시에 학생들을 가르치는 초등교사들의 경우에도 예비 교사 교육이나 현장 교사 연수를 통해서 정치학의 내용을 좀 더 체계적으로 배울 수 있는 기회와 여건이 마련되어야 한다. 더불어 학생들이 교과서나 교사를 통해서가 아니라 전문가 초청이나 현장 체험을 통해서 보다 현실성 있는 정치 현상을 체험하고 정치 활동에 참여할 수 있는 기회가 확대되어야 한다.

이러한 과정을 통해서 초등 사회과를 가르치는 교사나 배우는 학생들이 보다 쉽게 정치학을 이해하고, 정치 문제와 현상을 분석할 수 있도록 안내받을 필요가 있다. 사회과 교육을 전공한 사람이면 누구나 인정하다시피 초등 사회과는 시민 교육을 목표로 하고 있다. 이를 위해서 사회과학, 특히 정치학의 기본 개념과 원리를 이해하고, 정치학자처럼 탐구하고 분석하는 것은 가장 기본적인 시민의 자질이라고 할 수 있다. 앞에서 언급한 바와 같이 정치학은 시민들에게 정치 현상이나 문제에 대해서 체계적인 지식과 사고를 제공해 줄 수 있는 주요한 원천이다. 그리고 시민이 수행하는 바람직한 정치 행동은 체계적인 지식과 사고에 의해서 안내받을 때만 가능하다.

물론 정치 현실은 정치학이 설명해 주는 것 이상으로 포괄적이고 복잡하다. 그러나 정치 현실에 뛰어들기 전에, 혹은 정치 현실에 발을 담그면서, 정치학의 기본 개념과 원리를 이해하지 못하고, 정치학적 분석을 전혀 할 줄 모른다면 시민으로서 적절한 역할을 하기 어렵다. 그렇다면 현재 초등 사회과의 정치 교육과정, 교과서, 수업 등은 과연 학생들에게 정치학의 무엇을, 어떻게 가르치고 있을까?

제2장

초등교사를 위한 정치 단원의 교육과정, 교과서, 수업 분석

1. 왜 정치 단원의 교육과정, 교과서, 수업을 분석해야 하는가
2. 7차 및 2007 개정 사회과 교육과정의 정치 단원 들여다보기
3. 초등 「사회」 4, 6학년 교과서의 정치 단원 분석하기
4. 초등 「사회」 4, 6학년 정치 단원 수업 사례 분석하기

1 왜 정치 단원의 교육과정, 교과서, 수업을 분석해야 하는가

이 장에서는 초등 사회과에 등장하는 정치 단원의 교육과정 및 교과서와 수업 사례 분석을 통하여 초등학교에서 가르치고 있는 정치 단원 내용과 수업에 대해서 살펴보려고 한다.

이를 위하여 우선적으로 국가 수준의 사회과 교육과정과 국정 「사회」 교과서의 정치 단원을 분석하려고 한다. 이러한 분석이 중요한 이유는 10개 교과를 가르치는 초등교사에게는 사회과 교육과정 정치 단원의 적절한 안내와 교과서 정치 단원의 정확한 내용이야말로 정치 단원 수업을 준비하는 데 있어 거의 절대적인 부분을 차지한다고 볼 수 있기 때문이다. 따라서 사회과 교육과정과 교과서의 정치 단원 내용에 따라 초등교사들의 정치 단원 수업 내용과 질이 달라질 수 있다.

그런데 현행 국가 수준의 사회과 교육과정과 국정 「사회」 교과서의 정치 단원은 여러 가지 문제점을 지니고 있다. 우선, 초등 사회과를 구성하는 지리, 역사, 일반사회 등 세 가지 영역이 존재하는 상황에서 정치 교육 내용이 체계적으로 구조화되어 계열성 있게 제시되기란 현실적으로 어렵다. 또한 전반적인 지침인 교육과정과 달리 구체적인 교과서 정치 단원의 경우, 어린이를 위한 정치 입문서가 없는 상황에서 그 내용에 있어 초등교사가 가르치고, 초등학생들이 배울 수 있는 수준으로 잘 기술되기란 쉬운 일이 아니다.

여기서는 먼저 7차 및 2007 개정 사회과 교육과정상의 정치 단원을 개괄적으로 분석·제시하고, 현재 사용되고 있는 7차 교육과정에 준해서 만들어진 7차 초등 사회과 교과서 분석을 통해서 정치 단원에 나타나는 내용상의 문제점을 살펴보려고 한다. 또한 실제 수업 사례를 통해서 초등교사들이 정치를 가르치는 방식의 특징과 문제점에 대해서도 함께 분석하여 제시하려고 한다.

이러한 분석과정에서 사회과 교육과정과 교과서의 정치 단원이 지닌 특징과 문제점을 제시하고, 이러한 특징이나 문제점이 어떻게 교사의 수업으로 연결되는지에 대해서도 일부 살펴보려고 한다. 또한 초등교사의 정치 단원 수업 개선을 위해서 교육과정과 교과서상에 어떤 변화가 있어야 할지에 대한 시사점도 찾아보려고 한다.

2 7차 및 2007 개정 사회과 교육과정의 정치 단원 들여다보기

1) 7차 사회과 교육과정의 정치 단원

2002년부터 2010년까지 활용되는 초등 「사회」 교과서에 반영되어 있는 7차 사회과 교육과정의 정치 단원에 해당하는 내용은 4, 6학년에 걸쳐 〈표 2－1〉과 〈표 2－2〉와 같이 구성되어 있다.

〈표 2－1〉 **4학년 정치 단원**(7차 사회과 교육과정)

(2) 주민자치와 지역사회의 발전

㈎ 지방자치와 주민 생활

① 지역 주민들이 대표자를 어떻게 뽑는지 알아본다.
② 시 · 군 · 구청이나 시 · 도청을 방문하거나 자원 인사를 초빙하여, 그곳에서 하는 일을 조사한다.
③ 우리 지역의 시 · 도청이나 시 · 도 의회가 있는 곳과 하는 일에 대하여 알아본다.
④ 우리 지역을 상징하는 꽃, 나무, 새, 문양 등은 무엇인지 조사하고, 그 의미를 알아본다.

[심화 과정]
① 시 · 군 · 구청이나 시 · 도청은 예산을 어떻게 마련하며, 어떤 곳에 쓰는지 조사한다.

(나) 지역사회의 문제와 해결
① 환경오염, 문화재 훼손 등에 관한 자료를 분석하여 우리 지역의 문제를 인식한다.
② 우리 지역의 문제에 대하여 시 · 군 · 구청이나 시 · 도청에서는 어떠한 해결책을 세우고 있는지 조사한다.
③ 우리 지역의 문제에 대한 여러 가지 해결책을 비교하여 좋은 점과 나쁜 점을 찾아본다.
[심화 과정]
① 우리 지역과 이웃 지역 사이에 일어날 수 있는 갈등을 찾아 해결책을 알아본다.

(다) 우리 지역의 앞날
① 시 · 군 · 구청이나 시 · 도청에서 세운 우리 지역의 발전 계획에 대한 자료를 찾아, 미래의 산업, 환경, 주민 생활에 대하여 알아본다.
② 우리 지역 주민들은 지역의 미래를 어떻게 생각하고 있는지 조사하여 그것을 글, 그림 등 다양한 방법으로 표현한다.
[심화 과정]
① 다른 나라에서는 지방자치를 어떻게 하고 있는지 알아본다.

〈표 2-2〉 6학년 정치 단원(7차 사회과 교육과정)

(3) 우리나라의 민주정치

(가) 우리들의 생활과 정치
① 우리의 일상생활과 정치는 어떻게 관련되어 있는지 사례를 통해 알아본다.
② 선거의 중요성에 대하여 알아보고, 유권자가 대통령과 국회의원 선거에서 후보자를 선택할 때의 바람직한 기준을 만들어 본다.
③ 국회의 구성, 임기, 상임위원회 활동 등에 관한 자료를 모아, 국회에 관한 기초 사항과 국민의 대표 기관으로서의 성격을 알아본다.
④ 대통령의 일과에 대한 자료를 모아, 대통령의 권한과 책무, 국가를 대표하는 기관으로서의 지위에 대하여 알아본다.

⑤ 신문과 방송 자료를 보고 국무총리와 행정 각 부에서 하는 일을 알아본다.
⑥ 신문에 나타난 판례 등을 보고 법원에서 하는 일과 그것이 국민의 기본권 보장에 있어서 가지는 의미에 대하여 알아본다.

[심화 과정]

① 어른들이 투표를 한 경험에 대하여 들어 보고, 바람직한 선거 자세는 어떤 것인지 토의한다.

(나) 민주 시민의 권리와 준법정신

① 인권이 침해된 사례 등을 통하여 인권의 중요성에 대하여 인식한다.
② 장애자의 생활과 그들의 어려움을 알아보고, 함께 어울려 생활할 수 있는 방안을 토의한다.
③ 국민의 기본권 중에서 기초적인 권리를 생활 사례를 통해 알아본다.
④ 남북한 간의 대치 상황, 역사상의 외침 등의 사례를 통하여 국방의 의무의 중요성에 대하여 토의한다.
⑤ 국민의 기본적인 의무를 가족 구성원들이 하는 일과 관련지어 알아본다.

[심화 과정]

① 오늘날에 살고 있는 사람과 조선 시대에 살던 사람은 인권에 어떤 차이점이 있는지 비교한다.

7차 사회과 교육과정상의 정치 단원 내용을 요약 · 정리하면, 4학년 1학기 「사회」는 이른바 '지역화' 학습을 하는 단계로, 정치도 주로 지방 수준에서 다루어지고 있다. 즉, 지방자치, 지방자치단체, 지방의회 등이 직접 언급되고 있으며, 지역의 문제 해결 과정을 통해 정치과정에 관한 내용이 다루어지고 있다. 그리고 6학년 2학기에서는 정치, 선거의 일반적인 의미를 제시하고 있고, 우리나라의 국회, 행정부, 법원의 구체적 조직과 기능에 대해 설명하고 있다. 그리고 후반부에서는 인권, 기본권, 의무 등 헌법에 관한 내용을 다루고 있다.

이러한 구성 방식은 초등 사회과를 관통하는 환경확대법(지평확대법)에 따른 것으로, 4학년에서는 지방 수준의 정치, 6학년에서는 국가 수준의 정치 혹은 정치 일반을 다루고 있는 것이다. 그러나 실제 정치학 개론서를 보면 6학년에서 다루어지는 국가 수준의 정치 혹은 정치 일반 논의가 4학년에서 다뤄지는 지방자치에 앞서 제시되는 것이 일반적이다. 또한 일반인들이 경험하는 정치 생활에 있어서도 국가 수준의 정치가 지방자치보다 더 익숙한 편이다. 이러한 내용 구성상의 문제점은 다른 여러 영역(역사, 지리)과 함께 구성될 수밖에 없는 사회과의 현실에서 비롯되는 것이기도 하다.

2) 2007 개정 사회과 교육과정의 정치 단원

2007년에 고시되어 현재 교과서 개발이 이루어지고 있는 2007 개정 사회과 교육과정의 정치 단원에 해당하는 4, 6학년 내용을 살펴보면 〈표 2－3〉과 〈표 2－4〉와 같다.

〈표 2－3〉 4학년 정치 단원(2007 개정 사회과 교육과정)

(2) 주민자치와 지역사회의 발전

① 다양한 의견 차이와 갈등을 조정해 가는 민주적 정치 생활의 기본 원리를 이해한다.

② 선거를 통해 대표의 의미 및 대의 민주주의의 기본 원리를 이해한다.

③ 중앙정부와 지방정부의 역할 분담을 이해하고, 지방자치단체가 하는 일의 개략을 파악한다.

④ 주민 참여와 자원 봉사의 경험을 통해 참여의 중요성을 깨닫는다.

⑤ 지역사회의 문제점을 조사하여 그 해결책을 모색해 보는 문제 해결 활동을 수행한다.

⑥ 우리 지역의 바람직한 미래 모습을 상상해 보고, 그것을 실현할 수 있는 방법을 찾아본다.

〈표 2－4〉 6학년 정치 단원(2007 개정 사회과 교육과정)

(4) 우리나라의 민주정치

① 우리나라의 민주화 과정에 대한 이해를 바탕으로, 민주주의는 참여를 통해 만들어 가는 것임을 이해한다.

② 헌법의 핵심적인 내용을 이해하고 그 외의 다양한 법들이 우리 생활을 위해 필요함을 인식한다.
③ 국회, 행정부, 법원의 구조와 기능을 권력분립의 원리와 연관지어서 이해한다.
④ 인권을 존중하는 태도를 기른다.
⑤ 공공 생활에서 지켜야 할 기본적 의무를 자각하고 이를 준수하는 태도를 기른다.
⑥ 관용, 대화, 타협, 절차 준수 등 일상생활에서 민주주의를 실천하는 태도를 기른다.

2007 개정 사회과 교육과정상의 정치 단원 내용을 요약 · 정리하면, 4학년의 경우, 7차 교육과정에 비해 개념 요소가 늘어났다. 기존에 6학년에 들어 있는 정치의 개념, 민주적 정치 생활의 원리, 선거와 대의 민주주의 등이 4학년으로 내려왔다. 또한 지방자치에 대한 개념이 언급되지 않았던 7차 사회과 교육과정에 비해 지방자치를 중앙정부와 지방정부의 역할 분담으로 이해하도록 한 것도 특징이라고 할 수 있다. 그 밖에 지방자치단체와 주민 참여, 지역 문제 해결과 관련한 정치과정 내용은 7차 사회과 교육과정과 유사한 측면이 있다.

2007 개정 사회과 교육과정에서는 6학년의 경우 민주주의와 정치의 일반적 인 의미는 다루지 않는다. 그것은 이미 4학년에서 다루었기 때문이다. 여기서는 현실 속에서의 민주주의, 역사 속에서의 민주주의를 강조하면서 참여와 연결시키게 된다. 또한, 헌법과 법률에 관한 내용이 7차 사회과 교육과정에 비해 보강되었다. 국회, 행정부, 법원의 구조와 기능은 여전히 제시되고 있는데 특별히 권력분립의 측면을 강조하고 있으며 인권도 변함없이 주요 내용 요소의 하나로 자리잡고 있다. 7차 사회과 교육과정이 주로 헌법적 의무를 강조했던 것에 비해, 2007 개정 사회과 교육과정에서는 공공 생활에서의 일상적 의무, 민주적 태도 등이 상대적으로

부각되는 특징을 보인다.

지금까지 살펴본 내용을 정리하여, 7차 사회과 교육과정과 2007 개정 사회과 교육과정을 비교하면 주요 개념 요소는 〈표 2－5〉와 같은 변화가 있었다. 〈표 2－5〉에서 굵은 글씨로 표시된 부분이 2007 개정 사회과 교육과정에서 새롭게 추가되거나 상대적으로 강조되는 부분이다. 물론 이것이 7차 사회과 교육과정에 전혀 없던 내용은 아니다. 이러한 교육과정상의 변화는 학년별로 내용이 일부 조정되기도 하고, 관점의 차이가 어느 정도 반영되기도 한 것으로 이해할 수 있다.

〈표 2－5〉 정치 단원의 교육과정 비교(제7차 사회과 교육과정과 2007 개정 사회과 교육과정)

교육과정 학년	7차 교육과정	2007 개정 교육과정
4학년	지방자치 지방자치단체와 지방의회 주민 참여와 지역 문제 해결(정치과정)	**정치와 민주주의** **선거와 대의 민주주의** **지방자치(지방정부, 중앙정부)** 지방자치단체와 지방의회 주민 참여와 지역 문제 해결(정치 참여)
6학년	정치와 민주주의 선거 정부의 구조와 기능(국회, 행정부, 법원) 인권 기본권과 의무	**민주정치 발전** **시민 참여** **헌법과 법률** 정부의 구조와 기능(국회, 행정부, 법원) **권력분립** 인권 **공공 생활에서의 의무** **민주적 덕목**

3) 초등 사회과의 정치 교육 내용에 대한 평가(2007 개정 사회과 교육과정 기준)

여기서는 지금까지 이루어진 논의를 토대로 7차 사회과 교육과정에 견주어 2007 개정 사회과 교육과정 내용을 평가하려고 한다. 우선 7차 사회과 교육과정과 2007 개정 사회과 교육과정 모두 초등학교 4학년과 6학년에서 정치 단원을 각각 하나씩 두고 있는데, 주된 초점이 4학년은 지방자치, 6학년은 중앙정치에 있다는 점은 같다. 그런데 7차 사회과 교육과정에서는 6학년에서 중앙정치를 다루면서 민주주의의 이념을 설명했었는데, 〈표 2－6〉에서 보는 바와 같이, 2007 개정 사회과 교육과정에서는 4학년에서 지방자치와 민주주의를 함께 다루고 있다.

〈표 2－6〉 초등학교 「사회」 정치 교육 영역 및 내용 요소

영역	내용 요소
주민자치와 지역사회의 발전 (4학년)	• 민주적 정치 생활의 기본 원리 • 대표 및 대의 민주주의의 기본 원리 • 중앙정부와 지방정부의 역할 • 주민 참여와 자원 봉사의 의의 • 지역사회의 문제 해결 • 우리 지역의 바람직한 미래 모습
우리나라의 민주정치 (6학년)	• 민주주의와 참여 • 헌법과 법률에 대한 이해 • 국회, 행정부, 법원의 구조와 기능 • 인권 존중의 태도 • 공공 생활에서 지켜야 할 의무 • 일상생활에서의 민주주의 실천 태도

초등 사회과에서는 환경확대법에 따라 4학년에서 지방자치를, 6학년에서 중앙정치를 가르쳐 왔는데, 기존에는 지방자치를 그저 지역의 살

림, 지역의 문제 해결 정도로 다루었을 뿐, 민주주의 이념과는 다소 거리를 두었다. 그런데 7차 사회과 교육과정이 고시된 이후 10년 가까운 시간이 흐르는 동안 지방자치제도가 점차 정착되어 왔고 그만큼 지방자치단체와 지방의회의 역할이 훨씬 중요해졌다는 점에서 민주주의의 원리를 지방자치와 함께 가르치는 변화의 흐름을 읽어 낼 수 있다. 또한, 학습자의 발달 수준을 고려했을 때도 4학년에서의 풀뿌리 지역 민주주의와 6학년에서의 중앙정치와 관련한 제도적 민주주의를 별개의 것으로 여기지 않도록 할 수 있다는 점에서 2007 개정 사회과 교육과정이 진일보한 것으로 보인다(정문성 외, 2007).

이처럼, 7차 사회과 교육과정에 비해 2007 개정 사회과 교육과정이 진일보한 측면은 있지만, 이러한 구성 방식은 앞에서 언급한 바 있는 국가 수준의 정치 혹은 정치 일반 논의를 먼저 제시하고 지방자치를 나중에 다루는 정치학의 일반적인 구성 방식과 거리가 있다. 따라서 환경확대법의 획일적인 적용을 벗어나서 어떤 정치 개념과 주제들이 학생들에게 보다 익숙한 것인지에 대한 경험적인 분석과 어떤 정치 개념과 주제들을 먼저 제시하는 것이 학문의 계통성을 살리는 것인지에 대한 면밀한 검토가 이루어져야 할 것으로 보인다.

4) 중등 사회과의 정치 교육 내용에 대한 안내(2007 개정 사회과 교육과정 기준)

정치 교육은 초등학교 단계에서만 이루어지는 것이 아니다. 중학교, 고등학교로 가면서 정치 교육 내용 영역은 보다 넓어지고 깊어진다. 따라서 초등 정치 교육을 보다 잘 이해하기 위해서, 그리고 초등 수준에서는 어느 내용을 어느 수준까지 가르치는 것이 적합한가를 보다 잘 파악하기 위해서는 중등 수준의 정치 교육 관련 내용을 살펴볼 필요가 있다.

여기서는 중학교와 고등학교의 정치 교육 관련 내용 요소에 대해서 안내하려고 한다.

(1) 중학교 정치 교육 관련 내용 요소

중학교에서는 7차 사회과 교육과정과 마찬가지로 2007 개정 사회과 교육과정에서도 9학년에서 정치를 다루고 있다. 달라진 점은 2007 개정 사회과 교육과정에서는 〈표 2−7〉에서 보는 바와 같이, 정치가 2개의 대단원으로 구성된다는 점이다. 7차 사회과 교육과정에서는 9학년 사회가 총 7개 대단원이었고 그중 1개가 정치 단원이었다. 2007 개정 사회과 교육과정에서는 총 10개 대단원 중 2개가 정치 단원으로 배정되었다. 이렇게 본다면, 7차 사회과 교육과정 9학년 사회에 비해 정치 단원의 비중이 상대적으로 늘어났다고 볼 수 있다. 물론 절대적인 분량은 교과서가 집필된 이후에 판단할 수 있을 것이다.

〈표 2−7〉 중학교 「사회」 정치 교육 영역 및 내용 요소

영역	내용 요소
정치 생활과 민주주의	• 정치의 의미와 권력 현상 • 정치권력의 원천과 주체 • 정치 원리로서의 민주주의 • 민주주의 이념의 전개 • 현대사회의 정치 현상
민주정치와 시민 참여	• 다양한 이해관계 • 사회문제의 해결과 정치과정 • 다양한 정치 주제 • 시민의 권리와 의무 • 시민의 정치 참여 방법

중학교 정치 교육과정에서는 대체로 정치와 민주주의 관련 이론을 먼

저 공부한 다음, 정치과정과 정치 문제 해결에 적용하는 모양새를 취하고 있다. 위의 두 대단원은 7차 사회과 교육과정에서는 1개 대단원의 중단원 1, 2와 중단원 3, 4에 해당되는 내용이었다. 이러한 교육과정 내용 구성은 정치학 개론서와 비교하면 후자인 '민주정치와 시민 참여'의 비중이 상대적으로 높다고 할 수 있으며, 우리나라의 사례를 많이 담고 있는 점이 특징이다.

(2) 고등학교 정치 교육 관련 내용 요소

고등학교 정치 교육과정은 고등학교 1학년(10학년) 「사회」와 고등학교 2, 3학년(11, 12학년)에서 가르치는 선택과목 「정치」의 내용이 주를 이룬다고 볼 수 있다.

먼저 고등학교 1학년이 공부하는 국민공통기본교육과정의 「사회」에는 정치 단원이 1개 포함되어 있다. 그 주요 내용을 살펴보면 〈표 2-8〉과 같다.

〈표 2-8〉 고등학교 「사회」 정치 교육 영역 및 내용 요소

영역	내용 요소
정치과정과 참여 민주주의	• 정치권력의 구조와 기능 • 정치과정의 행위 주체 • 정치 참여의 방법과 자세 • 정치 발전과 정치 문화 • 정치적 쟁점의 해결

한편, 11학년과 12학년이 공부하는 선택과목 「정치」는 〈표 2-9〉와 같이 단원이 구성되어 있다. 선택과목 「정치」는 영역의 구분 및 내용 요소들의 비중에 있어서 정치학 개론서들과 가장 가까운 형태를 띠고 있

〈표 2－9〉 고등학교 선택과목 「정치」 영역 및 내용 요소

영역	내용 요소
민주정치의 발전	• 정치의 의미와 기능 • 정치적 권위와 정통성 • 민주정치의 발전 과정 • 민주주의의 이념과 유형 • 정치 문화와 정치 사회화 • 우리나라 민주정치의 특성과 과제
국민의 권리와 의무	• 헌법의 정치적 의의 • 국민주권과 입헌주의의 원리 • 우리나라 헌법의 기본 원리 • 국민의 정치적 권리의 내용과 한계 • 우리나라 국민의 정치적 의무 • 국민주권 실현의 과제
국가의 조직과 통치	• 국가와 정부 • 우리나라의 정부 형태 • 국회와 입법부 • 대통령과 행정부 • 법원과 사법부 • 민주주의와 지방자치의 발전 과제
정치과정과 참여	• 정치과정 • 정치 참여의 의의와 유형 • 이익 집단과 시민 단체의 정치 참여 • 정당과 정당 정치 • 선거와 투표 • 여론 • 우리나라 정치 참여의 현실과 과제
국제사회와 정치	• 국제사회의 특성과 변화 • 국제사회의 행위 주체 • 국제사회의 협력과 갈등 • 국제사회의 여러 문제 • 우리나라의 외교 정책과 과제 • 민족 통일의 과제

다. 이러한 구성 방식은 고교 선택과목 「정치」가 독립된 교과서 형태이고, 초등학교와 중학교의 정치 단원이 추구하는 시민교육의 요소와 더불어 향후 대학에 진학했을 때 정치학을 배울 학생들에게 학문에 입문할 수 있도록 안내하는 성격을 띠고 있기 때문이라고 할 수 있다.

3 초등 「사회」 4, 6학년 교과서의 정치 단원 분석하기

현재 2007 개정 사회과 교육과정에 따른 초등 「사회」 교과서는 개발 중에 있어, 여기서는 현재 사용 중인 7차 사회과 교육과정에 따른 「사회」 교과서의 4학년, 6학년 정치 단원 내용을 살펴보면서 몇 가지 사례와 문제점들을 분석하여 제시하려고 한다. 이러한 문제점들은 10개 교과를 가르치는 관계로 정치 내용 전문성이 취약할 수밖에 없는 초등교사의 정치 단원 수업을 더욱 어렵게 만드는 요인으로 작용한다고 볼 수 있다.

1) 개념이나 용어에 대한 적절한 설명의 부재

초등학교 4학년 정치 단원의 첫 번째 중단원 제목은 '지방자치와 주민생활'이다. 그러나 교과서 어느 곳에도 지방자치의 개념은 언급되어 있지 않다. 제목과 본문에서도 '지방자치'라는 용어가 사용되고 있지만, 이에 대한 정의는 없는 상황이다.

물론 학생들이 지방자치에 대해 어느 정도 선행 지식이나 사전 경험을 가지고 있을 수는 있지만, 지방자치의 개념 자체는 초등학교 4학년 수준의 학생들에게는 그리 익숙한 개념은 아니다. 또한 교과서에서는 시청과 도청, 시의회와 도의회 등을 통해서 지방자치라는 개념에 대해 귀납적인 접근을 시도하는 측면도 있다. 그러나 귀납적 사례들이 궁극적으로는 하나의 개념으로 범주화되고 수렴되는 과정 역시 반드시 필요하다.

이러한 상황을 다른 교과의 경우와 비교해 볼 필요가 있다. 예를 들어, 수학의 '집합'이나 '함수'를 다루는 단원에서 해당 개념 자체를 정의하지 않은 채, '부분 집합' '공집합' '여집합' '1차 함수' '2차 함수' 등을 설명하기란 쉽지 않다. 마찬가지로 사회에서 '지방자치'라는 용어에 대한 정의나 설명 없이 '지방자치단체'에 대해 가르치고 배우는 것은 교사와 학생 모두에게 어려운 일이라고 할 수 있다.

물론 교과서에 없다고 해서 교사가 가르치지 않는 것은 아니다. 그러나 이 경우, 교과서에 없는 용어에 대한 설명은 고스란히 교사에게 부담으로 다가온다. 또한, 교사마다 개인적 · 문화적 배경의 차이가 있기 때문에, 어떤 교사는 특정 용어에 대해 어느 정도 보편적이고 공통적인 정의를 내리지 않고 어떤 부분적인 속성을 곧 해당 개념의 정의로 확대 일반화할 가능성도 있다. 이러한 현상은 해당 개념을 배우는 학생들의 입장에서는 바람직하다고 보기 어렵다.

물론 초등학생들에게 어떤 방식으로 어려운 정치 용어와 개념을 설명할 것인가는 여전히 숙제로 남아 있다고 할 수 있다. 그러나 학생들이 사례로부터 개념을 귀납적으로 추론하도록 하는 것이 보다 나은 학습 방식이라고 할지라도, 교과서 본문상에서 용어나 개념에 대한 설명이 거의 나타나지 않는다는 점은 추후 교과서 개발이나 교사용 지도서 개발 단계에서 심각하게 고려해야 할 사항으로 보인다.

2) 같은 용어를 다르게 설명하는 문제점

정치 개념에 대한 전반적인 용어 설명이나 개념 정의 없이 특정 사례나 특성을 중심으로 교과서 내용을 진술하는 것은 다시 개념에 대한 부정확한 설명으로 이어진다. 예를 들어, 시민 단체를 공부할 때는 자발성과 공익성이 모두 강조되는 것이 바람직하다.

그런데, 4학년 1학기 「사회」 교과서는 지역화 단원으로 구성되어 있다는 특성이 있기는 하지만, [그림 2-1]의 교과서 예시처럼 시민 단체에 대한 설명 속에 지역성만이 부각되고 있다. 물론 시민 단체가 지역을 무대

[그림 2-1] 「사회」 4-1의 시민 단체 내용 1

로 활동하는 것은 얼마든지 가능하지만, 시민단체의 활동 범위를 너무 제한하고 있다는 점은 문제라고 할 수 있다.

특히 6학년에서는 시민 단체에 대해 설명하면서, 지역성을 빼고 설명하고 있기 때문에, 학생들의 시민 단체에 대한 이해에 다소 혼란을 줄 우려가 있다. 실제 6학년 2학기 「사회」 교과서에서는 [그림 2－2]와 같이

▶ 그 밖에 국민이 정치에 참여하는 방법에는 어떤 것이 있는지 조사해 보자.

인터넷에 자기 의견을 올리거나 설문 조사에 응해 정치에 참여할 수도 있다.

시민들이 사회와 국가의 발전을 위해 자발적으로 조직하여 활동하는 모임을 **시민 단체**라고 한다. 현재 우리나라에는 많은 시민 단체가 활동하고 있다. 시민 단체는 시민들의 뜻을 모아 나라의 정책에 반영시키기 위해 노력한다.

인터넷을 통한 정치 참여

시민 단체 활동을 통한 정치 참여

15

[그림 2－2] 「사회」 6－2의 시민 단체 내용 1

시민 단체를 “시민들이 사회와 국가의 발전을 위해 자발적으로 조직하여 활동하는 모임”으로 설명하고 있다. 4학년에서는 ‘지역’이라는 범주를 제시하고 있었던 것에 비해 보다 범위가 넓어졌다. 이러한 정의는 국가뿐 아니라 세계를 무대로 인류 보편의 가치를 실현하고자 하는 시민 단체의 의미를 담을 수도 있다. 여기에 포함된 ‘사회’를 어떻게 해석하느

[그림 2—3] 「사회」 4—1의 시민 단체 내용 2

냐에 따라 다르겠지만 사회의 범위를 '지역사회'뿐만 아니라 '세계 공동체'로 확대하여 설명해 줄 필요가 있다.

또한 시민 단체는 시민사회의 주요 행위 주체가 되므로 시민 사회는 독자적으로 정의되기보다는, 정치권력과 행정의 논리로 움직이는 국가와 자본 및 시장의 논리로 움직이는 시장과의 관계 속에서 언급될 필요가 있다. 이러한 맥락에서 본다면, [그림 2-3]과 같이 시민 단체가 그냥 사회, 경제, 환경 문제를 해결하는 등 '좋은 일'을 한다는 막연한 설명이나 사례를 제시하는 것이 아니라, 국가와 시장의 잘못을 바로잡는 역할을 한다는 점이 좀 더 부각될 필요가 있다.

6학년 2학기 「사회」 교과서에 나와 있는 [그림 2-4]는 4학년에서 제시하고 있는 시민 단체의 활동 모습과 크게 다르지 않다. 4학년에서도 정치 문제, 경제 문제, 사회 문제 해결을 위해 노력하는 시민 단체의 모습을 사진이나 그림과 함께 제시하였다. 그것이 구체적으로 어떤 내용인지, 어떤 효과와 의의가 있는지 등은 부각되지 못한 채 활동만 병렬적으로 제시되고 있는 상황이 6학년 교과서에서도 다시 반복되고 있다. 또한, [그림 2-4]는 시민 단체의 활동에 대해 오개념을 갖게 할 수 있는 측면이 있다. 정치 문제 해결을 위해 노력하는 시민 단체의 모습으로 퍼포먼스(performance)하는 장면을 제시하고 있는데, 퍼포먼스는 시민 단체 활동의 본질이 아니라 하나의 특별한 이벤트일 뿐이므로 선거, 입법, 청원 등 보다 직접적으로 정치에 참여하는 활동을 소개할 필요가 있다.

물론 시민 단체에 대한 정의는 여러 가지 형태로 나타날 수 있기 때문에 어느 것이 옳다, 그르다고 단언하기는 어렵다. 일단 조직 방식의 측면에서 '자발성'이 정의에 포함되어 있는 것은 매우 적절하다고 판단된다. 4학년에서는 "시민들이 스스로", 6학년에서는 "자발적으로 조직하여"라는 표현이 여기에 해당된다. 또한 시민 단체의 개념을 제시할 때는 자발성과 함께 이익 단체와 대비되는 특징인 공익성도 강조하는 것이 바람직하다.

[그림 2-4] 「사회」 6-2의 시민 단체 내용 2

현대사회의 시민 단체들은 고장, 지역사회, 국가는 물론 범세계적으로 활동하는 경우도 많다. 따라서 시민 단체의 정의에 포함되어야 할 결정적인 속성은 활동 무대라기보다는 시민들의 '자발성'이라는 조직 방식이며, 이와 함께 '공익성'이라는 활동의 목적 또한 정의에 포함되어야 할 것으로 보인다.

현재 4학년 교과서에서 시민 단체를 "고장의 여러 가지 문제를 해결하기 위해 시민들이 스스로 만든 모임"이라고 정의하고 있고 6학년 교과서에서는 "시민들이 사회와 국가의 발전을 위해 자발적으로 조직하여 활동하는 모임"이라고 정의하고 있다. 그런데 시민 단체의 활동 목적이나 범위의 측면에서 보면 4학년과 6학년에서 제시된 정의 모두 지나치게 각 학년의 맥락만을 고려한 측면이 있다. 다시 말해서, 4학년에서는 시민 단체의 활동 목적이나 범위를 '고장의 문제 해결'로, 6학년에서는 '사회와 국가의 발전'로 한정하고 있다는 것이다.

종합하면, 4학년 1학기 「사회」가 지역화 단원으로 구성되어 있다는 특성 때문인지, 시민 단체의 정의 속에 지역성이 주로 부각되고 있다. 시민 단체가 지역을 무대로 활동하는 것은 얼마든지 가능하지만, 그 활동범위를 너무 좁힐 수 있다는 점도 고려되어야 할 것이다. 특히 6학년에서는 시민 단체에 대해 지역성을 빼고 정의를 하고 있기 때문에, 개념 정의에 다소 혼란을 줄 우려가 있다. 또 사회, 경제, 환경 문제를 해결하기 위해 노력한다는 막연한 설명, 그리고 퍼포먼스나 이벤트 위주의 활동 제시는 시민 단체에 대한 오개념을 학생들에게 심어 줄 개연성이 있다.

3) 지방자치 관련 내용의 미흡한 구조화

지방자치의 주체는 지역 주민, 지방의회, 지방자치단체, 시민 단체 등이라고 할 수 있다. 현행 초등학교 「사회」 정치 단원에서는 주민, 지방의회, 지방자치단체가 서로 상호작용을 하며 영향을 주고 받는 관계를 도식화하여 제시하고 있다. 이때, 교과서에서는 시 · 도청(지방자치단체)과 시 · 도 의회(지방의회)가 각각 하는 일을 구분하여 제시하고 있다. 그러나 그 구분은 그리 명확하지 않다.

먼저 「사회」 4-1 교과서에서는 [그림 2-5]와 같이, 시 · 도청에서 하는 일 중 대표적인 것 네 가지를 제시하고 있다. 그런데 이러한 내용이 다음에 제시되는 시 · 도의회에서 하는 일과 잘 구분이 되지 않는 부분이 있다. 지역화 단원의 특성상 '주민'이나 '지역'과 관계된 일을 하는 것으로 초점을 맞추고 있고 지방자치단체와 지방의회와의 차이는 상대적으로 부각되어 있지 않다.

[그림 2-5]「사회」4-1의 지방자치 내용 1

다음으로 [그림 2－6]과 같이 시 · 도 의회가 하는 일을 소개하고 있는데, 앞서 제시되어 있는 시 · 도청이 하는 일과 뚜렷하게 구분되지 않는다. 단지 네 번째로 제시되어 있는 '예산안을 심의하여 확정한다.'는 내용만이 차별성을 가지고 있다. 여기서도 마찬가지로 시 · 도 '의회'의 특성보다는 '지역'의 특성을 강조하는 가운데 지역 주민을 위한 일에 초점을 맞추고 있음을 알 수 있다.

[그림 2－6] 「사회」 4－1의 지방자치 내용 2

이를 〈표 2－10〉과 같이 정리해서 살펴보면, 교과서에서는 시 · 도청과 시 · 도 의회의 하는 일을 다음과 같이 소개하고 있다. 시 · 도청에서는 '해결' '실천' 등과 같은 정책의 최종 집행 기능이 상대적으로 강조되고 있고, 시 · 도 의회에서는 '의견 수렴' '협의' '해결 방안 모색' 등 과정적 측면이 보다 부각되어 있음을 알 수 있다. 그런데 교사나 학생의 입장에서는 그러한 미묘한 차이를 발견하기가 쉽지 않을 것으로 보인다. 교과서에서는 특별히 집행기관으로서의 시 · 도청과 입법기관으로서의 시 · 도 의회를 명확하게 구분하고 있지 않기 때문이다.

〈표 2－10〉 시 · 도청과 시 · 도 의회가 하는 일 비교

시 · 도청이 하는 일	시 · 도 의회가 하는 일
① 주민 생활의 불편한 점을 해결해 준다. ② 환경을 보전하기 위한 계획을 세워 실천한다. ③ 도로, 주택, 상 · 하수도 건설 등 지역 발전을 위한 사업을 계획하고 실천한다. ④ 지역 문화를 가꾸고 발전시킨다.	① 주민의 의견을 듣는다. ② 지역의 기관들과 협의회를 가진다. ③ 지역의 문제에 대한 해결 방안을 찾는다. ④ 예산안을 심의하여 확정한다.

물론, 실제로 겹치는 부분도 존재할 수 있다. 특히 시 · 도 의회가 하는 일 중 ④ 예산안 심의 · 확정을 제외한 나머지 ①, ②, ③은 시 · 도청에서도 얼마든지 할 수 있는 역할이며 실제로 그렇게 수행하고 있기도 하다. 그러나 전반적으로 지방자치 관련 내용의 모호한 구분이나 구조화되지 못한 대비는 교사와 학생들에게 오개념과 혼란을 가져올 수 있다.

이러한 내용 전개가 가져올 수 있는 더 큰 문제는 위와 같은 구분 방식이 실제 학교 시험문제로 출제되기도 한다는 점이다. 다음은 2007년 1학기에 경기 S 초등학교의 4학년 시험에서 출제된 문항이다.

〈표 2-11〉 경기 S 초등학교의 4학년 사회 시험 문항

다음 중 시 · 도청이 하는 일이 아닌 것은?

① 지역 문화를 가꾸고 발전시킨다.
② 지역의 기관들과 협의회를 가진다.
③ 주민 생활의 불편한 점을 해결해 준다.
④ 환경을 보전하기 위한 계획을 세워 실천한다.
⑤ 지역 발전을 위한 사업을 계획하고 실천한다.

교과서만 참고할 경우, 위 문제의 정답은 ②가 된다. 교과서에서는 ②는 시 · 도 의회가 하는 일로 설명하고 있기 때문이다. 그러나 교과서의 구분을 잠시 벗어나서 본다면, 정답은 없다. 시 · 도청에서도 얼마든지 지역의 기관들과 협의회를 가질 수 있고 또 실제로 그렇게 하고 있기 때문이다. 따라서 입법기관으로서의 지방의회와 행정(집행)기관으로서의 지방자치단체를 보다 명확히 구분해 주는 특징들을 제시할 필요가 있다.

또한 시 · 도청이 하는 일과 시 · 도 의회가 하는 일을 보다 분명히 알기 위해서는 양자의 관계는 물론 중앙정부(국회 및 행정부)와의 관계까지 고려하는 것이 바람직할 것으로 보인다. 이를 지방정부와 중앙정부와의 관계로 연결시키면 〈표 2-12〉와 같은 도식이 성립될 수 있다.

〈표 2-12〉 지방 및 국가 수준의 입법기관과 행정기관

수준 / 기관	지방 수준	국가 수준 (중앙 수준)
입법기관	지방의회	국회
행정기관	지방자치단체	행정부
행정부의 수반	지방자치단체장	대통령

4) 정치과정에 대한 부분의 비구조화된 내용

정치 단원에서 '정치과정' 영역은 매우 중요한 부분이다. 정치과정에서는 시민의 참여, 대화와 타협, 의사결정 등을 비중 있게 다루고 있어서 사회과에서 목표하고 있는 시민의 자질 함양과 관련성이 높다. 즉, 정치

● 각 고장의 여러 가지 문제는 어떻게 해결될까?

영수네 분단에서는 쓰레기 매립장 문제가 어떻게 해결되어 가는지 계속하여 알아보기로 하였다. 이 문제의 해결을 위해 누가, 어떤 노력을 하고 있는지도 알아보기로 하였다.

113

[그림 2-7] 「사회」 4-1의 정치과정 내용

과정은 정치학에서도 비중 있게 다루어지고 있을 뿐 아니라, 시민성 함양을 추구하는 사회과 교육에서 매우 중요한 부분이다.

그런데 4학년 교과서에서는 [그림 2−7]과 같이 정치과정의 절차를 다섯 단계로 나누어 제시하고 있는데, 사실 이 부분에서는 정치과정의 절

[그림 2−8] 「사회」 6−2의 정치과정 내용

차 자체보다는 정치과정의 의의, 주민 참여의 의의가 보다 중요하게 부각될 필요가 있다.

[그림 2-8]과 같이 6학년에서도 시민 단체를 소재로 해서 일종의 정치과정을 다루고 있다. 시민 단체가 어떤 절차를 통해서 문제를 해결하는가보다는 그러한 참여 활동이 여러 가지 문제 해결에 있어서 어떤 의의를 가지는가 하는 점이 좀 더 부각될 필요가 있다.

정치과정과 관련된 교과서 내용을 요약 · 정리하면, 4학년과 6학년에서 정치과정과 관련해서 〈표 2-13〉과 같은 내용을 다루고 있다.

〈표 2-13〉 4학년과 6학년 정치과정 내용

4학년	6학년
① 쓰레기 매립장 설치 계획 발표 ② 주민들의 매립장 설치 반대 집회 ③ 도청과 주민들 간의 협의회 ④ 매립장 설치 문제에 대한 공청회 개최 ⑤ 매립장 설치에 대한 찬성과 반대를 묻는 투표 실시	① 여러 가지 의견 제시하기 ② 대화와 타협하기 ③ 결정 및 실천하기

사실 초등학교에서는 정치과정을 다루는 데 있어 그 절차를 암기하는 것보다는 그 의의를 아는 것이 훨씬 중요하다. 물론 장차 시민으로 활동하기 위해서는 정치과정의 절차를 알아 두어야 한다. 그러나 이념형에 가까운 정치과정 절차의 지엽적 순서에 매몰되어 정작 그러한 과정이 왜 필요한가를 인식하지 못한다면 정치 단원 수업의 효과는 반감되고 말 것이다. 따라서 너무 공식적인 문제나 형식적인 절차를 강조하기보다는 학생들의 일상생활에서 정치과정의 의의와 효과를 인식할 수 있는 내용이 제시되는 것이 보다 바람직할 것이다.

5) 정부 기관에 대한 거시적 이해의 미흡

초등학교 정치 단원 내용에는 정부 기관에 대한 설명에서도 거시적인 관점이나 조망이 미흡하다. 6학년에서는 [그림 2－9]처럼 행정부의 조직도가 제시되어 있다. 물론 행정부에 어떤 부서들이 있고 어떤 일을 하는

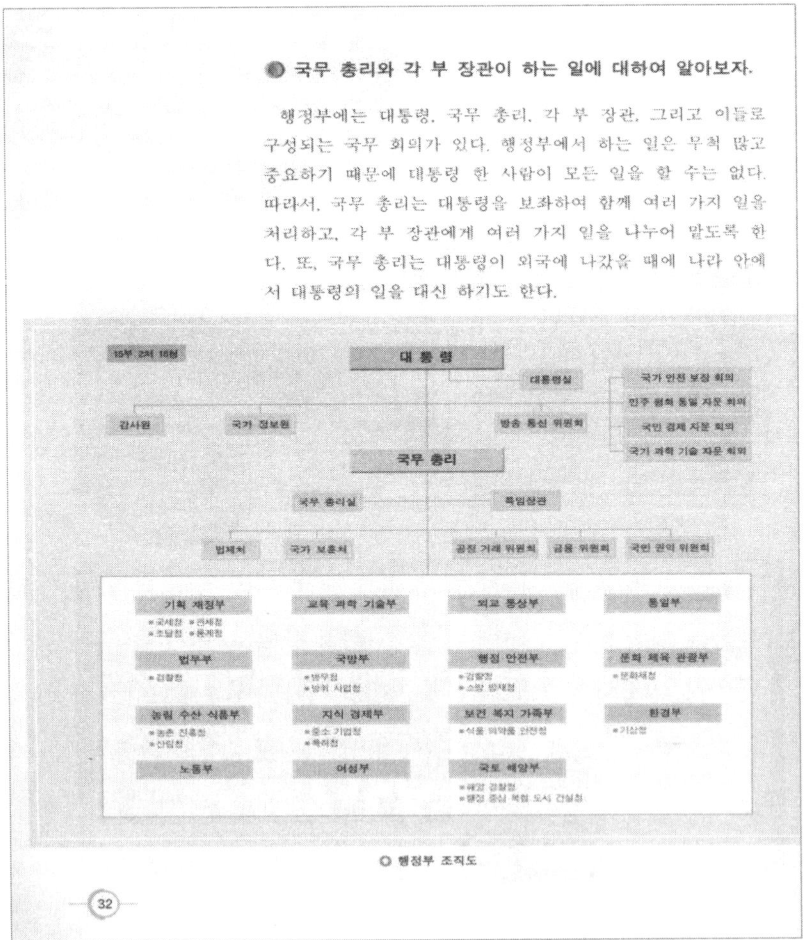

● 국무 총리와 각 부 장관이 하는 일에 대하여 알아보자.

행정부에는 대통령, 국무 총리, 각 부 장관, 그리고 이들로 구성되는 국무 회의가 있다. 행정부에서 하는 일은 무척 많고 중요하기 때문에 대통령 한 사람이 모든 일을 할 수는 없다. 따라서, 국무 총리는 대통령을 보좌하여 함께 여러 가지 일을 처리하고, 각 부 장관에게 여러 가지 일을 나누어 맡도록 한다. 또, 국무 총리는 대통령이 외국에 나갔을 때에 나라 안에서 대통령의 일을 대신 하기도 한다.

○ 행정부 조직도

32

[그림 2－9] 「사회」 6－2의 정부 기관 내용 1

가를 알아 두는 것은 필요하다. 그러나 세부적인 부서 이름 자체는 그리 중요한 정보가 아닐 수 있다. 정권이 교체되거나 국내외적 상황이 바뀌면 부서 이름이 바뀌기도 하고 부서들 간의 통폐합이 일어나기도 한다. 따라서 부서 이름 자체보다는 행정부의 다양한 기능에 초점을 둔 거시적

국무 회의에 참석하는 장관은 각 부처의 최고 책임자이다. 예를 들어, 국방부의 최고 책임자는 국방부 장관이다. 각 부 장관은 부의 성격에 따라 여러 가지 중요한 나랏일을 전문적으로 처리하고 있다. 또, 각 부에서는 공무원들이 장관을 도와 일을 처리하고 있다.

▶ 행정부의 각 부처에서 하는 일을 알아보자.

행정부에는 국무 총리 외에 여러 부와 처, 청, 그리고 위원회가 있다. 각 부처와 청에서는 나라의 중요한 일들을 나누어 맡고 있다.

국무 총리는 각 부처를 지휘하고 조정하는 일을 맡는다. 기획 재정부는 나라의 경제 정책을 종합적으로 수립하고 조정하는 일을 맡는다. 교육 과학 기술부는 국가 교육에 관한 정책을 수립하고 학교 교육을 비롯하여 성인의 평생 교육 및 인적 자원 개발에 관한 일을 한다. 또한 과학 기술 혁신 정책의 수립 · 총괄 · 조정 · 평가 및 그 밖의 과학 기술 진흥에 관한 일도 한다. 외교 통상부는 외국과의 무역이나 조약 체결 등의 일을 한다. 통일부는 통일과 남북 대화 및 교류에 관한 일을 한다. 행정 안전부는 중앙 부처 및 지방 자치 단체를 지원하고 전자 정부와 지역 균형 발전을 이끌며, 국가의 치안 및 재난 관리 등에 관한 일을 한다.

행정부의 각 부에서는 청을 두어 부가 하는 일을 돕도록 하는 경우가 있다. 예를 들어, 환경부에는 기상청을 두어 날씨를 관측하고 예보하는 일을 맡도록 한다. 또, 보건 복지 가족부에는 식품 의약품 안전청을 두어 식품과 의약품을 안전하게 관리하는 일을 맡도록 하고 있다.

한편, 행정부는 국민에게 불편이나 부담을 주는 민원을 해결하기 위해 국민 권익 위원회와 같은 기관을 두고 있다.

○ 외국과의 조약 체결(외교 통상부)

○ 고속 국도 건설(국토 해양부)

○ 교사의 양성(교육 과학 기술부)

33

[그림 2-10] 「사회」 6-2의 정부 기관 내용 2

인 접근이 필요해 보인다. 더 나아가 국회와 행정부가 하는 일을 각각 제시하는 데 머물지 않고, 국회, 행정부, 법원이 법률과 제도상으로 어떻게 연결되어 있음을 알려 주는 것도 의미가 있다.

다음으로 [그림 2－10]과 같이 행정부에 속하는 여러 부에서 하는 일

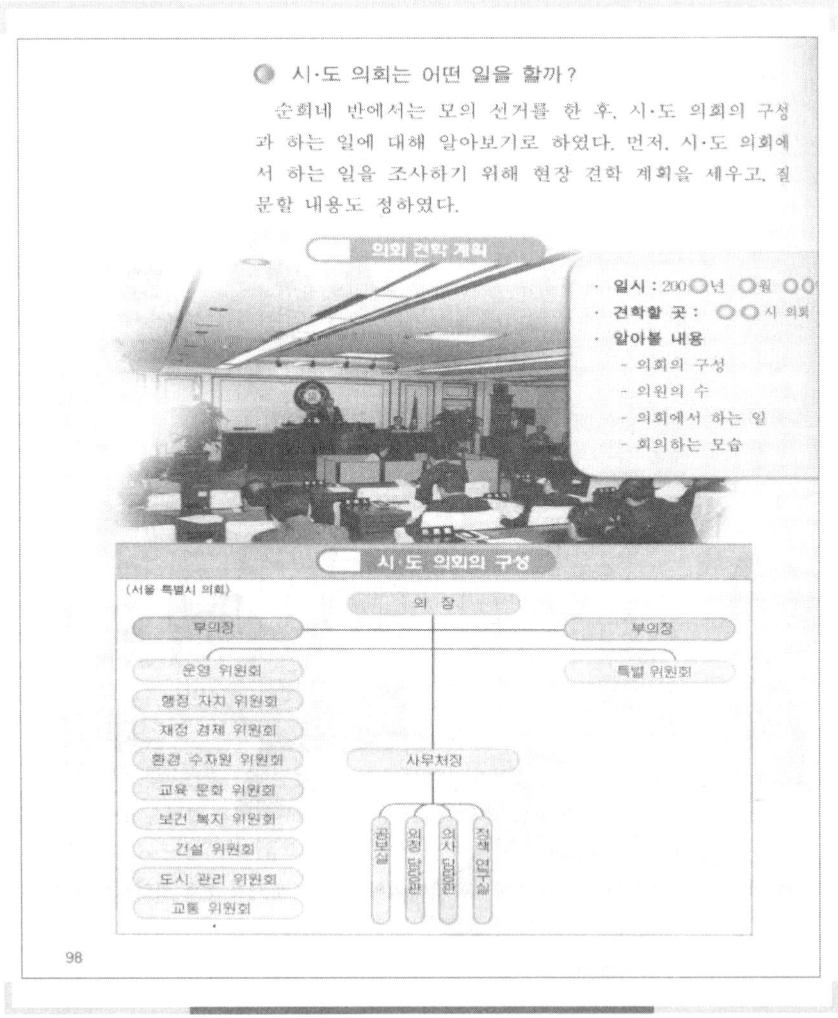
시·도 의회는 어떤 일을 할까?

순희네 반에서는 모의 선거를 한 후, 시·도 의회의 구성과 하는 일에 대해 알아보기로 하였다. 먼저, 시·도 의회에서 하는 일을 조사하기 위해 현장 견학 계획을 세우고, 질문할 내용도 정하였다.

의회 견학 계획

- 일시 : 200○년 ○월 ○○
- 견학할 곳 : ○○시 의회
- 알아볼 내용
  - 의회의 구성
  - 의원의 수
  - 의회에서 하는 일
  - 회의하는 모습

시·도 의회의 구성

(서울 특별시 의회)

98

[그림 2－11] 「사회」 4－1의 시 · 도 의회 내용

을 서술하고 있는데, 이런 부분은 학생들에게는 매우 부담스럽고 지루하게 느껴질 수 있다. 이런 내용들이 곧 정치 단원을 암기의 대상으로 느끼게 하는 요소로 다가온다. 또한, 어차피 모든 부서를 다 언급할 수는 없으므로 어느 부서를 소개하고 어느 부서를 제외할 것인가도 문제가 될 수 있다.

한편, 지방자치는 사실상 중앙 정치의 축소판이라고 할 수 있는데, 4학년에는 [그림 2-11]과 같이 시 · 도 의회의 조직도가 제시되어 있다. 4학년 초등학생들이 지역화 단원을 어렵게 느끼게 하는 것 중 하나로 시 · 도 의회의 세부적인 조직도를 꼽을 수 있다. 이는 많은 초등교사들이 다소 지엽적인 내용이 소개되고 있다고 지적하는 대표적인 사례이기도 하다. 교과서에 이와 같은 조직도가 실려 있으면 교사는 대개 그냥 넘어가지 못하고 이에 대한 설명을 하게 되고 용어를 풀이해 주게 된다. 이것은 교사와 학생 모두에게 부담이 될 수 있다.

정부 기관과 관련된 교과서 내용의 문제점을 요약 · 정리하면, 초등학교 학생과 교사들은 6학년 2학기 사회 교과서에서 특히 정부 기관에 관한 부분을 어려워하는 경우가 많다. 6학년 교과서에서는 국회, 행정부, 법원이 차례대로 소개되어 있고 각 기관의 구조, 기능 등이 나타나 있다.

그런데 각 기관이 서로 어떤 유기적 관계, 또는 독립적 관계를 형성하고 있는가에 대해서는 특별한 언급이 없이 각 기관의 구조와 기능이 병렬적으로 제시되어 있다. 이 경우에 앞에서 언급한 바와 같이 법률과 제도상으로 국회, 행정부, 사법부가 어떻게 연결되어 있는지를 알려 줄 필요가 있다. 입법기관으로서의 국회, 집행기관으로서의 행정부, 사법기관으로서의 법원, 그리고 이들 기관이 견제와 균형의 관계를 통해 권력분립을 이루고 있음을 강조할 필요가 있다.

예를 들어, [그림 2-12]처럼 국회의 기능을 행정부와의 관계 속에서 설명하고 있는 것은 좋은 시도로 보인다. [그림 2-12]에서는 예산 심의 ·

의결, 국정 감사, 해외 파병 동의 등 이른바 행정부에 대한 견제 기능이 잘 나타나 있다. 이러한 부분이 권력분립 개념으로 더 나아갈 수 있다면 입법부, 행정부, 사법부 간의 견제와 균형의 관계가 보다 잘 설명될 수 있을 것이다.

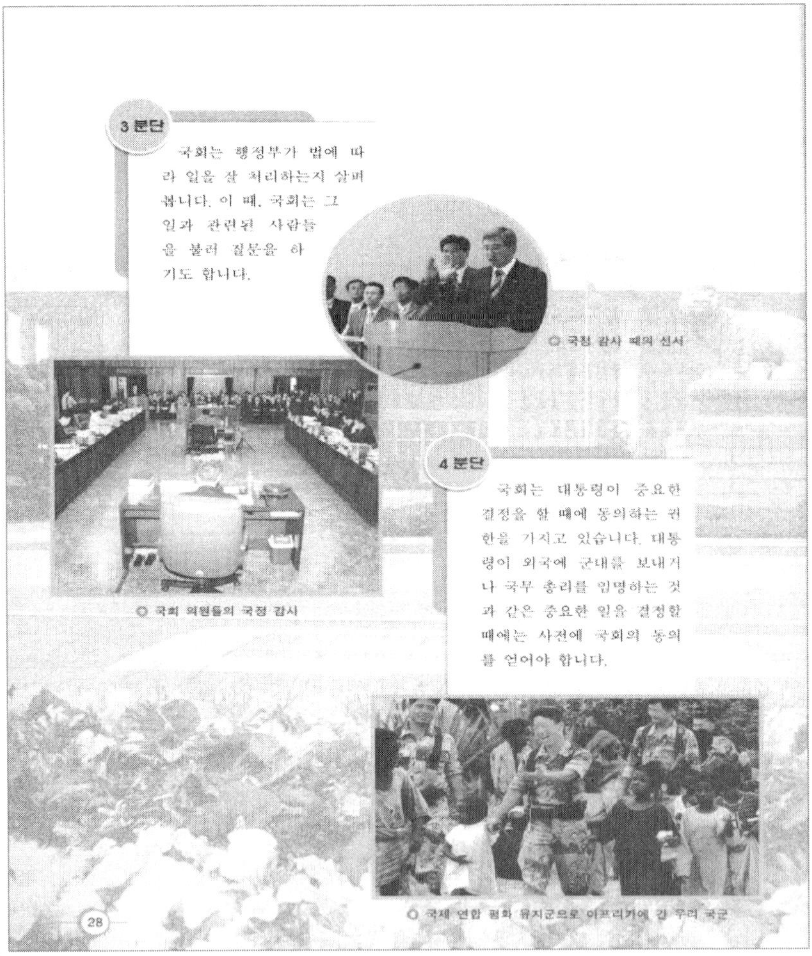
3 분단

국회는 행정부가 법에 따라 일을 잘 처리하는지 살펴봅니다. 이 때, 국회는 그 일과 관련된 사람들을 불러 질문을 하기도 합니다.

○ 국정 감사 때의 선서

○ 국회 의원들의 국정 감사

4 분단

국회는 대통령이 중요한 결정을 할 때에 동의하는 권한을 가지고 있습니다. 대통령이 외국에 군대를 보내거나 국무 총리를 임명하는 것과 같은 중요한 일을 결정할 때에는 사전에 국회의 동의를 얻어야 합니다.

○ 국제 연합 평화 유지군으로 아프리카에 간 우리 국군

28

[그림 2-12] 「사회」 6-2의 국회의 기능 내용

지방 및 중앙정부 기관에 대한 거시적인 이해를 위해서는, 지방자치단체와 지방의회를 구분하고 이들 기관의 매우 구체적인 기능을 서술하기에 앞서 〈그림 2-13〉과 〈그림 2-14〉와 같은 방식으로 도식화하여 제시해 줄 필요가 있다. 매우 간단한 도식이지만, 여기에는 지방자치단체와 지방의회의 차이, 그리고 지방 정치와 중앙 정치의 연계성이 모두 고려되어 있다. 이러한 부분은 4학년 때는 선행 학습으로서, 6학년 때는 복습으로서 의미를 가질 수 있다.

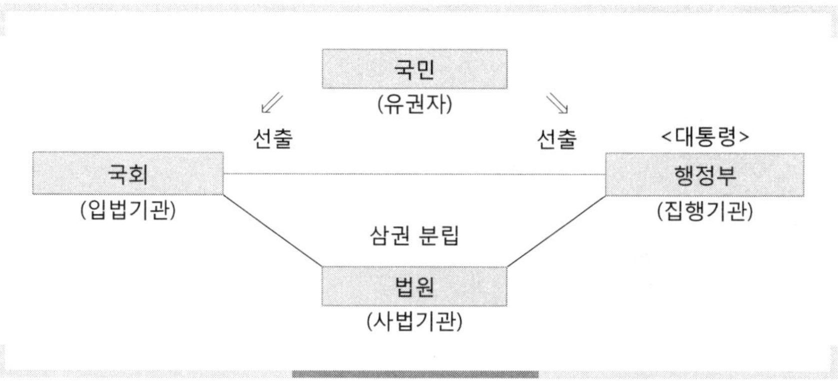

[그림 2-13] 국가 수준

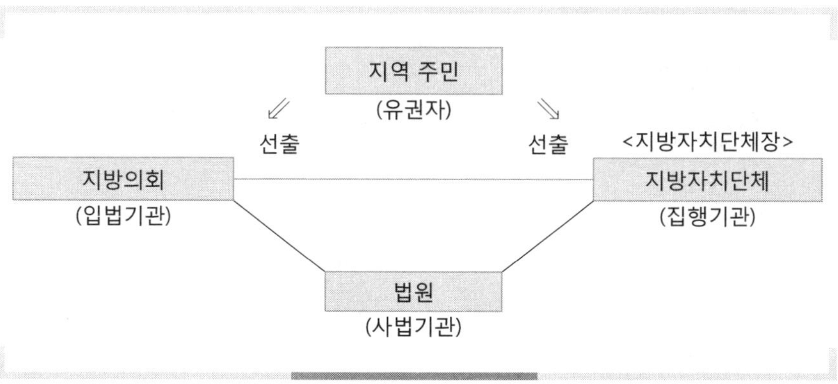

[그림 2-14] 지방 수준

6) 학생들의 일상과 거리가 먼 소재의 활용

초등학교 교과서의 정치 단원 내용은 학생들의 일상과 거리가 먼 소재를 사용하는 경우가 일부 있다. [그림 2－15]는 민사재판의 사례로 전셋집에 관한 것이 제시되어 있다. 이러한 소재는 학생들의 일상과는 다소

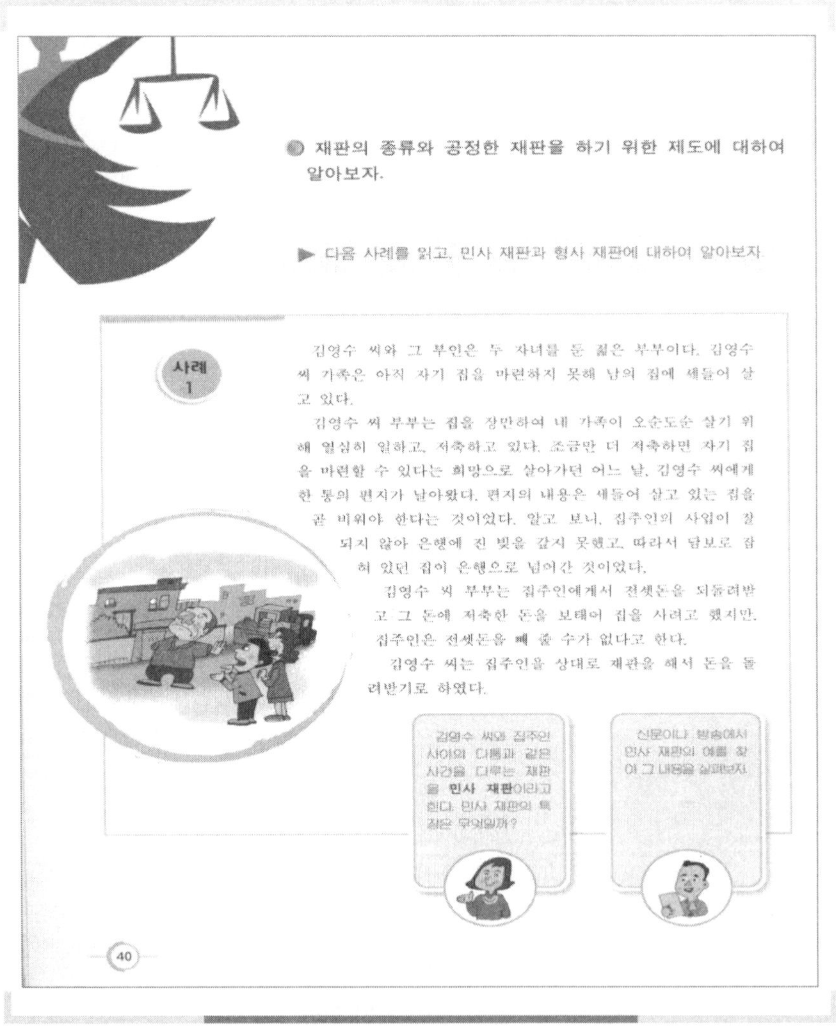

◎ 재판의 종류와 공정한 재판을 하기 위한 제도에 대하여 알아보자.

▶ 다음 사례를 읽고, 민사 재판과 형사 재판에 대하여 알아보자.

사례 1

김영수 씨와 그 부인은 두 자녀를 둔 젊은 부부이다. 김영수 씨 가족은 아직 자기 집을 마련하지 못해 남의 집에 세들어 살고 있다.

김영수 씨 부부는 집을 장만하여 내 가족이 오순도순 살기 위해 열심히 일하고, 저축하고 있다. 조금만 더 저축하면 자기 집을 마련할 수 있다는 희망으로 살아가던 어느 날, 김영수 씨에게 한 통의 편지가 날아왔다. 편지의 내용은 세들어 살고 있는 집을 곧 비워야 한다는 것이었다. 알고 보니, 집주인의 사업이 잘 되지 않아 은행에 진 빚을 갚지 못했고, 따라서 담보로 잡혀 있던 집이 은행으로 넘어간 것이었다.

김영수 씨 부부는 집주인에게서 전셋돈을 되돌려받고 그 돈에 저축한 돈을 보태어 집을 사려고 했지만, 집주인은 전셋돈을 빼 줄 수가 없다고 한다.

김영수 씨는 집주인을 상대로 재판을 해서 돈을 돌려받기로 하였다.

김영수 씨와 집주인 사이의 다툼과 같은 사건을 다루는 재판을 **민사 재판**이라고 한다. 민사 재판의 특징은 무엇일까?

신문이나 방송에서 민사 재판의 예를 찾아 그 내용을 살펴보자.

40

[그림 2－15] 「사회」 6－2의 민사재판 내용

거리가 있다. 전셋집에 사는 학생이 드물어서가 아니라, 초등학생들이 이 문제에 직접 관심을 갖는 경우가 적기 때문이다. 이 경우 꼭 실제 판례에서 가져온 사례가 아니더라도, 학생들의 가정과 학교생활 중 민사사건의 성격을 띠고 있는 것을 언급하는 것이 더 나을 수 있다.

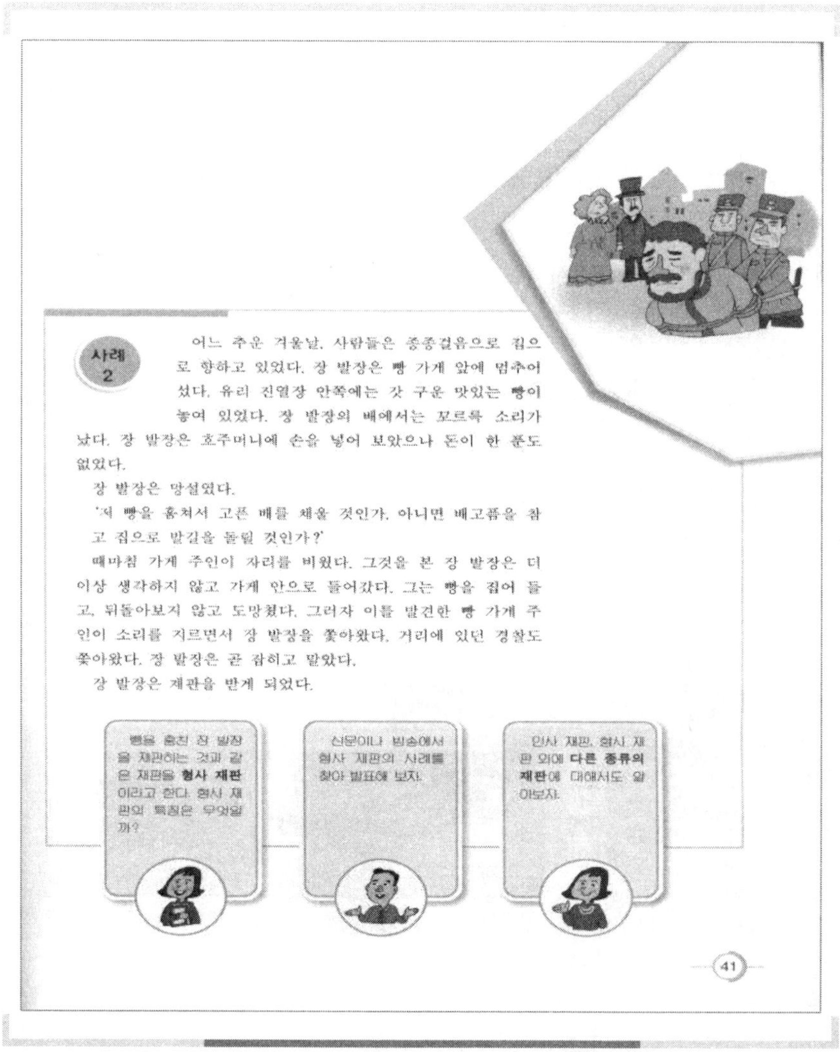

사례 2

어느 추운 겨울날, 사람들은 종종걸음으로 집으로 향하고 있었다. 장 발장은 빵 가게 앞에 멈추어 섰다. 유리 진열장 안쪽에는 갓 구운 맛있는 빵이 놓여 있었다. 장 발장의 배에서는 꼬르륵 소리가 났다. 장 발장은 호주머니에 손을 넣어 보았으나 돈이 한 푼도 없었다.

장 발장은 망설였다.

'저 빵을 훔쳐서 고픈 배를 채울 것인가, 아니면 배고픔을 참고 집으로 발길을 돌릴 것인가?'

때마침 가게 주인이 자리를 비웠다. 그것을 본 장 발장은 더 이상 생각하지 않고 가게 안으로 들어갔다. 그는 빵을 집어 들고, 뒤돌아보지 않고 도망쳤다. 그러자 이를 발견한 빵 가게 주인이 소리를 지르면서 장 발장을 쫓아왔다. 거리에 있던 경찰도 쫓아왔다. 장 발장은 곧 잡히고 말았다.

장 발장은 재판을 받게 되었다.

빵을 훔친 장 발장을 재판하는 것과 같은 재판을 **형사 재판**이라고 한다. 형사 재판의 특징은 무엇일까?

신문이나 방송에서 형사 재판의 사례를 찾아 발표해 보자.

민사 재판, 형사 재판 외에 **다른 종류의 재판**에 대해서도 알아보자.

41

[그림 2-16] 「사회」 6-2의 형사재판 내용

또한 앞의 민사재판 사례에 이어 [그림 2-16]과 같이 형사재판의 정의를 "빵을 훔친 장 발장을 재판하는 것과 같은 재판"이라고 표현하고 있다. 이것은 형사재판의 정의가 아니라 사례에 해당한다. 특정 사례를 곧 정의처럼 활용하는 것은 교사와 학생들에게 오개념을 갖게 할 우려가 있

사례 1 장애인들이 편리하게 다닐 수 있도록 하기 위한 시설들

나현이네 분단에서는 장애인이 생활하는 데에 불편한 점을 알아보고, 국가에서는 그것을 해결하기 위해 어떤 노력을 하고 있는지 조사해 보기로 하였다.

먼저, 장애인이 일상 생활에서 겪는 어려움을 인터넷을 통해 조사해 보았다. 지체 장애인과 시각 장애인이 겪는 가장 큰 어려움은 자유롭게 다닐 수 없다는 것이었다. 나현이네 분단에서는 그 까닭을 찾아 다음과 같이 정리해 보았다.

장애인이 겪는 어려움

지체 장애인	시각 장애인
· 육교, 지하철 입구 등의 계단을 휠 체어를 타고 오르내릴 수 없다. · 택시를 타려 해도 택시잡기가 어렵다.	· 횡단 보도 신호를 볼 수 없어 길을 건너기가 어렵다. · 안내판을 읽을 수 없어 길을 찾아가기 어렵다.

나현이네 분단에서는 정리한 내용을 확인하기 위해 거리로 나가 조사해 보기로 하였다.

57

[그림 2-16] 「사회」 6-2의 인권 교육 내용 1

다. 또한, 장 발장 사례는 생계형 범죄로서 형사재판을 소개하는 데 있어서 그 적합성이 다소 떨어지는 측면도 있다. 민사재판의 사례와 달리, 형사재판의 사례만 현실이 아니라 소설 속에서 가져온 것도 어색해 보인다.

[그림 2－17]은 인권 보호의 대상으로 장애인(장애우)이 소개되고 있다. 이것은 이미 교육과정 속에 들어 있기 때문에 소재 자체는 바꿀 수 없지만, 장애인이 일방적으로 혜택을 받는 대상, 동정과 보호의 대상으로만 부각되지 않도록 주의할 필요가 있다. 장애인을 포함한 사회적 약자들을 다루는 것도 필요하지만 학생 자신들이 가정과 학교생활에서 접하는 일상적인 인권 침해 사례를 다룰 필요성도 있다.

초등학교에서 인권 교육은 그 중요성이 매우 크다. 그리고 인권 교육은 학생들의 일상 경험과 결부되어 이루어지는 것이 가장 효과적이다. 장애인의 경우와 마찬가지로 노숙인을 다루고 있는 [그림 2－18]은 내용상의 오류가 있는 것은 아니지만, 소재나 접근 방식에 있어서 학생들의 일상과는 다소 거리가 있다. 인권 문제를 보다 친숙한 방식으로 다루기 위해서는 장애인과 노숙인의 경우처럼 적극적인 보호와 지원이 필요한 사람들의 문제를 다루는 것과 함께, 성적, 나이, 외모에 의한 차별 등과 같이 학생들도 일상생활에서 흔히 겪을 수 있는 인권 침해의 사례를 주요 소재로 다루는 것이 좋다.

요약 · 정리하면, 민사재판과 형사재판의 경우에는 각각 전셋집과 장 발장의 사례가 제시되어 있다. 이러한 사례들이 내용적으로 틀린 것은 아니지만, 학생들의 일상과는 어느 정도 거리가 있는 것이 사실이다. 구체적으로 다음과 같은 대안이 가능할 것이다. 민사재판의 소재로 학교에서 체육복을 잃어버린 학생들이 주인 없는 체육복을 두고 서로 자기 것이라고 우긴다거나, 친구에게 빌려 준 공책이나 물건이 훼손되었을 경우 등을 사례로 활용해 볼 수 있다. 실제로 학교에서 생긴 그 정도의 일로 인해 재판까지 가는 경우는 극히 드물겠지만 학생들의 눈높이에 맞게 사

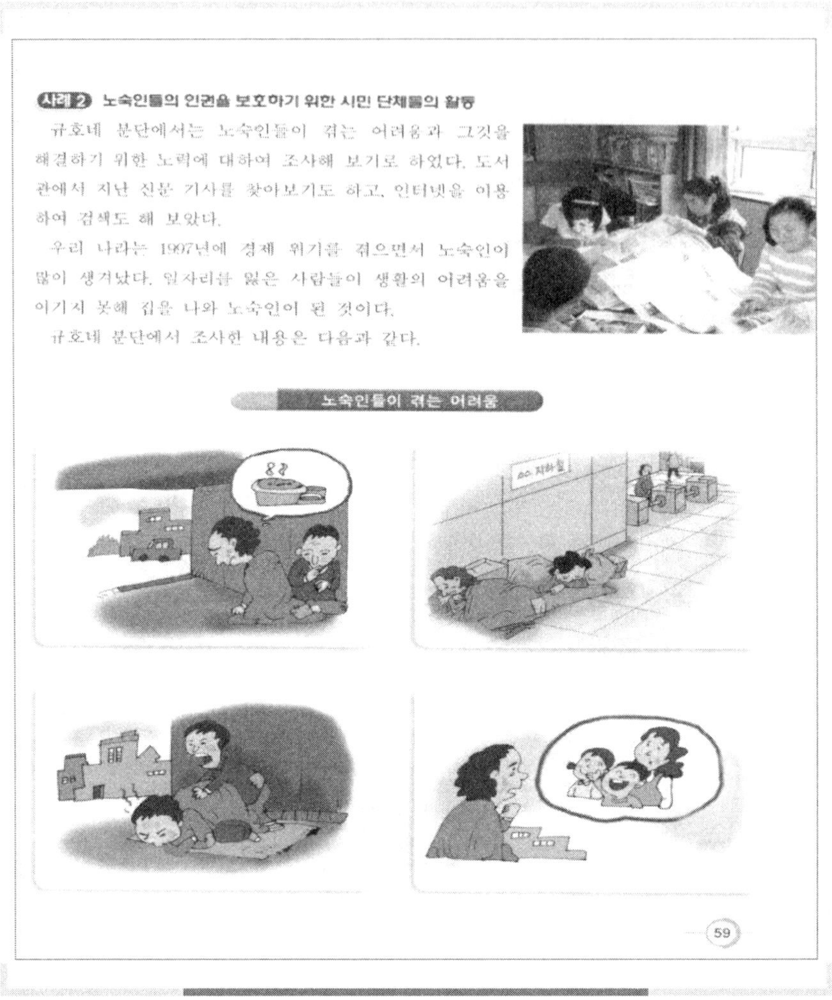

사례 2 노숙인들의 인권을 보호하기 위한 시민 단체들의 활동

규호네 분단에서는 노숙인들이 겪는 어려움과 그것을 해결하기 위한 노력에 대하여 조사해 보기로 하였다. 도서관에서 지난 신문 기사를 찾아보기도 하고, 인터넷을 이용하여 검색도 해 보았다.

우리 나라는 1997년에 경제 위기를 겪으면서 노숙인이 많이 생겨났다. 일자리를 잃은 사람들이 생활의 어려움을 이기지 못해 집을 나와 노숙인이 된 것이다.

규호네 분단에서 조사한 내용은 다음과 같다.

노숙인들이 겪는 어려움

59

[그림 2－18] 「사회」 6－2의 인권 교육 내용 2

례를 '번역'한다는 측면에서는 의미가 있을 것이다. 즉, 민사재판을 성인 수준에서 접근하기보다는 민사재판의 대상이 될 수 있는 일상적인 사건을 먼저 소개해 주는 것이 필요하다. 형사재판의 소재도 이와 같은 방식으로 접근할 수 있을 것이다. 학교에서 발생하는 절도, 따돌림 등이 그 예가 될 수 있다.

한편, 인권을 다루면서 인권 보호가 필요한 대상으로 장애인과 노숙인의 사례가 제시되어 있는데, 장애인이나 노숙인은 신체 기능의 일부나 가정의 보호 등을 어느 정도 상실한 상황 속에 있다. 이 경우 학생들은 인권을 공부하면서 '이들의 인권 보호는 필요하다. 그런데 나는 장애인

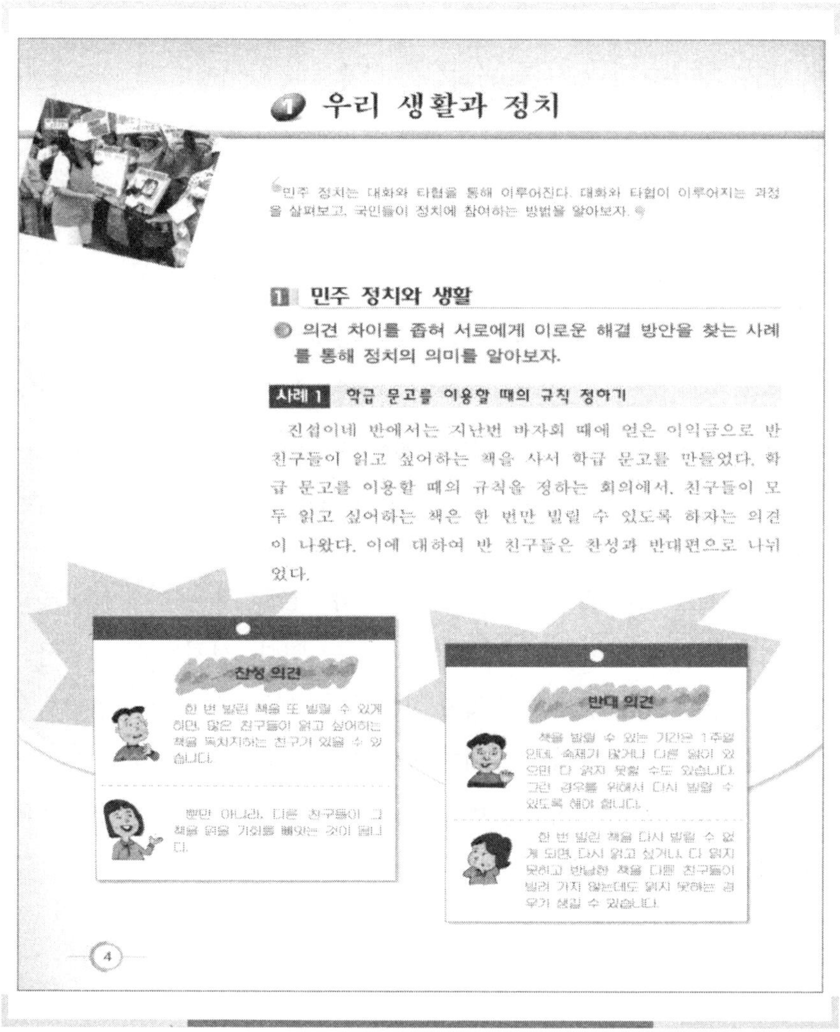

1 우리 생활과 정치

민주 정치는 대화와 타협을 통해 이루어진다. 대화와 타협이 이루어지는 과정을 살펴보고, 국민들이 정치에 참여하는 방법을 알아보자.

1 민주 정치와 생활

의견 차이를 좁혀 서로에게 이로운 해결 방안을 찾는 사례를 통해 정치의 의미를 알아보자.

사례 1 학급 문고를 이용할 때의 규칙 정하기

진섭이네 반에서는 지난번 바자회 때에 얻은 이익금으로 반 친구들이 읽고 싶어하는 책을 사서 학급 문고를 만들었다. 학급 문고를 이용할 때의 규칙을 정하는 회의에서, 친구들이 모두 읽고 싶어하는 책은 한 번만 빌릴 수 있도록 하자는 의견이 나왔다. 이에 대하여 반 친구들은 찬성과 반대편으로 나뉘었다.

찬성 의견

한 번 빌린 책을 또 빌릴 수 있게 하면, 많은 친구들이 읽고 싶어하는 책을 독차지하는 친구가 있을 수 있습니다.

뿐만 아니라, 다른 친구들이 그 책을 읽을 기회를 빼앗는 것이 됩니다.

반대 의견

책을 빌릴 수 있는 기간은 1주일인데, 숙제가 많거나 다른 일이 있으면 다 읽지 못할 수도 있습니다. 그런 경우를 위해서 다시 빌릴 수 있도록 해야 합니다.

한 번 빌린 책을 다시 빌릴 수 없게 되면, 다시 읽고 싶거나, 다 읽지 못하고 반납한 책을 다른 친구들이 빌려 가지 않는데도 읽지 못하는 경우가 생길 수 있습니다.

4

[그림 2-19] 「사회」 6-2의 정치 개념 내용 1

도 아니고 노숙인도 아니니까 인권이 충분히 보호되고 있다.'와 같은 생각을 가질 수도 있다. 이러한 생각은 인권에 대한 오해를 불러일으킬 수 있다. 인권 교육에서 인권은 무언가를 상실한 상태에 있는 사람에게만 필요한 것이 아니라, 어느 누구라도 인권 침해의 직접적·잠재적 피해자가 될 수 있다는 점을 강조해야 한다. 즉, 학교, 가정, 사회에서 흔히 이루어지는 평범한 삶 속에도 인권 침해의 요소가 있지 않은가를 민감하게 바라볼 수 있어야 한다. 이를 위해서는 학생들의 일상에 보다 가까운 상황을 통해 장애인이나 노숙인이 아닌, 학생들도 인권 침해의 당사자가 될 수 있음을 강조할 필요가 있다.

참고로 기존의 교과서에서도 학생들의 일상생활과 밀접하게 관련된 내용이 있는 경우가 있다. 예를 들어 [그림 2-19]는 6학년에서 '정치'의 개념을 처음 다루는 부분이다. 여기서는 딱딱한 정치제도 등의 소재를 가지고 접근하지 않고, 학급에서의 의사결정 소재가 될 수 있는 사항을 제시하고 있다. 이러한 접근 방식은 정치를 학생들의 일상과 가깝게 느낄 수 있도록 하는 데 기여할 수 있는 좋은 사례가 될 수 있을 것으로 보인다.

또한 [그림 2-20]에서는 정치를 "의견 차이를 좁혀 서로에게 이로운 해결 방안을 찾아 실현하는 것"으로 정의하고 있다. 정치를 선거나 정책 결정 등 좁은 의미로 한정하지 않고 학생들이 접하는 일상적인 영역으로까지 확대할 수 있도록 넓게 정의하고 있다는 점에서 바람직하다고 판단된다. 학생들은 이러한 정의를 바탕으로 자신의 일상에서 정치와 결부되는 경험과 활동을 이해할 수 있다.

[그림 2—20] 「사회」 6—2의 정치 개념 내용 2

4 초등 「사회」 4, 6학년 정치 단원 수업 사례 분석하기

초등학교 현장에서 정치 단원 수업이 어떻게 이루어지는지 살펴보기 위해 다음과 같이 4학년 수업 2회, 6학년 수업 2회를 관찰하였다. 학교와 교사의 명칭은 편의상 인천 A, B 초등학교와 a, b 교사로 표기하였다. 〈표 2-13〉은 저자들이 관찰한 초등학교 정치 단원의 수업 관찰 내역이다.

〈표 2-13〉 초등학교 정치 단원의 수업 관찰 내역

일시	장소	학년	교사(성)	중단원	소단원	주요 수업 방식
2008. 6. 10	인천 A 초등학교	4	a (여)	1. 지방자치와 주민 생활	1) 시 · 도청을 찾아서	강의 + 발표
2008. 6. 17					2) 지역의 대표 뽑기	활동
2008. 9. 29	인천 B 초등학교	6	b (여)	2. 나랏일을 맡아 하는 기관들	1) 국민의 대표들이 모인 국회	강의 + 활동
2008. 10. 7					2) 나라 살림을 맡아 하는 행정부	강의 + 발표

여기서는 제시되는 정치 단원 수업 사례 분석은 a 교사와 b 교사의 수업을 저자들이 직접 참관하면서 기록한 관찰지와 촬영한 수업 동영상에 기초하여, 실제 이루어진 수업 내용 및 교수학습 활동을 기술하고, 이에 대해서 저자들의 견해를 피력하는 방식으로 이루어졌다. 따라서 양적이고 객관적인 수업 분석이 아니라 다분히 질적이고 주관적인 수업 분석이며, 수업 사례를 제시하면서 기술적인 표현과 평가적인 표현이 함께 등장한다.

1) a 교사의 수업

a 교사는 초등 사회과를 교대에서 심화 전공으로 배운 초등교사 경력 3년차의 (조금 넓은 의미에서) 초임 교사다. a 교사의 수업에 대한 관찰은 2008년 6월 10일과 6월 17일, 두 차례에 걸쳐 이루어졌고, 그중에서 6월 17일 수업은 동영상 촬영도 함께 이루어졌다. 여기서는 관찰한 수업 내용을 간단하게 기술하고 문제점을 지적하면서, 이러한 관찰 내용과 관련해서 a 교사의 정치 관련 기초 지식과 이러한 기초 지식이 수업에 어떤 영향을 주고 있는지에 대해서 살펴보려고 한다.

(1) 6월 10일 수업

6월 10일 수업은 a 교사가 '새로워지는 우리 시 · 도'라는 단원을 가르치면서, 자신이 담당하는 4학년 2반 학생들과 함께 학교 도서관으로 이동해서 '우리 시 · 도의 대표'가 될 수 있는 역사 인물과 관련된 자료를 수집하는 모둠 활동을 위주로 진행되었다. 수업 시간은 3교시로 10시 40분부터 11시 20분까지 이루어졌다.

① 도입

a 교사는 수업의 도입을 동기 유발로 시작하였는데, "무슨 그림일까요."라는 질문과 함께, 학생들이 4학년이 되어서 처음 했던 학습 활동들의 사진을 조금씩 보여 주면서 어떤 내용의 사진인지 맞혀 보도록 하였다. 학생들은 과거에 자신들이 했던 학습활동이라는 내용과 퀴즈라는 형식으로 인해 수업에 관심을 보였다.

a 교사는 또 다른 동기 유발 과정으로 전교 어린이회장 투표 사진을 보여 주면서, 학생들로 하여금 전교 어린이회장 선거를 어떻게 했는지에 대해서 설명해 보도록 하였다. 이어서 전교 어린이회장 선거를 했던 것

에 대한 느낌을 이야기하도록 하면서, 그러한 경험과 느낌을 우리 고장의 대표를 뽑는 것과 자연스럽게 연결시켰다.

도입의 두 번째 단계로, a 교사는 본시 학습 안내를 하였는데, 적절한 도식화를 통해서 우리 고장의 대표 뽑는 방법 알기, 지방의회의 하는 일 알아보기, 역사 인물(시의회 의원) 관련 자료 수집하기 등 오늘 배울 내용과 활동을 안내하였다.

관찰자는 이러한 a 교사의 수업 도입 부분과 관련해서 아이들의 경험과 수업 내용을 관련시킨 측면이나 수업 내용을 적절하게 도식화하여 안내하는 측면에 대해서는 매우 좋은 인상을 받았다. 즉, 전반적으로 학생들의 흥미와 관심을 불러일으키고, 수업에서 이루어질 활동을 안내하는 데 있어서는 비교적 성공적인 도입이었다.

그러나 a 교사의 수업 도입에서는 정작 우리가 왜 우리의 대표를 뽑아야 하는지, 우리를 위해 어떤 대표를 뽑아야 하는지 등 직접민주제와 간접민주제에 대한 적절한 설명이나 민주적 리더십에 대한 적절한 안내가 이루어지지 않아, 학생들 중에는 오늘 수업을 왜 하는지에 대해 근본적인 의문을 가지는 아이들도 있을 수 있다는 생각이 들었다. 그리고 a 교사가 정치학과 관련해서 대의제를 근간으로 운영되는 현대 민주주의와 이러한 대의제하에서 어떤 민주적 리더십이 필요한지에 대해서 얼마나 제대로 인식하고 있고, 교사 교육과정에서 이러한 정치학 내용을 체계적으로 배울 기회가 있었는지에 대해 의문이 들었다.

② 전개

↘ 본시학습 1

a 교사는 수업이 본격적으로 전개되면서, "우리 고장의 대표를 어떻게 뽑는지에 대해서 말해 볼 사람?"이라는 발문과 함께 학생들에게 시의원과 구의원의 자격을 질문하였다. 학생들은 미리 조사한 내용을 가지고

시의원과 구의원의 자격을 발표했는데, 왜 선거권에 나이 제한을 두는지, 왜 피선거권을 25세로 제한하는지, 왜 임기가 정해져 있는지에 대한 언급 없이, 피상적으로 몇 세, 몇 년 등의 단편적인 지식을 조사하여 발표하였고, a 교사 역시 이에 대해서 설명하지 않았다.

다음으로 공식적인 선거의 절차에 대해서 학습이 이루어졌는데, a 교사는 학생들에게 질문을 던지면서 ① 선거 공고, ② 후보자 등록, ③ 선거운동, ④ 투표, ⑤ 개표, ⑥ 당선자 확정 등의 절차를 설명하였다. 그러나 왜 이런 선거 절차를 거치는지에 대한 설명이나 언급은 없었다. 또 관련해서 선거의 4대 원칙을 설명하였는데, 누구나 투표할 수 있다는 보통선거와 관련해서 아이들 사이에 약간의 논쟁이 붙었으나 주목하지 않고 지나쳐 버렸다. 다음으로 누구나 한 표씩 투표하는 평등선거, 자신이 직접 가서 투표하는 직접선거 등을 설명하고, "마지막으로 남은 것은 무슨 원칙인지 설명해 줄 사람?"이라는 발문과 함께 비밀선거에 대해서 학생들의 경험을 예로 들면서 설명하였다.

도입 부분과 마찬가지로, 이 단계에서 관찰자는 a 교사가 선거와 관련해서 '왜' 그런 자격, 절차, 원칙을 두는지에 대한 설명 없이, '어떻게'라는 절차적 지식을 중심으로 다소 피상적이고 단편적인 정보에 치중해서 수업을 진행하고 있다는 판단이 들었다. 또한 사전 조사 활동이 있기는 하지만, 교사가 '학생들이 선거에 대해서 이미 알고 있다'는 전제하에서 질문을 하고 수업을 진행한다는 생각이 들었다. 과연 학생들이 선거에 대해서 얼마나 알고 있을까, 모든 학생들이 선거에 대해서 정말로 잘 알고 있을까, 학생들이 알고 있는 선거 관련 내용은 무엇인가 등에 좀 더 구체적인 확인이 필요해 보였다.

a 교사는 전반적으로 학생들의 사전 경험이나 관심 및 흥미에는 민감해 보였으나, 학생들이 정치, 구체적으로 선거와 관련해서 어떤 사전 지식이나 경험을 갖고 있는지에 대해서는 별다른 관심을 기울이지 않았다.

이는 a 교사가 학생들에게 사전 경험이나 지식 전반에 무관심해서라기보다는 정치, 특히 선거와 관련해서 아이들이 무엇을 알고 있고, 무엇을 모르고 있는지에 대해 구체적이고 세부적인 고려를 하지 못하는 것에서 기인하는 것으로 보였다. 이 역시 다분히 교사 자신이 정치 관련 기초 지식이 부족하고 정치학을 배울 수 있는 기회가 부족해서 학생들의 정치 관련 선지식을 구체적으로 진단하지 못하는 게 아닌가 하는 생각이 들었다.

본시학습 2

이어서 a 교사는 시 · 도 의회의 구성과 역할 등을 사진을 통해서 설명하기 시작하였다. 그런데 등장하는 사진들이 전형성을 띠고 있지 않거나 구체적인 정보가 없어서 a 교사의 추가 설명 없이는 어떤 의회 활동을 하는 사진인지 알 수가 없었다. 구체적으로 말하면, 시 · 도 의회에서 하는 일을 설명하면서, ① 주민의 의견을 듣는다, ② 지역의 기관들과 협의회를 가진다, ③ 지역의 문제에 대한 해결 방안을 찾는다, ④ 예산안을 심의하여 확정한다 등과 관련된 사진들을 보여 주었는데, 실제 보여 준 사진들을 통해서 그런 정보를 읽기는 어려워 보였다. 그리고 교사가 설명한 후에 학생들로 하여금 그 내용을 학습지에 정리하도록 하였는데, 왜 지방의회에서 이런 일들을 하는지에 대한 언급이나, 지방의회가 하는 일에 대해 지방자치단체장과 관계없이 설명을 듣다 보니, 과연 시 · 도 의회에서 하는 일들이 정치 혹은 지방자치에서 어떤 의미를 지니는 것인지에 대해서 학생들이 배울 기회가 마련되지 않았다.

관찰자가 보기에, a 교사는 지식을 가르치면서, 상황이나 맥락, 관련 개념과의 관계 속에서 가르치는 것이 아니라 오늘 배울 내용 그 자체에 초점을 맞추어 단편적으로 가르치는 경향이 강했다. a 교사가 수업에서 다룬 지방자치는 정치학에서 있어서 매우 중요한 핵심 주제 중 하나이며, 이 주제는 지방정부와 중앙정부와의 관계, 대의제의 보완, 주민의 정치 참여, 지방의회와 지방자치단체장의 관계 등 여러 가지 관련되는 내용을 연결해서 가르칠 필요성이 있는 주제이자 개념 체계다. 그러나 a 교사의 수업에서는 그런 지방자치 전반에 대한 내용 설명 없이, 단지 시 · 도 의회가 하는 일만을 제시하고 있었다. 앞에서 언급한 바와 같이 이는 a 교사가 지닌 정치 관련 기초 지식의 부족과 교사 교육 단계에서 정치와 관련된 풍부한 배경 지식을 배울 기회가 부족했던 것에서 기인한 것으로 보였다.

본시학습 3

a 교사는 선거 절차 및 원칙과 시 · 도 의회가 하는 일을 설명하고 나서, 학생들로 하여금 우리 지역의 대표로 추천할 만한 사람을 찾도록 하였다. 그런데 사전에 민주적인 리더십이나 지방자치에서 시 · 도 의원의 역할이나 자질 등에 대한 충분한 설명이 이루어지지 않아서, 대부분의 경우 학생들이 평소 좋아하는 역사 인물을 선정하여 조사하는 선에서 활동이 이루어졌다. 학생들은 수업 전에 미리 역사 인물을 선정하여 사전에 조사하였고, 도서관에서 그 역사 인물에 대해서 추가적으로 자료를 수집하였는데, a 교사는 다소 짧은 5분 정도의 시간을 주고 학생들에게 자료 수집 활동을 시켰다.

관찰자가 판단하기에, 우리나라의 역사 인물을 찾아서 우리 지역의 대표를 추천하도록 한 수업 기획은 좋았다. 이는 학생들이 역사 인물을 추천하는 것에서 끝나는 것이 아니라 그 이유나 근거를 제시하고, 실제 투표를 진행하면서 역사 인물에 대한 학습과 선거에 대한 학습을 동시에 할 수 있는 가능성이 열리기 때문이다. 그러나 정작 수업의 주제인 지방자치 개념은 우리나라의 대표적인 역사 인물이라는 소재와 선거라는 절차 속에서 퇴색되어 버린 측면이 있었다. 이러한 수업 실행이 정말로 지방자치에 대한 적절한 수업 실행인지에 대해서 재고가 필요해 보였다.

학생들에게 이날 수업에서 무엇을 배웠는지 물어본다면, 지방자치라고 답하는 학생들이 다수가 될 것 같지는 않았다. 학생들의 대답은 주로 역사 인물, 아니면 선거가 될 것이고, 적어도 지방자치의 의미나 의의는 아닐 거라는 생각이 들었다.

③ 정리

이 수업의 정리는 OX 퀴즈를 통해서 배운 지식을 확인하는 활동으로 이루어졌다. a 교사는 정성을 들여서 퀴즈 문항 자료를 만들었고, 학생들은 열심히 퀴즈를 풀었다. 대부분의 초등 사회과 수업처럼 도입과 정리 단계에서 학생들의 참여가 가장 활발하게 이루어졌다.

이 수업에 대한 전반적인 느낌을 덧붙이자면 학생들은 교사를 배려해서 "조용히 하자." 등의 말을 하면서 학생들 스스로 수업 분위기를 조성하려고 하였고, a 교사도 초임교사임에도 불구하고 비교적 안정된 어투와 차분한 모습으로 수업을 진행하였다. 또한 교과서 내용 전달에서 끝나는 것이 아니라 항상 학생 활동을 연결하려는 노력이 돋보였다. 전반적인 학급 분위기 속에서는 평소 학생들이 교사를 좋아하고 신뢰하고 있다는 것이 느껴졌다. 그러나 교사가 지방자치나 지방의회에 대해서 제대로 알고 학생들을 가르친 수업이라고 보기는 어려웠다.

(2) 6월 17일 수업

이 수업은 a 교사가 자신이 담당하는 4학년 2반 학생들과 함께 6월 10일 수업의 연장선상에서 모의 지방의회 선거를 하는 활동으로 이루어졌다. 수업 시간은 3교시로, 10시 40분부터 11시 20분까지 이루어졌다.

① 도입

a 교사는 전시 수업 확인을 하면서, 지난 시간에 활동했던 내용들을 사진을 통해서 보여 주었다. 이 과정에서 아이들의 활동 모습과 함께 아이들이 제작한 선거 포스터도 함께 보여 주었다. 이어서 그동안 이루어진 프로젝트의 전반적인 내용을 1단계부터 4단계까지 구분하여 소개하였다. 또 이 수업의 목표와 절차를 제시하였는데, 수업 목표는 모의 선거 프로젝트를 통하여 선거의 절차와 방법을 알고 선거에 관심을 가지는 것이었고, 수업 절차는 크게 시의회 의원 유세하기(모둠발표), 시의회 의원 투표하기(전자투표), 모의 시의회 선거 프로젝트 결과 정리하기(반성, 임명장) 등으로 이루어진다고 안내하였다.

따라서 이 수업은 새로운 지식을 배우는 시간이 아니라 기존에 학습한 내용을 적용하는 활동을 위주로 구성되어 있었고, a 교사는 이러한 활동들을 비교적 짜임새 있게 구성하여 학생들로 하여금 활동에 재미있게 참여할 수 있도록 유도하였다. 관찰자가 보기에 이 수업 기획은 그 자체로 완성도가 매우 높았고, 실제 수업도 계획대로 잘 진행되었다.

② 전개

↘ 본시학습 1

본시학습 1은 시의회 의원 유세하기(모둠발표)로 이루어졌는데, 각 모둠별로 학생들이 나와서 선거 유세를 하고, 선거 홍보송을 불렀다. 이 과정에서 1모둠 강이식 후보의 선거 유세(연설)와 선거 홍보송, 2모둠 김유신 후보의 선거 유세(연설)와 선거 홍보송, 3모둠 광개토대왕 후보의 선거 유세(연설)와 선거 홍보송, 4모둠 방정환 후보의 선거 유세(연설)와 선거 홍보송, 5모둠 이순신 후보의 선거 유세(연설)와 선거 홍보송, 6모둠 유관순 후보의 선거 유세(연설)와 선거 홍보송, 7모둠 단군 후보의 선거 유세(연설)와 선거 홍보송, 8모둠 정몽주 후보의 선거 유세(연설)와 선거 홍보송 등의 순서로 모둠별 발표가 진행되었다. 이 단계에서 a 교사는 전체 학생들에게 모둠별 발표 내용을 정리하도록 학습지를 나누어 주었고, 중간중간 학생들이 잘 적고 있는지를 확인하면서 칭찬하였다. 또한 학생들이 스스로 연설문과 노래 가사를 만들도록 함으로써 학생들의 수업 참여와 선거에 대한 관심을 유도한 것도 높이 평가할 만하였다.

그러나 발표 모둠 수가 조금 많았고, 같은 형식의 발표와 내용이 계속 진행되면서 수업에 대한 집중도가 떨어지기 시작하였다. 그리고 학생들이 스스로 역사 인물을 선정하여 조사하고, 선거 포스터를 만들고, 연설문을 쓰고, 선거 홍보송을 만드는 것은 좋았으나, 지방자치와는 거리가 먼 역사 인물들이 선택된 관계로, 왜 그 인물이 지역의 대표가 되어야 하는지, 구체적으로 그들이 지역을 위해서 어떤 공약을 내세우고 있는지가 부각되지 않았다. 역사 인물이라는 소재에 묻히고, 선거 절차라는 형식에 밀려서 지방자치의 의미나 의의는 거의 수업에서 등장하지 않았다. 지방자치를 가르치면서 왜 역사 인물에 대한 모의 선거 프로젝트를 기획했는지, 만약 역사 인물에 대한 모의 선거 프로젝트를 하더라도 지역의 대표를 뽑는 선거로서의 정체성과 차별성은 어떻게 확보할 것인지에 대한 추가적인 고민이 필요해 보였다.

본시학습 2

본시학습 2는 선거 유세와 선거 홍보송 발표 후에 시의회 의원 투표하기(전자투표)로 이루어졌는데, 모둠별로 순서대로 나와서 투표를 진행하였다. 컴퓨터 모의 선거 프로그램을 가지고 실제 투표를 하도록 하였는데, 매우 흥미 있게 진행되었다. 투표 결과, 유관순과 정몽주 후보에 대한 투표수가 같아서 다시 유세(연설)를 하고, 재투표를 해서 정몽주 후보가 당선되었다. 이러한 예상치 못한 재투표 과정에서 a 교사의 뛰어난 임기응변과 상황 대처 능력이 돋보였다. 이러한 투표 활동은 교실 속의 단순화된 경험이긴 하지만, 학생들이 직접 전자투표에 참여해 봄으로써 선거나 투표를 체험할 수 있도록 하는 기회를 제공한다는 점에 매우 유익한 활동이었다. 즉, 선거와 투표를 체험하게 함으로써 단순히 선거와 투표에 대해 배운 것이 아니라 모의 선거와 투표 형태지만 실제로 해 봤다는 점에서 높이 평가할 만한 활동이었다.

그러나 지방자치와 연결시킬 경우, 왜 그 후보가 당선되었는지, 그 후보의 어떤 공약이 지역 상황에 비추어 어떤 설득력이 있었는지 등에 대한 추가적인 근거 제시가 있어야 좀 더 시 · 도 대표를 뽑는 것과 관련해서 의미 있는 활동이 되지 않았을까 하는 생각이 들었다. 이미 언급한 바와 같이, 단순히 선거의 과정이나 투표의 절차를 수행하는 것이 아니라 어떤 사람을 대표로, 특히 지역의 대표로 뽑아야 될지에 대한 내용적인 고민이 병행되어야 진정한 의미의 지방선거와 투표에 대한 체험이 되지 않았을까 하는 생각이 들었다.

③ 정리

이 수업의 정리는 그동안 프로젝트 결과를 전반적으로 정리하고, 임명장을 만드는 활동으로 이루어졌다. 이때 학생들의 소감도 함께 들었다. 학생들은 다양하게 소감을 털어놓았는데, "어른들처럼 해 봐서 좋았다." "앞에서 떨리는 애들이 있어서 힘들었다." "누구를 뽑을지 몰라 망설였다." "지루하지 않게 공부해서 좋았다." 등의 이야기가 나왔다. 또 교사가 학생들에게 후보를 결정할 때 어떤 기준을 가지고 했는지에 대해서 질문했는데, 학생들은 "연설 내용을 듣고 투표를 했다." "자신감 있는 후보에게 투표했다." "재미있는 후보를 뽑았다." "연설과 노래 내용을 듣고 투표했다." "믿음직한 목소리를 보고 투표했다."는 등의 답변이 있었다.

이러한 답변 과정에서 학생들이 평소 갖고 있는 생각이나 선입관을 가지고 투표를 했지, 새로 배운 지방자치 혹은 시 · 도 의회에서 하는 일에 대해서 배운 것을 적용해서 투표에 임한 것은 아니라는 것을 확인할 수 있었다. 같은 지방의회 모의 선거를 하더라도 어떤 인물을 등장시켜야 할지, 아니면 학생 자신을 등장시킬지, 지방자치단체 규모에서 할지, 아니며 학교나 학급 규모로 축소하여 적용할지에 대한 고민이 이루어져야 할 것 같았다.

(3) 종합 논의

이미 언급한 바와 같이 a 교사의 정치 단원 수업에서는 내용적 지식보다는 절차적 지식, 내용보다는 활동이 주를 이루고 있었다. 그 결과 수업의 가장 핵심적인 주제인 지방자치가 절차와 활동 속에서 사상되어 버리는 감이 있었다. 지방자치를 배우는 수업임에도 불구하고 왜 지방자치를 하며, 지방자치가 어떤 의미와 의의를 지니는지 등 학생들이 기본적으로 학습해야 할 내용에 대한 설명이나 관련 활동을 찾아보기 어려웠다. 이후 교사 면담 과정에서, 3절에서 분석한 바와 같이 전반적인 내용 설명 없이 활동 위주로 구성된 사회과 교과서의 문제점도 확인할 수 있었다. 또한 초등교사들이 교사 교육 단계에서 정치학의 주요 개념에 대한 학습이 충분히 이루어지지 않고 있다는 것도 확인할 수 있었다. 정치학에 대한 충분한 배경 지식 없이, 왜 지방자치가 이루어지며, 지방자치가 어떤 의미나 의의를 가진 정치제도인지, 지방정부와 중앙정부는 어떤 관계에 있는지를 제대로 가르치기는 쉽지 않다는 것을 확인할 수 있었다.

a 교사에 국한된 사례라고 할 수도 있지만, 진정한 의미의 정치 학습이 이루어지기 위해서는 수업 방법이나 학생 활동에 대한 기획 못지않게 가르치는 정치학 내용, 즉 정치 단원 수업의 목표와 내용에 대한 교사의 전반적인 이해가 요구된다는 것을 알 수 있었다. 정치, 특히 지방자치 관련

단원을 다룰 경우, 시 · 도 의회에서 하는 일이라는 교과서 내용뿐만 아니라 교과서 외에 지방정부와 중앙정부와의 관계, 대의제의 보완, 주민의 정치 참여, 지방정부의 구성 등 관련 개념이나 내용도 함께 고려해서 가르치는 것이 필요하다는 것을 확인할 수 있었다. 이를 위해서 초등 사회 심화 전공에서는 교과교육론 못지않게 정치학 등 교과 내용학에 대한 강조도 병행되어야 하고, 교사 스스로도 교과 내용학 공부에 관심과 시간을 투자해야 할 것으로 보인다.

2) b 교사의 수업

b 교사는 초등 사회과를 교대에서 심화 전공으로 배운 교직경력 17년 차의 교사였다. b 교사의 수업에 대한 관찰은 2008년 9월 29일과 10월 7일, 두 차례에 걸쳐 이루어졌다. 이 두 수업은 모두 동영상 촬영도 함께 이루어졌다. a 교사의 수업 사례 제시와 마찬가지로, 여기서도 관찰한 수업 내용과 교수 활동을 주로 기술하면서, 이러한 관찰 내용과 관련해서 b 교사의 정치 관련 기초 지식과 이러한 기초 지식이 수업에 어떤 영향을 주고 있는지에 대해서도 간단하게 언급하려고 한다.

(1) 9월 29일 수업

9월 29일 수업은 b 교사가 '국민의 대표들이 모인 국회'라는 단원을 가르치면서, 6학년 학생들과 함께 모의 선거 활동을 하는 것으로 이루어졌다. 수업 시간은 3교시로 10시 40분부터 11시 20분까지 이루어졌다.

① 도입

b 교사는 수업의 도입을 선거 관련 광고를 보여 주는 것으로 시작하였다. b 교사는 광고가 무슨 내용인지를 학생들에게 질문하였고, 학생들은

"국회의원 선거 광고" "선거일 안내 광고" "선거 참여 광고" 등으로 답했다. 이어서 학생들에게 "국회의원 선출 과정과 민주선거의 4대 원칙을 알아보자."라는 학습 문제를 제시하고, 이날 수업에서 모의 선거 활동을 하게 된다는 것을 안내하였다.

b 교사는 경력 교사답게 매우 간결하고 분명하게 수업을 안내하였고, 전반적으로 학급 분위기를 장악하고 있었다. 말투 자체도 매우 절도가 있어서 매우 명확하게 이야기를 하였다. 그러나 a 교사의 수업과 유사하게 별다른 배경이나 맥락 설명 없이, 즉 선거의 의미나 의의에 대한 언급 없이 제시되는 학습 문제와 학습 활동으로 인해 왜 선거에 대해서 배워야 하는지, 선거가 민주주의에서 어떤 의미가 있는 정치과정인지에 대한 분명한 관점이 제시되지 않았다.

② 전개

↘ 본시학습 1

본시학습 단계에서, b 교사는 우선 선거 과정 중 가장 먼저 이루어지는 후보자 등록 단계를 사전에 일부 학생들과 함께 찍은 사진으로 보여주었다. 이와 관련해서 학생들에게 한두 가지 질문을 하였는데, 그중에서도 후보자들이 후보자 등록을 어디에 가서 했는지를 중요하게 물었다. 이에 대해서 학생들은 "선거관리위원회" "공정선거관리위원회" "중앙선거관리위원회" 등으로 답하였다.

후보자 등록 단계에 이어서, 후보자로 선정된 학생들이 나와서 10분 토론을 진행하였다. 10분 토론은 입후보한 학생들이 2분 동안 정치 공약을 각자 발표하고, 후보자 간에 토론을 하고, 다른 학생들의 질문을 받는 방식으로 진행하였다. 후보자로 선정된 학생들은 각자 자신의 정치 공약을 발표하였는데, 주로 학급 관련 내용들이 많았다. 국회의원 선거라고 했는데, 별다른 배경 설명 없이 학급 상황으로 설정되어 수업이 진행되었다.

이어서 학생들 사이에 토론이 이루어졌는데, 주로 학급 생활과 관련해서 생기는 문제들, 예를 들어 개인주의, 왕따 등의 문제에 대해서 각 후보자들이 어떤 의견을 갖고 있는지에 대한 토론이었다. 학생들은 비교적 자신의 생각을 분명하게 발표했고, 듣는 학생들도 자신들의 일상과 관련된 일이기 때문에 관심 있게 경청하였다.

그러나 사실상 이날 수업에서 선거와 관련해서 새로운 학습이 이루어진 것은 아니었다. 단지 평소 학생들이 갖고 있는 생각이나 의견을 자유롭게 발표하고 소통하는 장이 되었다. 학생들은 진행 순서나 절차에 따라 자신의 의견을 피력하고, 질문하고, 토론하였다. 이 과정에서 선거의 의미나 과정보다는 평소 학생들이 갖고 있는 생각이나 의견이 주가 되면서, 수업은 선거에 대한 학습이 아니라 학급 회의, 혹은 학급 대표자 회의의 성격으로 흘러갔다.

교사가 과연 모의 선거를 통해서 학생들에게 무엇을 가르칠 것인지에 대한 분명한 인식이 있었는지가 궁금해졌다. 단순히 학급 상황을 전제로 한 모의 선거 활동을 해 보는 것 자체에 의의를 두고 있었는지, 아니면 이러한 과정을 통해서 정치의 핵심적인 과정인 선거의 의의, 필요성, 의미 등을 배우도록 기획했는지 궁금해졌다. 관찰자 입장에서는 후자보다는 전자, 즉 내용보다는 활동 그 자체에 초점이 맞추어진 수업이 아닌가 하는 생각이 들었다.

이어서 선거운동 차원에서 후보자를 지지하는 당원의 발표가 있었는데, 이러한 발표는 후보자의 정견 발표처럼 학생들이 평소 친구인 후보자의 됨됨이에 대해서 생각하고 있던 바를 이야기하는 방식으로 이루어졌다. 그래서 자신이 왜 그 후보자를 지지하는지에 대해서 발표하는 과정에서 주로 후보자의 성품이나 평소 생활 모습에 초점이 맞추어졌고, 그들이 발표한 정치 공약의 내용이나 실현 가능성에 대한 언급은 별로 없었다. 이는 평소 우리나라 사람들이 정치 공약보다는 인물에 초점을 두고 투표하는 풍토에 영향을 받은 것 같기도 하고, 국회의원 모의 선거를 학급 상황에 맞춘 수업 기획으로 인해 정치 공약 내용 자체가 별반 의미가 없어진 데서 기인하는 것 같기도 하였다.

선거는 훌륭한 인물을 뽑는 것이기도 하지만, 자신의 의사나 이해관계를 반영하는 대표자를 뽑는 과정이기 때문에, 자신의 생각과 후보자의 생각이 어떻게 같고 다른지, 그리고 어떤 생각이 우리나라의 시대적 상황에서 맞는지에 대한 검토와 고민이 필요한데, 결과적으로 이날 수업에서 진행된 모의 선거는 사실상 인물 투표, 인기투표의 성격을 띠었다.

↘ 본시학습 2

본시학습의 두 번째 단계로 투표가 이루어졌다. 투표는 우리나라 선거제도를 반영하여 1인 2표제로 지지 정당과 지지 후보를 뽑는 두 가지 투표용지에 기표하도록 하였다. 그리고 투표소와 투표함도 실제 투표하는 곳과 유사하게 설치하였다. 학생들은 차례대로 나와서 자신이 지지하는 후보와 정당에 투표하였다.

학생들은 이러한 모의 투표 활동을 통해서 성인이 되어서 하게 될 투표를 미리 경험할 수 있었다. b 교사의 꼼꼼한 수업 준비로 인해 학생들은 성인들이 하는 투표와 매우 유사한 방식으로 투표를 했고, 이로 인해 학생들은 모의 활동이지만 매우 현실에 가까운 경험을 할 수 있었다. 그러나 절차적인 부분에 대한 설명을 제외하고, 특별한 배경 설명이나 이유 없이 투표가 진행되어서, 학생들이 평소 학급 대표와 학생 대표를 뽑기 위해 투표하는 것과 정치 단원 수업 시간에 선거에 대해 배우면서 투표를 하는 것이 어떻게 다른지 하는 의문이 들었다.

이어서 b 교사는 일부 학생들에게 개표 작업을 하도록 안내하고, 학생들에게 투표에 참여한 소감을 발표하도록 하였다. 학생들은 주로“즐거웠다.", "후보자로 부끄러웠다(떨렸다)." 등 감정적인 느낌을 주로 이야기하였고, 선거의 중요성이나 투표의 의의에 대한 이야기는 별로 없었다. 다만 b 교사가 학생들로 하여금 왜 앞에 나와서 한 명씩 투표했는지를 물으면서 학생들에게 민주 선거의 4대 원칙에 대해서 질문하고, 사진이나 그림을 보여 주면서 어떤 선거 원칙인지를 묻는 부분은 인상적이었다.

다만 어떤 개념이나 원칙을 설명할 때는 역사적 배경이나 현실적 이유, 그렇지 않았을 때 생기는 문제점 등을 함께 이야기하는 것이 필요한데, 왜 그런 선거 원칙이 생겨났는지, 그런 선거 원칙을 지키지 않았을 때 어떤 문제가 발생하는지에 대한 배경 설명 없이 이루어진 관계로, 학생들은 민주 선거의 원칙에 대해서 체계적으로 고민할 수 있는 기회는 가질 수 없었다. 또한 학생들이 사전에 4대 원칙을 이미 알고 있다는 전제하에 이루어진 b 교사의 질문은 다소 문제가 있었다.

③ 정리

이 수업의 마무리 활동으로, b 교사는 개표 결과를 발표하였고, 당선된 후보자(지역대표)와 지지 정당 대표(비례대표)에게 당선증을 주고, 학생들에게 오늘 수업을 한 소감에 대해서 질문하였는데, "인기가 많아야 한다.", "말을 잘해야 한다." 등 오늘 배운 선거나 선거 원칙과는 무관한 이야기들이 주를 이루었다. 끝으로 교사는 오늘 수업 내용을 요약 정리하는 것으로 수업을 마무리하였다. 경력 교사의 군더더기가 없는 수업이었지만, 국회나 선거라는 학습 내용과 관련해서는 아쉬움이 남는 수업이었다.

(2) 10월 7일 수업

10월 7일 수업은 b 교사가 '나라 살림을 맡아 하는 행정부'라는 단원을 학생들에게 가르치는 내용이었다. 수업 시간은 3교시로 10시 40분부터 11시 20분까지 이루어졌다.

① 도입

b 교사는 새로운 주소 체계와 관련된 공익 광고를 보여 주고, 광고가 어떤 행정 부서에 만든 것인지 고민하게 하는 것으로 수업을 시작하였다. 학생들의 여러 가지 답변이 나왔는데, 광고의 뒷부분을 마저 보여 주면서, 행정안전부가 어떤 곳이며, 왜 새로운 주소 체계를 만들었는지에 대해서 이야기하였다.

이어서 b 교사는 "국무회의의 구성과 각 부처에서 하는 일을 알아보자."라는 학습 문제를 제시하고, 행정 각부의 조직도를 보여 주는 것으로 본시학습을 안내하였다. 이 과정에서 행정부가 전반적으로 어떤 일을 하고 있는지에 대해서 학생들에게 질문하였고, 지난 시간에 배웠던 대통령과 국무총리에 대해서도 질문하였다. 이때 행정 각부의 명칭을 일단 감추었다.

② 전개

↘ 본시학습 1

본시학습은 학생들이 행정 각부에 대해서 조사한 내용을 발표하는 활동이 주를 이루었는데, 학생들은 조직도상의 번호를 선택해서, 나오는 부서에 대해서 사전에 조사한 내용을 발표하였다. 학생들이 조사한 내용을 먼저 발표하고, 이어서 교사가 자료를 통해서 해당 부서에서 하는 일을 추가로 설명하였다. 이러한 방식으로 기획재정부, 지식경제부 등의 순서로 학생들의 발표와 교사의 설명이 이루어졌다.

b 교사는 학생들이 조사한 내용을 그대로 읽자, 각자 조사한 내용을

그대로 읽지 말고 간추려서 자신의 말로 표현하도록 안내하였다. 그러나 대부분의 학생들은 조사한 내용을 그대로 읽거나, 자신의 말로 표현하더라도 부서 명칭과 동어 반복적인 용어를 사용하여 발표하였다. 학생들이 사전에 조사한 내용을 충분히 이해하지 못한 채 읽는 것이 반복되자, b교사는 학생들로 하여금 자신의 말로 발표할 것을 재차 강조하였다.

이런 방식으로 15개의 각부에서 어떤 일을 하는지를 발표하는 과정에서 같은 질문과 같은 방식의 발표가 진행되면서 수업 진행이 조금 지루해지는 경향을 보였다. 학생들은 자신이 조사한 내용을 곁눈질하는 동시에 읽지 않는 것처럼 보이려고 노력하면서 계속 발표를 하였다.

과연 이 수업에서 학생들이 행정 각부의 명칭과 하는 일을 조사해서 읽는 것 이외에 다른 대안이 없는지 궁금했다. 학생들에게 부서를 조금 나누어 조사하게 하거나, 행정 각부의 명칭이나 내용은 교사가 설명하고, 학생들로 하여금 각자 대통령이 되어서 자신이 생각하는 나랏일을 나누어서 부서를 만들어 보도록 하는 등 부서 명칭이나 내용이 아니라 행정부의 일에는 어떤 종류와 유형이 있는지를 알고, 그러한 일을 하기 위해서 어떻게 정부 기관을 구성하는 것이 효과적인지에 대해서 고민하도록 안내하는 것이 필요해 보였다. 이때 다른 나라의 행정 부서와도 비교해 봄으로써 우리나라 행정 각부의 역할 분담이 절대적인 것이 아니라는 것을 학생들에게 인식시키는 것도 필요해 보였다.

행정 각부에 대한 발표와 설명이 끝나자, 2처와 18청에 대한 학습이 이루어졌는데, 2처와 18청이 어떤 부서와 관련되는지를 학생들에게 질문하였다. 앞에서 언급한 바와 같이 b 교사는 학생들이 이미 사전에 알고 있다는 전제하에 질문하였다. 몇몇 학생들이 앞으로 나와 칠판에 자료로 제시된 정부 조직도의 국무총리와 행정 각부 밑에 (책에 있는 내용을 참고해서) 2처와 18청을 배치하였다.

b 교사가 스스로 이날 수업에서 인정하다시피, 학생들이 '행정 각부에

서 하는 일'을 어려운 용어 그대로 조사해서 발표하는 것으로 충분한 학습이 이루어졌다고 보기 어려웠다.

↘ 본시학습 2

b 교사는 이렇게 발표한 것만으로 불충분하다고 하면서, 무엇을 통해서 행정 각부에 대해서 더 잘 알 수 있는지를 학생들에게 질문하였고, 학생들은 "장관 면담" "인터넷" "TV" "백과사전" "신문" 등을 통해서 알 수 있다고 답하였다.

b 교사는 특히 신문을 통해서 행정 각부에 대해서 잘 알 수 있다고 하면서, 유류세, 물가상승 등과 관련된 정부 부처를 물었고, 학생들은 "기획재정부"라고 답하였다. 이어서 수능 성적 공개, 자율형 사립고 등과 관련된 정부 부처를 물었고, 학생들은 "교육과학기술부"라고 답하였다. 이어서 교육과학기술부가 국제중 설립 승인을 한다는 TV 뉴스를 보여 주었다.

b 교사는 자신이 미리 스크랩한 것을 보여 주면서, 학생들에게 준비해 온 신문 기사를 스크랩하고 관련 부서를 적도록 안내하였다. 학생들은 자리 배치를 모둠 형태로 바꾸고, 행정 각부와 관련된 신문 기사를 찾아 스크랩하고, 해당 부서 명칭을 그 아래 붙이는 활동을 통해서 행정 각부가 우리 일상생활과 밀접하게 관련된다는 것을 확인하였다.

교사의 안내로 학생들은 모둠별로 자유롭게 이야기하면서 신문 기사 내용을 확인하였고, 신문 기사에 해당되는 부서를 대응시키는 활동을 하였다. 이어서 모둠 중에 한 명씩을 지정하여 해당 부서를 말하고 기사 내용을 설명하도록 하였다. 이 활동은 이날 수업의 백미였다. 그러나 과연 어려운 용어로 이루어진 행정 각부에 대한 발표와 설명 뒤에 이러한 활동을 배치한 수업 기획에 대해서는 재고가 필요해 보였다. 오히려 이 활동이 먼저 이루어지고, 사후에 행정 각부에 대한 설명을 하는 것이 학습의 순서상 더 효과적이지 않을까 하는 생각이 들었다.

③ 정리

이날 수업의 마무리로, b 교사는 학생들에게 좀 더 알고 싶은 부서가 있었는지를 질문하였고, 왜 부서에 대해서 더 알고 싶은지에 대해서 발표하도록 하였다. 또 왜 행정부에 대해서 관심을 가져야 하는지에 대해서 학생들에게 질문하였고, 학생들은 "국가의 살림을 맡아 하는 곳이기 때문에" "국민의 의견이 반영되어야 하기 때문에" 관심을 가져야 한다고 답하였다. b 교사는 이러한 행정 각부에서 하는 일이 우리 생활과 직접적으로 관련되는 일임을 주지하면서 다음 시간에 배울 법원에 대해서 잠시 언급하는 것으로 수업을 마쳤다.

(3) 종합 논의

a 교사와 마찬가지로 b 교사의 정치 단원 수업에서는 내용적 지식보다는 절차적 지식, 내용보다는 활동이 주를 이루었다. 그 결과 a 교사의 수업과 마찬가지로 b 교사의 수업에서도 정치 내용보다는 수업에서 이루어지는 활동이 부각되고 있었다.

특히 9월 29일 수업에서는 주로 선거의 과정과 투표 절차를 수행하는 것에 초점이 맞추어져서 왜 선거를 하며, 왜 그런 선거 원칙을 지켜야 하는지에 대한 충분한 학습이 이루어지지 못하였다. 특히 학생들이 이미 알고 있다는 전제하에서 질문하고 발표하도록 해서 학생들의 평소 상식을 확인하는 선에서 수업이 이루어졌고, 새로운 지식을 배우거나 고차적 사고를 할 수 있는 기회가 많지 않았다. 물론 선거를 머리가 아니라 몸으로 경험할 수 있도록 수업을 기획한 것은 나름대로 의의가 있다고 할 수 있었다.

10월 7일 수업에서는 행정 각부에 대해서 비교적 상세히 배웠는데, 학생들이 행정 각부에 대해서 사전에 조사한 내용을 발표하는 활동은 어려운 용어로 인해 학생들이 충분히 이해하지 못한 채 진행되었다. 반면에 신문 스크랩을 하면서 해당 부서를 알아보는 활동은 비교적 활발하게 이루어졌고, 학생들이 일상의 구체적인 사례 속에서 행정 각부의 활동을 확인했다는 점에서 교육적으로 매우 의미 있는 활동이었다.

그러나 전반적으로 b 교사의 수업에서 어떤 정치 학습이 이루어졌는지에 대해서는 좀 더 면밀한 검토가 필요해 보인다. 수업 목표나 내용보다는 교수학습 활동 자체에 초점을 둔 나머지, 학생들이 정작 알아야 할 기본 개념이나 원리 등에 대한 학습은 체계적으로 이루어지지 않았을 가능성이 엿보였기 때문이다. 물론 초등학생들에게 활동을 통해서 가르치는 것은 매우 적절하고 의미 있는 일이다. 교사의 질문과 학생 발표 역시 그렇다. 그러나 이유나 근거, 의의나 필요성에 대한 충분한 설명 없이 이루어지는 발표와 활동은 학생들에게 교육적으로 의미 있게 다가가기 어렵다.

a 교사와 마찬가지로 b 교사에게도 민주주의 원리나 정부 기관과 관련된 전반적인 이해과 거시적인 관점이 필요해 보였다. 그리고 그러한 이해와 관점에서 선거와 행정부를 조망하고, 단편적인 내용이 아니라 다른 관련 개념과의 관계 속에서 내용을 설명하고, 활동을 기획하는 노력이 필요해 보였다. 이는 앞에서 지적한 바와 같이 활동 위주로 구성된 교과서 정치 단원의 문제점에서 기인하는 측면도 있다. 그러나 이에 못지않게 교과 내용 지식과 관련해서 초등교사의 전문성 제고가 필요하다는 생각이 들었다. 이미 언급한 바와 같이, 초등 사회 심화 전공에서는 교과교육론 못지않게 정치학 등 교과 내용학에 대한 강조도 병행되어야 하고, 교사 스스로도 교과 내용학 공부에 관심과 시간을 투자해야 할 것이다.

제3장

초등학교 정치 단원 수업, 왜 어려울까

1. 초등교사가 바라본 정치 단원 수업: "이래서 힘들다"
2. 초등학생이 바라본 정치 단원 수업: "이래서 힘들어요"
3. 초등 정치 단원 수업의 딜레마, 어떻게 풀어야 할까

초등학교 정치 단원 수업은 사회과 수업 속에서 이루어진다. 그래서 대부분의 경우에, 특별히 '정치 단원 수업'을 하는 데 있어서의 어려움이 별도로 논의되기보다는 '사회과 수업'의 어려움 속에 묻혀서 크게 부각되지 못할 수 있다. 그러나 정치 단원 수업의 어려움이 곧 사회과 수업을 어렵게 하는 요인의 하나임에는 틀림없다. 그러므로 정치 단원 수업의 어려움을 따로 부각시켜 살펴보는 것은 정치 단원 수업 자체의 개선은 물론이요, 내실 있는 사회과 수업을 위해 꼭 필요한 작업이라고 할 수 있다.

여기서는 초등학교 정치 단원 수업에서 학습 주체들이 겪는 어려움을 크게 두 부분으로 나누어 서술해 보았다. 첫째, 초등교사들이 느끼고 경험하는 어려움으로, 주로 교사들과의 면담을 중심으로 정리하였다. 둘째, 초등학생들이 인식하고 있는 어려움으로, 주로 학생들에게 배포한 질문지 조사 결과를 중심으로 정리하였다.

1 교사가 바라본 정치 단원 수업: "이래서 힘들다"

정치 단원 수업 현상과 관련한 면담에 참여한 초등교사는 서울, 인천, 경기 지역의 교사 8명(여자 5명, 남자 3명)이다. 경력별로는 경력 5년 미만의 초임 교사 2명, 경력 5년 이상 15년 미만의 경력 교사 4명, 경력 15년 이상 경력 교사 2명으로 구성되어 있다. 이후 인용되는 부분에서는 편의상 영문 알파벳으로 각 교사를 구분하였다.

1) 수업 내용적 측면

(1) 정치 관련 용어를 설명하기가 어렵다

초등교사들은 평소에 학생들이 자주 접하지 않는 정치 용어가 교과서에 많이 등장하기 때문에 초등학생들 수준에서는 이해하기 어려운 것들이 많다고 지적한다. 실제로 많은 초등학생들이 사회과를, 그리고 정치 단원을 어려워하는 이유 중의 하나가 바로 용어의 뜻을 잘 알지 못하기 때문이다. 교사들 또한 특정 용어를 쉽게 풀어 설명하는 것에 어려움을 느끼거나 개념 체계를 정립하는 데 혼란을 겪는 경우도 있는 실정이다. 이와 관련하여 I 교사는 다음과 같이 말한다.

> (정치 영역은) 아이들이 지금 당장 접하게 되는 영역도 아니고 교사도 정치 영역에 크게 관심을 갖고 있지 않은 이상은 (정치에 대해) 세세하고 정확하게 알고 있는 건 아니에요. 여 교사의 경우는 좀 더 그런 편이구요. 어떤 날은 정치랑 관계되는 단어들을 하루에도 수십 개씩 배우는데, 그렇게 되면 가르치는 교사나 배우는 아이들이나 뭔가를 배운다는 호기심이나 가르침의 기쁨 같은 것보다는 그 단어들을 외우고 소화시켜야 한다는 부담감이 너무 커요. 그리고 새로운 것들을 계속 배우다 보면 지난 차시에 배운 것이랑 헷갈려하고 혼란스러워서 힘들어하는 모습을 많이 보죠.
>
> −I 교사−

예를 들어, 6학년 사회에 나오는 국회가 하는 일, 행정부 각 부처, 재판의 종류 등을 배울 때는 새로운 용어가 특히 많이 등장한다. 물론 요즘 초등학생들의 어휘력이 부족한 탓도 있겠지만 학습 능력이 뛰어난 학생조차도 이해하기 어려운 내용이 적지 않아 교사가 수업 시간에 용어를 설명하는 것이 매우 벅차게 느껴질 수 있다. 사실상 정치 현상을 처음 접하게 되는 4학년 1학기에 제시되는 시 · 도 의회의 구성표 역시 일반적인 4학년 학생들의 어휘 수준에는 어려운 것으로 보인다. '조례 제정' '예산안 심의 · 확정' '결산의 승인' '공청회' '협의회' '기반 시설' 등과 같은 용어도 4학년들이 이해하기란 쉽지 않다.

결국 익숙하지 않은 용어나 지식이 너무 많이 등장하기 때문에 정치 영역은 외워야 하는 단원, 그래서 어렵고 재미없는 단원으로 학생들에게 받아들여지고 있으며 그러한 학생들에게 정치를 '쉽고 재미있게' 가르치고자 하는 교사들 역시 어려움을 겪을 수밖에 없다. 물론 정치 단원에서 기존에 접하지 않았던 용어들이 등장하는 것 자체는 불가피하다. 이러한 용어들은 해당 차시의 중요한 내용과 관련된 것이므로 학습해야 할 필요성도 분명히 있다. 교과서에서 혹은 정치 단원 수업에서 그러한 용어 자체를 다루어서는 안 된다는 것이 아니라, 학생들의 눈높이에 맞는 일종의 '번역'과 '변환' 과정을 거치는 정치 단원 수업 전략이 모색되어야 교사들이 겪는 이와 같은 어려움이 어느 정도 해소될 수 있을 것이다.

(2) 정치 단원의 내용 자체가 많고 세부적이다

초등학교 4학년, 6학년 사회를 가르쳐 본 경험이 있는 교사들은 정치 단원의 내용 분량이 매우 많고 지나치게 세부적이라고 지적한다. 특히 본격적으로 입법부, 행정부, 사법부의 조직과 역할들이 나오는 6학년의 경우 너무 지엽적이라고 생각될 정도의 내용까지 다루고 있다는 목소리가 높았다. 예를 들어, 교사들이 많이 의존하게 되는 『사회과 탐구』 교과서의 경우 국회의원의 특권과 함께 겸직 금지 의무, 청렴의 의무, 국익 우선의 의무 등 국회의원의 의무에서부터 입법, 예산안 심의, 외국과의 조약체결에 대한 동의 등 국회에서 하는 일, 정기국회 시기와 기간, 임시국회 기간 등 상당수의 초등교사들도 자세히 모르고 있던 내용들이 등장한다는 것이다.

또한, 행정부에 대한 내용에서도 대통령의 의무와 권한에서부터 시작하여 행정부 각 부처에는 무엇이 있고 각각 어떤 역할을 하는지, 국무회의는 무엇인지를 파악하는 수준을 넘어 행정부와 직·간접적으로 관련되는 각종 위원회들까지 망라되어 있다. '행정부'라는 개념과 실체를 처음 접하는 학생들에게 이와 같은 세부적인 접근은 행정부를 흥미와 관심의 대상보다는 복잡하고 어려운 대상으로 느끼게 할 가능성이 높다. 국민의 기본권을 배울 때에도 자유권, 평등권, 사회권, 청구권, 참정권 수준을 넘어 자유권 안에 들어 있는 신체의 자유, 거주 이전의 자유, 종교의 자유, 언론·출판 및 집회·결사의 자유, 근로의 자유 등까지도 함께 배운다. 이 정도의 내용 요소라면 중학교 사회에서 다루는 수준과 큰 차이가 없는 것으로 보인다.

초등교사들은 정치 단원을 가르치면 가르칠수록 더 구체적으로 다 가르쳐야 할 것 같고, 모든 내용이 다 중요한 것 같아서 어떻게 취사선택해야 하며, 어디에서 멈춰야 할지 판단하기가 쉽지 않다고 말한다.

> 마치 아이들이 정치 단원을 처음이자 마지막으로 배우고 중고등학교에서는 다시는 정치 영역을 배우지 않을 것처럼 초등학교 정치 단원에 너무 많은 내용이 들어와 있어요……. (중략) 교사인 저조차도 처음 접하는 것들이 있어요. 정기국회는 언제 며칠간 열리고 임시국회는 어떻게 소집하는지 하는 것까지 다루고 있으니까요.
>
> —I 교사—

특히 『사회과 탐구』 교과서까지 같이 가르치면서 이러한 현상은 더 증폭되는 것으로 보인다. 교사들은 학습량이 많아지게 하는 또 하나의 주된 요인으로 『사회과 탐구』 교과서를 꼽는다. 『사회과 탐구』는 원래 보조 교과서의 성격이 강한데, 실제 수업을 하다 보면 『사회과 탐구』 교과서 내용을 더 많이 다루는 경우가 적지 않다는 것이다.

물론 교과서에 있다고 해서 다 가르칠 것이 아니라, 교사가 선택적으로 지도하면 되지 않느냐고 반문할 수도 있다. 사실 시간이 부족하면 주어진 내용을 다 다룰 것이 아니라 필요한 내용만 골라서 수업을 할 수도 있다. 그러나 초등교사들이 이러한 선택을 쉽게 하지 못하는 이유가 있다. 학교 안팎에서 실시되는 각종 시험을 통해 학생들의 학업 성취도를 평가해야 하기 때문에 교사가 임의로 취사선택하는 것이 현실적으로 쉽지 않다는 점이다. 결국 시간의 압박을 받으면서도 거의 다 가르치게 된다는 것이다.

핑계처럼 들리지는 모르지만 우리가 늘 말하는 '평가(시험을 가리킴)'라는 걸 피해 갈 수가 없어요. 평가는 어떻게 보면 거대한 괴물 같은 거예요. 교과서에 있는 내용 안 가르치고 역할극만 하다가 시험 볼 수는 없잖아요. 아무리 모의 국회, 모의 국무회의 한다고 해도 국회가 하는 일이나 행정부가 하는 일을 안 배우고 역할극만 할 수 있나요?

—D 교사—

정치에 대해 많은 정보를 알아 가는 과정에서 더 정확하고 세련되게 학습하는 방법을 배울 수 있고, 정치에 대해서 아는 만큼 관심을 갖게 되는 것도 사실이다. 그러나 초등학생들이 넉넉하게 소화하기에 벅찰 정도로 정치 관련 내용의 분량이 많고 수준이 높다면, 학생들이 체득하고 내면화하여 일상생활에 적용하기도 전에 정치에 대한 앎 자체에 대해 두려움이나 거부감을 가질 수 있다는 점에서 주의가 필요해 보인다.

(3) 교과서 내용이 학생들의 생활 세계와는 거리가 멀다

초등학교 교사들은 교과서에서 정치 분야가 학습의 흥미를 유발하거나 자발적인 학습 동기 부여가 상대적으로 어려운 내용으로 구성되어 있다는 인식을 전반적으로 가지고 있다. 예를 들어, 시 · 도에서 일어나는 여러 가지 문제를 해결해야 한다는 내용을 다루고 있지만, 그러한 문제 자체가 학생들의 삶과는 별개인 것처럼 그려지고 있다. 4학년 교과서에 제시된 사례들을 보면 주차, 쓰레기 매립장, 일조권 침해 등이 제시되어 있는데 학생들의 일상적 눈높이로 보면 다소 거리가 있는 것들이다.

또한, 6학년 교과서의 민사재판과 형사재판의 사례로 제시되어 있는 이야기도 그러한 문제점을 어느 정도 안고 있다. 예를 들어, 민사재판의 사례로 부동산 문제가 소개되어 있는 것처럼 '재판'에 너무 비중을 두다 보니 정말 재판 거리가 될 만한 다소 무거운 사례들이 제시되어 있는데, 재판 자체보다는 민사나 형사적 '성격'을 지닌 사건에 관심을 기울여 본다면 학생들의 생활 세계에 좀 더 가까운 사례를 찾을 수 있을 것이다. 물론 정치와 관련한 모든 사례에 초등학생이 등장해야 한다거나 학교생활 이야기가 나와야 한다는 것은 아니다. 그와 같이 다소 가깝게 느낄 수 있는 사례들도 병행하여 소개될 필요가 있다는 것이다. 예를 들어, 2장에서도 잠시 언급했던 것처럼 민사 사건의 경우 학생들이 학용품이나 체육복의 소유권을 가지고 다투는 사례를 활용하여 '민사'의 개념을 파악해 볼 수 있을 것이다.

(4) 우리나라의 정치 상황 자체가 비교육적인 측면이 있다

우리나라의 현실 정치 상황이 정치 교육을 바르게 수행하는 데 더욱 어려움을 주는 저해 요소로 작용하는 측면이 있다. 대중매체를 통해 전달되는 정치인의 모습과 제도 정치권의 현실은 정치에 대한 관심을 불러

일으키기보다는 오히려 정치를 기피하고 무관심하게 만드는 경우가 적지 않다. 늘 가까이 접하는 미디어나 학부모와의 상호작용 등으로 인해 초등학생들이 정치에 대해 부정적인 시각이나 거부감을 은연중에 갖게 되는 측면도 있을 것이다. 이 때문에 현재의 정치적 관심 분야와 관련한 과제 제시나 문제 해결을 위한 학습을 수행하는 데 어려움을 겪을 수도 있다.

또한, 교과서에서는 정치와 관련하여 대체로 다소 이상적인 상황, 이념형적인 모습을 주로 이야기하고 있다. 국회는 국민의 의사를 대신하여 입법 활동을 하고, 행정부는 국민을 위해 일하고, 법원은 공정한 재판을 한다고 배우는데, 실제로 학생들은 격렬하게 다투는 국회의원들의 모습, 행정부나 법원에 의해 억울한 피해자가 생기는 모습 등을 언론을 통해 접하게 되는 경우도 많다. 또한, 교과서에서는 정치 참여나 시민 참여의 당위성과 방법에 대해 가르치지만, 실제로는 적극적으로 참여하는 사람이 불이익을 받을 수도 있다는 사실을 인식하는 학생들도 있다. 이러한 경우에 학생들은 수업 내용과 일상생활 사이의 괴리를 강하게 느끼면서 정치 단원 수업에서 다룬 내용을 내면화하지 못할 수 있다.

아이들이 정치에 대해서 교실에서 알게 된 것만 알고 있다고 생각하면 착각이에요. 다 다르긴 하지만 어떤 애들은 책(사회 교과서)에서 배우는 것보다 훨씬 많은 걸 이미 알고 있어요. 인터넷을 그만큼 많이 하니까요. 그런 경우에 현실과 이상의 괴리를 안 느낄 수가 없죠. 그런 데서(인터넷에서) 하도 정치인 욕을 많이 하니까 이제 정치인이 꿈인 학생은 없는 거 같아요. 선거 때 TV CF에서나 나오는 꿈일 뿐이죠.

–E 교사–

2) 수업 방법적 측면

(1) 정치 단원 수업에 활용되는 교수・학습 방법이 단조로운 편이다

학습 내용의 과다함은 결국 교수 · 학습 방법의 선택 폭을 좁힌다. 초등학교 교사들은 정치 단원의 한 차시 분량은 사회과의 다른 영역에 비해 훨씬 많다고 어려움을 토로한다. 이에 따라 어떤 차시는 토론하거나 발표할 겨를도 없이 교과서를 읽고 교사 주도의 설명식 수업을 하기에도 벅차다는 것이다. 학생의 입장에서는 시험을 위한 암기식 공부 방법에 의존하게 되고, 교사의 입장에서는 대체로 강의식 수업이나 과제 조사 학습 등을 많이 활용하게 된다. 이렇게 분량이 버거운 상황에서 그때그때 달라지는 정치 단원 내용에 적합한 다양한 교수 · 학습 방법을 선택하기란 쉬운 일이 아니다.

지도서에서는 다양한 수업 방식을 제시하고는 있죠. 근데 그걸 다 해 보는 교사가 과연 있을까요? 저는 없다고 봐요. 앞으로 일제고사 같은 걸 더 많이 보게 되면 진짜…… 초등학교에서도 문제집 푸는 수업을 안 한다는 보장이 없어요. 지금도 (문제풀이) 하는 데가 제법 있을 거예요. 우리 학교는 지금 당장은 문제풀이 수업까지는 아니지만 그래도 제가 혼자서 설명하는 방식으로 많이 하게 돼요. 그렇지 않아도 어려운 내용인데 아이들한테 발표 시킨다고 해도 그 아이들이 알고 발표하는 것도 아니거든요. 그냥 제가 하게 돼요. 그러다 보면 늘 비슷한 수업을 하게 돼요.

–F 교사–

예를 들어, 6학년 사회에서는 국회, 행정부, 법원이 하는 일을 각각 2차시씩 배정하여 지도하게 되어 있는데, 교과서에 제시된 내용을 언급하는 것만으로도 시간이 빠듯하다고 교사들은 지적한다. 교과서에서는 소주제별로 모의 국무회의 열기, 모의 재판 열기, 대통령의 일과표 써 보기 등의 활동을 예시하고 있는데 이런 활동들을 모두 실행하고자 한다면 다른 교과로부터 시간을 빌려 오는 수밖에 없다. 초등학생의 발달 수준을 고려해 볼 때, 체험적이고 실제적인 학습 방법을 다양하게 사용하는 것이 바람직하기는 하지만 수업 현실은 그렇지 못한 것이다.

(2) 교과서에 제시된 교수학습 방법 자체가 난해하거나 실행이 어렵다

현행 교과서의 정치 단원에서는 학습 활동이나 과제만 제시하고 그것을 수행하는 방법을 구체적으로 제시하지 않고 있는 경우가 적지 않다. 예를 들어, 4학년에서 학생들이 시 · 도의 문제를 찾고 해결 방법을 찾아보는 이른바 '자기주도적' 활동으로 시청이나 구청 관계자를 직접 찾아가 인터뷰해 보는 활동이 있는데, 이것은 실제로는 활용이 거의 불가능하다.

> 사회과 수업이니까 시장조사도 해 보고 구청이나 동사무소를 조사해 보는 것도 재미는 있을 거 같아요. 근데 정말로 전국의 모든 초등학교에서 이런 방법으로 수업을 진행한다면 아마 동사무소, 시청 직원들 업무가 마비되겠죠. 외부 손님들 모시고 하는 연구수업 같은 걸 한다면 그런 수업도 한 번 해 볼 수 있을지 몰라도 평소에는 거의 못해요. 거기 직원들도 좋아하겠어요? 바쁜데 애들 보낸다고 학교를 탓하지 않겠어요?
>
> -G 교사-

또한, 초등학생 수준에서 시청에서 하는 일을 조사하도록 하는 것 자체가 쉬운 일이 아니다. 현실적으로 자료 조사 방법이 한정되어 있고, 인터넷이나 도서관을 통해 애써 찾은 자료들도 학생들의 수준에 맞는 친절

한 설명이 없어서 이해하기 어려운 경우가 대부분이기 때문이다. 물론 조사 활동이 갖는 의의는 분명히 있다. 따라서 조사 활동의 효과를 더욱 높이기 위해서는 사전, 사후 학습이 충실히 이루어질 필요가 있다. 교과서의 미흡함을 넘어 교사는 효과적인 정치 학습을 위해 충분한 안내 역할을 한 후, 어느 정도의 기본 골격과 다양한 예시를 제공하여, 학생들이 이를 바탕으로 추가적 심화 활동을 할 수 있는 수업 방식을 취할 필요가 있다.

(3) 개념 설명에 앞선 활동 혹은 개념으로 수렴되지 못하는 활동이 제시되어 있다

정치 단원에서 배워야 할 개념이 충분히, 그리고 정확히 설명되지 않은 채 학생 활동이 제시되는 경우가 적지 않다. 대표적인 사례가 바로 지방자치와 관련된 부분이다. 이후에 제시된 설문 조사에서도 나타나듯이 4학년 학생들은 '지방자치'라는 말의 의미를 잘 알지 못한다. 지방자치가 무엇인지 잘 모르는 학생들에게 사전에 구체적인 설명 없이 교과서 본문의 제목과 내용에서, 또는 관련 활동에서 너무나 자연스럽게 지방자치라는 말이 수차례 등장하고 있다.

> 갑자기 지방자치라는 단어가 교과서 여기저기서 나오니까 지방자치라는 말을 내가 언제 가르쳤던가……. 마치 가르쳤던 것 같은 착각이 들어요. 근데 사실 그런 거 설명한 적 없거든요. 근데 교과서에서는 '지방자치' 설명도 안 해 주고 활동이 먼저 제시되는 거죠. 시의회 의원을 뽑는 활동도 마찬가지예요. 시의회가 뭐 하는 곳인지도 잘 모르는 상태에서 선거 활동부터 해 봐요. 차라리 국회라면 또 모르겠어요. 아이들이 그나마 국회를 알면 조금이라도 더 알지 시의회라는 게 뭔지 얼마나 알겠어요? 4학년들이…….
>
> –H 교사–

실제로 4학년에서는 학생들이 의회에 대한 개념이 없는 상태에서 시의원을 선출하는 내용이 등장하고 있다. 시의원을 선출하는 과정을 먼저 알고 난 후에 시 · 도 의회가 하는 일을 공부하게 되어 있다. 이것 역시 학습의 흐름이나 개념의 위계 측면에서 보았을 때 순서가 적절하지 못하다고 할 수 있다. 상위-하위 개념에 대한 인지 수준이 학습에 끼치는 영향을 고려해 볼 때, 수업 상황에서는 개념과 활동의 관련성 및 순서를 대폭 재구성하는 노력이 필요할 것이다.

2 학생이 바라본 정치 단원 수업: "이래서 힘들어요"

초등학생들이 정치 단원 수업을 받으면서 경험하는 어려움을 파악하려고 인천 지역의 초등학교 4개교의 학생들 200명(4학년 100명, 6학년 100명)을 대상으로 4학년과 6학년 정치 단원에 나오는 내용에 대해 서술해 보도록 하였다. 학생들의 답변 내용은 아래에 표로 정리되어 있다.

여기에서는 학생들이 정치 단원의 주요 내용에 대해 이해하고 있는지에 대한 단면을 파악하는 것이 목적이므로 가급적 답변을 종합하여 제시하되, 그에 대한 빈도는 제시하지 않았다. 답변은 A와 B라는 셀로 나뉘어 있는데, 음영으로 처리된 B는 상대적으로 개념에 대한 정의 혹은 맥락적 의미에 더 가깝다고 판단된 것들을 모아 놓은 것이고 A는 그렇지 못한 답변들을 정리한 것이다. 전반적으로 A에 해당하는 답변의 수가 B에 비해 훨씬 많았다.

1) 4학년

(1) 다음 용어의 뜻을 설명해 보세요

〈표 3-1〉 '지방자치'의 의미에 대한 학생들의 답변

용어	구분	학생들의 답변
지방자치	A	• 시민들의 모임 • 민간 단체에서 만든 지방자치 • 여러 사람이 모여서 봉사를 하는 것 • 지방을 대표하는 단체 • 지방에 있는 사람들이 모여 있는 것 • 공공 시설물을 지을 때 돈을 걷는 것 • 지방을 발전시키는 단체 • 그 지방의 시민들이 모인 단체 • ① 수도권에 집중된 국가에서 다른 지방에 시청이나 군청을 만들어 주는 것 • ② 수도권에 집중된 국가는 멀리 있는 지방을 못 다스리기 때문에 지방에서 다스림 • 필요한 시설을 지방에 설치함 • 지방에서 국가의 통치를 받지 않고 그 지역에서 통치함 • 지방의 봉사 단체 • 어떤 땅을 차지함 • ③ 각 지방의 동사무소 • 지방에 있는 부녀회, 자율방범대 등처럼 어떤 목적을 위해 있는 단체 • 지방에서 어려운 사람 돕기
	B	• 지방의 일을 관리하는 것 • 각 지방의 일을 자기 지방이 알아서 하는 것 • ④ 스스로 지방을 다스림 • ⑤ 각 지방에서 그 지역에 대한 업무를 관리하는 것

4학년 학생들은 지방자치에 대한 정확한 '개념'보다는 일상 속에서 접한 일종의 '이미지'를 많이 가지고 있는 것으로 보인다. B의 ④와 같이

지방자치의 말뜻을 그대로 풀이한 경우도 있고, B의 ⑤와 같이 대체로 본래의 의미에 가깝게 이해하고 있는 학생들도 있지만, 응답한 학생들 대다수는 A에 있는 내용을 많이 적었다. 이를 통해 학생들은 지방자치라는 것이 '지역' '지방'과 관계된 것이라는 것은 어렴풋이 알고 있는데 비해, '자치'의 의미에 대해서는 제대로 이해하지 못하고 있음을 알 수 있다.

A의 답변 내용을 좀 더 자세히 살펴보면, ①과 ②와 같은 답변에서는 지방자치를 '중앙'과 '지방'을 대비시키면서 이해하고 있음을 알 수 있다. 즉, 지방자치는 수도권에는 해당되지 않고, 비수도권 지역에만 해당되는 것으로 파악하고 있는 것이다. 또한, ③과 같이 지역에서 비교적 쉽게 접할 수 있는 기관과 관계하여 이해하는 경우도 있었다. 이것 역시 지방자치의 전체적인 의미보다는 부분적이고 특정한 사례와 관련지어 지방자치를 이미지화하고 있다고 볼 수 있다.

〈표 3-2〉 '지방자치단체장'의 의미에 대한 학생들의 답변

용어	구분	학생들의 설명
지방자치 단체장	A	• 지방의 봉사 단체 • 지방자치를 만든 사람 • 지방에 있는 사람들의 대표 • 지방을 위해 일함 • ① 국가에서 내려온 명령이 아닌, 자신의 의견과 다른 사람의 의견으로 지역을 이끄는 사람 • 여러 사람이 모여서 하는 모임 중 높은 사람
	B	• 각 지방의 지도자 • 지방자치단체에서 제일 높은 사람 • 지방자치를 하는 단체의 대장 • 지방을 이끌고 책임을 지는 사람

지방자치의 개념으로부터 지방자치단체장과 지방의회는 자연스럽게

연결되고 파생될 수 있다. 4학년 학생들은 지방자치단체장에 대해 '장(長)'이라는 단어에서 느껴지는 어떤 '지도자' '어른' '높은 사람' 등의 이미지를 가지고 있는 것으로 보인다. 그러나 앞서 '지방자치' 개념과 마찬가지로 학생들은 '자치'의 의미에 대해서는 상대적으로 무게를 두지 않는 편이다. A의 ①의 답변 속에는 지방자치단체장이 국가(중앙정부)에서 파견된 사람이 아니라는 점을 어느 정도 이해하고 있음이 나타나 있지만, 그 외의 답변에서는 대체로 그러한 의미가 드러나지 않고 있다.

〈표 3-3〉 '지방의회'의 의미에 대한 학생들의 답변

용어	구분	학생들의 설명
지방의회	A	• 각 지방의 군청, 시청 • 지방을 관리하는 제도 • 지방에 있는 사람들이 모여 회의를 하는 것 • 지방자치단체에 가입한 사람들과 회의를 하는 것 • 지방자치하는 사람들과 의논하는 것 • 지방에 권력이 있는 사람들이 모여 지방의 일을 의논하는 공동체 • 각 지방의 대표들이 회의하는 곳 • ① 지방자치단체장들이 모여서 회의하고 토론하는 곳 • ② 지방에서 치료해 주는 곳
	B	• 지방에 도움이 되는 일을 회의하는 곳 • 지방의 의원들이 회의하는 곳 • 자치단체에서 낸 의견과 만들 시설에 들어가는 예산을 심의함

4학년 학생들의 대다수는 지방의회에 대해 '지방(의 일)에 대해 회의하는 곳'이라고 이해하고 있었다. 그것은 아마도 '의회(議會)'라는 표현이 학생들에게 쉽게 '회의(會議)'를 연상시키기 때문인 것으로 보인다. 물론 지방의회에서 회의를 많이 하지만, 회의 자체가 목적이거나 주된 역할이 아니라 사실 그것은 지방의회의 업무를 수행하기 위한 수단이자 과정에

해당하는 것이므로 지방의회에 대한 보다 정확한 이해가 필요하다. 또한, A의 ①과 같이 지방의회를 지방자치단체장들의 회의라고 하여 이에 대한 명백한 오개념을 가지고 있는 학생들도 있었다.

한편, A의 ②와 같이 지방에서 치료해 주는 곳이라고 하는 답변도 있었는데, 이것은 지방의회에 소속된 의원에 대해 공부하면서, '의원(議員)'과 '의원(醫院)'을 혼동한 것으로 보인다. 이것은 그만큼 초등학교에서 용어 풀이나 본문 설명 부분이 취약하다는 것을 드러내 주는 사례다.

(2) 다음 기관이 하는 일을 적어 보세요

〈표 3-4〉 '인천시의회'의 역할에 대한 학생들의 답변

기관	구분	학생들의 답변
인천시 의회	A	• 인천을 관리함 • 인천을 위해 일하는 곳 • 인천 사람들이 회의함 • 인천 사람들이 회의를 하는 곳 • 설문 조사 • 어떤 문제를 다수결로 결정하는 곳 • 어떤 문제에 대해 결정함 • 인천에 만들 시설과 계획을 점검함 • 의사결정하고 회의하여 쓰레기장 건설함 • 인천시장을 비롯하여 인천시청의 사람들과 시민 단체가 여는 회의
	B	• ① 인천시청을 감시하는 곳 • 인천시에서 발생한 일을 예산에 맞게 결정해 줌 • 동네의 대표인데 다수결로 결정하는 곳 • ② 회의하는 곳 • ③ 회의해서 결정하는 것 • ④ 어떤 문제를 가지고 의사결정을 하는 곳

4학년 학생들은 인천시의회와 인천시청이 하는 일을 구분하지 못하는 경우가 대부분이었다. 막연하게 인천을 위해 일하는 곳이라는 이미지를 가지고 있는 경우가 매우 많았다. 인천시의회의 역할에 대해 비교적 정확히 알고 있는 학생들의 경우에는 인천시청과의 관계 속에서 그 역할을 구분하고 있었다. 예를 들어, B의 ①과 같이 인천시청이 제대로 일하고 있는지 감시한다고 하는 내용이나 ②, ③, ④처럼 그 자체만으로는 인천시의회의 부분적 특성에 그치지만, 인천시청과의 역할에 대해 쓴 것과 비교하여 보았을 때는 학생들이 인천시의회에 대해 어느 정도는 이해하고 있음을 알 수 있는 답변들도 있었다. 이러한 답변들은 〈표 3−5〉에 제

〈표 3−5〉 '인천시청'의 역할에 대한 학생들의 답변

기관	구분	학생들의 답변
인천시청	A	• 인천시민들이 원하는 것을 만들어 주는 곳 • 인천시민들의 부탁을 들어주는 곳 • 시민들의 의견을 반영하여 더 좋은 시를 만드는 곳 • 학교 보내기 • 인천시를 관리한다. • 도로 건설 • 다수결로 선택한 것을 권하는 곳 • ① 인천의 법을 만들고 시민 단체를 운영하는 곳 • 철거를 도와줌
	B	• ② 행동하는 곳 • 민원 서류 발급 • ③ 인천시의회에서 결정한 것에 돈을 쓰고 일을 하는 곳 • ④ 그 문제에 대해 운영하는 곳 • 인천시민들의 불편한 점을 해결해 주는 것 • 시의회에서 만든 쓰레기장을 관리함 • 민원, 보건, 도시 등을 관리함 • 인천시의 살림과 경제를 돌보고 있는 청 • 세금을 걷는다.

시되어 있는 인천시청의 역할에 대한 답변 B의 ②, ③, ④와 대구를 이루고 있다. 일부 학생들은 어렴풋이나마 인천시의회를 일종의 '의결기구'로, 인천시청을 '집행기구' 정도로 파악하고 있었다.

대체로 학생들은 인천시청이 인천을 위해 일하고 주민들의 불편을 해소해 주는 정도의 일을 하고 있는 것으로 이해하고 있었다. 물론 A의 ①과 같이 인천시청에 대한 명백한 오개념을 가지고 있는 경우도 있었다.

B의 ②, ③, ④는 〈표 3-4〉에 제시한 인천시의회의 ②, ③, ④와 나란히 보았을 때 보다 정확히 이해될 수 있다. 예를 들어, 인천시청만을 놓고 '행동하는 곳' '일하는 곳' '운영하는 곳'이라고 제시하면 그 의미가 잘 와 닿지 않지만, 인천시의회를 '회의하는 곳' '의사결정 하는 곳' 등과 같이 제시한 후에 양자를 비교해 보면 어느 정도 의회와 시청을 구분하고 있다는 것을 알 수 있다.

〈표 3-6〉 '시민 단체'의 역할에 대한 학생들의 답변

기관	구분	학생들의 답변
시민 단체	A	• ① 사람들의 취미에 따라 여러 가지 단체로 나누어 취미 활동을 하는 것 • 사람들을 모음 • 자신의 소질을 계발하기 위해 십자수, 바둑 등을 한다. • 봉사 활동이나 취미 활동으로 보람을 느끼는 단체 • 특기를 키우는 곳 • ② 한 지방 사람들이 모여서 그 지방의 간단한 일을 해결하는 단체 • 자기 시 · 도의 잘못된 일을 바로잡음
	B	• 봉사 활동 • 환경오염 신고 • 경제 비리 잡아냄 • 불우 이웃 돕기 • 환경에 관련된 것을 잡아내는 것

		• 시민들이 나라를 위해 일함 • 정치에 대해 나쁜 짓을 하는 사람을 알아냄 • ③ 시민들이 나라 대신 못된 짓을 잡아내는 것 • 나라에서 잘못하는 것을 시민들이 바로잡아 주는 것 • 강에 폐수를 버리거나 분리수거를 안 하는 사람을 감시하는 단체 • ④ 국가가 아닌 시민이 만든 단체 • ⑤ 시민들이 모여 군청이나 시청에 항의하거나 나라에게 요구한다. • 뜻이 있거나 무엇을 반대하는 시민들이 있는 단체 • 강력한 반대를 할 때 있는 사람들 • 어떤 목적을 가지고 시민들끼리 만든 단체

조사에 응한 4학년 학생들의 다수는 시민 단체를 취미 활동이나 특기를 개발하는 데 기여하는 단체로 인식하고 있었다. 위의 표에 나타난 응답 사례로만 보면 B에 해당하는 것이 더 많지만, 원 자료에는 A에 해당하는 내용과 중복되는 답변이 압도적으로 많았다. 예를 들어 A의 ①과 같이 이해하는 경우가 다수 있었다. 이러한 인식은 뒤에 제시되어 있는, 자신이 알고 있는 시민 단체의 이름에 대한 답변에도 그대로 영향을 주었다.

한편, 4학년 교과서에는 시민 단체의 활동 범위를 '지역'으로 한정해 놓은 정의가 제시되어 있다. 이에 따라 A의 ②와 같이 인식하고 있는 학생들도 일부 있었다. 또한, B의 ③, ④와 같이 시민 단체의 공익적인 성격, 자발적인 성격을 파악하고 있는 학생들도 있었으나 그 수는 많지 않았다. 그리고 ⑤처럼 시민 단체를 대체로 중앙정부나 지방정부에게 항의하고 반대하는 성격을 띠는 것으로 이해하는 경우도 나타났다.

(3) 자신이 알고 있는 시민 단체의 이름을 적어 보세요

〈표 3-7〉 '시민 단체 이름'에 대한 학생들의 답변

	구분	학생들의 답변
시민 단체 이름	A	• 노동조합 • 과학 환경동아리 • 스카우트 • ① 부녀회 • ② 꽃꽂이회 • ③ 조기축구회 • ④ 녹색어머니회 • 환경미화원 • 자율 방범대 • ⑤ 요리동호회 • ⑥ 한나라당 • ⑦ 인천시의회, 서울시의회, 경기도의회, 전라도의회, 강원도의회 • 지방자치단체
	B	• 경실련 • 녹색연합

시민 단체의 이름을 정확히 쓴 경우는 극히 드물었다. B에 제시되어 있는 것처럼 고유명사가 제시된 것은 단 2개에 불과했다. 그리고 대다수의 학생들은 A의 ①, ②, ③, ④, ⑤처럼 취미 활동, 봉사 활동, 동호회 등을 시민 단체로 혼동하고 있었다. 또한 ⑥과 같이 정당이나 ⑦과 같이 지방의회와 구분하지 못하는 경우도 있었다.

(4) 4학년 정치 단원 수업에 대해 다음과 같이 구분하여 적어 보세요

〈표 3-8〉 4학년 정치 단원 수업에 대한 학생들의 반응

구분	내용
재미있었거나 특별히 기억나는 내용	• 우리나라에 광역시가 여러 개 있는데 인천이 그중 하나라는 것 • 시청에서 하는 일 • 기억 안 남 • 없음
어렵거나 힘들었던 내용	• 특별시, 광역시, 시, 도, 의회가 하는 일을 배웠는데 이해가 안 가고 헷갈린다. • 광역시 이름 외우기 • 지방자치단체 종류 외우기 • 단어의 뜻 • 외우는 게 어렵다. • 시민 단체 이름 • 다 어렵다. • 기억 안 남 • 없음

4학년 학생들은 정치 단원에 대해 흥미를 많이 가지고 있지 못한 편이었으며, 주로 느끼는 어려움으로는 용어의 뜻과 암기할 내용이 많다는 점을 제시하고 있었다. 지방자치라는 개념 자체가 생소할 뿐 아니라, 그것이 지방자치단체, 지방의회, 기초 및 광역자치단체, 기초 및 광역의회 등으로 구분되는 모습이 교과서에 제시되고 있기 때문에 학생들이 특히 어려움을 느끼는 것으로 보인다.

2) 6학년

(1) 다음 용어의 뜻을 설명해 보세요

〈표 3-9〉 '정치'의 의미에 대한 학생들의 답변

용어	구분	학생들의 답변
정치	A	• 이야기를 통해 서로 편한 방법을 실현하는 방법 • 법을 통해 의견 차이를 좁힘 • 토론을 통해 나라를 다스림 • ① 대통령, 국회의원을 뽑는 것 • ② 나라를 다스리는 것
	B	• 의견 차이를 좁혀 가며 해결 방안을 찾아내는 것 • 모두에게 이로운 일을 만들어 내는 것 • 사람들 간에 토의를 해 새로운 방안을 찾아내는 것 • 대화와 타협을 통해 문제를 해결해 가는 것

6학년 학생들 중에는 정치의 의미에 대해 대체로 교과서에서 표현하고 있는 것을 상당 부분 따르고 있는 경우가 많았다. 그리고 정치를 일상적인 상황으로까지 넓혀서 이해하고 있었다. 한편, '정치인' '정치권' 등과 같은 표현이 대체로 기성 정치, 제도권 정치를 가리키고 있기 때문에 학생들의 답변 중에서도 A의 ①, ②와 같이 좁은 의미로 이해하고 있는 사례가 적지 않았다.

한편, 6학년 학생들의 다수는 민주주의에 대해 문자 그대로의 풀이에 충실하게 이해하고 있었다. 또한, 자유와 평등과 같은 민주주의 이념을 통해 설명하는 경우도 있었다. 한편, 소수의 학생들은 A에 제시된 것처럼 민주주의 그 자체를 설명하기보다는 ①과 같이 '~이 아닌 것'과 같은 방식으로 알고 있거나, ②와 같이 부분적인 특성이나 절차로 좁혀서 이해하고 있었다.

〈표 3-10〉 '민주주의'의 의미에 대한 학생들의 답변

용어	구분	학생들의 답변
민주주의	A	• ① 사회주의의 반대말 • ② 다수결의 원칙을 따르는 것 • 민주주의 국가들이 모인 단체 • 문제를 해결하는 것
	B	• 국민이 나라의 주인인 나라 • 국민의 의견을 존중하는 것 • 모든 사람이 평등하다. • 사람들이 자유롭다.

다행히, 학생들은 민주주의라는 개념에 대해서는 다른 개념과 비교할 때 오개념을 상대적으로 적게 가지고 있는 편이었다. 이것은 물론 정치 단원 수업이 적절하게 이루어졌기 때문이기도 하겠지만, 다른 한편으로는 비단 사회과 수업이 아니더라도 타 교과나 일상생활에서도 민주주의라는 용어를 접할 기회가 많이 있었기 때문으로 보인다.

6학년 학생들은 정치 참여의 의미와 방법을 대체로 잘 제시하고 있었다. A의 경우에서 보는 것과 같이 일부 오개념도 나타나고 있었지만, 대

〈표 3-11〉 '정치 참여'의 의미에 대한 학생들의 답변

용어	구분	학생들의 답변
정치 참여	A	• 국민으로서 당연히 해야 하는 것 • 다른 사람과의 의견을 좁히는 일 • 재판을 하거나 의견을 국회에 내는 것
	B	• 정치에 관심을 갖는다. • 나라의 정책에 영향을 미치는 활동을 하는 것 • ① 국민이 정치에 영향을 주기 위해 하는 모든 활동 • ② 대통령 선거, 국회의원 선거 • ③ 시민 단체 참여

체로는 B의 ①과 같이 정치 참여에 대한 포괄적인 의미의 답변부터 ②, ③과 같이 정치 참여의 구체적인 방법이나 유형을 제시하는 답변도 많았다.

〈표 3-12〉 '보통선거'의 의미에 대한 학생들의 답변

용어	구분	학생들의 답변
보통선거	A	• 그냥 하는 선거 • 누구나 투표하는 것 • 만 20세 이상이면 누구나 선거를 할 수 있음 • 일반적으로 하는 선거 • 만 18세가 되면 투표하는 것 • 보통 국민들이 하는 선거
	B	• 19세 이상 누구나 투표하는 것

민주주의 선거의 4대 원칙 중 학생들이 가장 많이 혼동하는 것이 보통선거와 평등선거다. 실제로 보통선거에 대해서는 투표가 가능한 나이를 정확히 모르거나 평등선거의 특성으로 오해하고 있는 답변들이 일부 있었다. 그러나 전체적으로는 보통선거의 의미를 잘 파악하고 있는 편이었다.

평등선거에 대해서도 보통선거의 의미와 혼동하는 경우가 일부 있었으나 전체적으로는 그 의미를 잘 파악하고 있는 편이었다. 이에 대해 면

〈표 3-13〉 '평등선거'의 의미에 대한 학생들의 답변

용어		학생들의 설명
평등선거	A	• 19세 이상이면 누구나 선거하는 것 • 아무나 할 수 있는 선거 • 남녀노소 다 할 수 있는 선거 • 남녀를 차별하지 않는 선거
	B	• 빈곤층이든 부자든 무슨 일을 하든 차별없이 누구나 한 표씩 투표하는 것

〈표 3-14〉 '민사재판'과 '형사재판'의 의미에 대한 학생들의 답변

용어	구분	학생들의 설명
민사 재판	A	• 가정에서 일어나는 일 • ① 사소한 일에 대한 재판 • 말다툼에 대해 하는 재판 • 억울한 사람을 위해 하는 재판 • 법원이 잘못 판결한 것을 부정하기 위해 하는 재판 • 변호사와 검사가 하는 재판 • 변호사가 없는 재판 • 물건을 훔치거나 작은 일에 대한 재판 • 사기를 쳤을 때 받는 재판 • ② 민간인 사이의 일에 대한 재판 • 개인의 무죄로 인해 받는 재판
	B	• 개인의 사사로운 문제로 재판하는 것 • 개인 사이의 사사로운 문제를 해결해 주는 재판
형사 재판	A	• 죄를 지었을 때 받는 재판 • 죄인을 재판하는 일 • 검사가 판결 내리는 것 • 경찰과 개인 간의 재판 • 형사들이 진행하는 재판 • ③ 형사가 원고인 재판 • 경찰과 도둑이 다투었을 때 하는 재판 • 1,000만 원 벌금을 내는 재판 • 물건을 훔쳤을 때 받는 재판 • 변호사가 있는 재판 • ④ 살인을 저질렀을 때 받는 재판
	B	• 다른 사람의 이익을 훔치거나 절도 등의 이유로 재판하는 것 • 검사가 피고에게 거는 재판 • 도둑이나 강도를 잡아 형벌을 내린다. • 살인을 저지르거나 도둑질을 했을 때 받는 재판 • 범죄자를 처벌하고 사회질서를 바로잡기 위한 재판

담에 참여한 초등교사들은 학교 시험에서 선거에 관한 문제가 나오면 보통선거와 평등선거를 구분하는 문제, 대통령이나 국회의원의 임기를 쓰는 문제 등이 빠지지 않기 때문에 다른 부분에 비해 상대적으로 반복 학습이 많이 되었기 때문이라고 지적하였다.

민사재판은 형사재판과 비교, 대조하면서 이해할 때 그 의미를 보다 잘 파악할 수 있다. 6학년 학생들 중에는 개인 간의 다툼을 해결하기 위한 민사재판과, 범죄의 유무 및 형벌의 정도를 결정하기 위한 형사재판의 이미지를 어느 정도 구분하고 있는 편이었다. 중 · 고등학교 수준보다 정확한 표현을 쓰고 있지는 않지만, 검사, 변호사, 피고, 원고, 다툼, 범죄 등의 표현 등을 통해 학생들의 이해 정도를 유추할 수 있었다.

민사재판에 대한 오개념 중에는 A의 ①과 같이 민사재판은 가벼운 사건, A의 ④와 같이 형사재판은 무거운 사건을 다루는 것이라고 보는 내용들이 있었다. 이것은 대체로 형사재판을 다루면서 살인, 강도, 폭력 등과 관계된 사건을 소재로 공부했기 때문인 것으로 보인다. 또한, A의 ②와 같이 민사재판은 민간인 사이의 재판, A의 ③과 같이 형사재판은 형사들이 진행하는 재판이라는 답변처럼 한글로 표현되어 있는 글자를 나름대로 해석하여 오개념을 갖는 경우도 있었다.

〈표 3-15〉 '인권'의 의미에 대한 학생들의 답변

용어	구분	학생들의 답변
인권	A	• 사람이 가지고 있는 재산 • 사람들이 태어나면서 갖는 의무
	B	• 인간의 권리 • 인간이 누리는 권리 • 누구나 가지고 있는 사람이 인간답게 살 권리 • 자기만의 생활을 침해받지 않는 것 • 사람으로서 자유권, 사회권 등을 다 갖출 수 있는 권리 • 모든 사람들이 인간답게 살아갈 권리로서 태어나면서 갖게 되는 권리

학생들은 인권에 대해 대체로 그 의미를 알고 있었으나 A와 B에서 모두 나타나 있듯이 다소 '현상적'으로 규정하고 있는 특징을 띠고 있었다. 즉, 인권은 자연스럽게 주어지는 것처럼 인식하고 있다는 것이다. 인간이 인간이기 때문에 마땅히 누려야 한다는 '규범적'인 차원의 인식은 거의 드러나지 않았다. 이것 역시 현행 사회 교과서의 진술 내용 때문으로 보인다.

(2) 다음 기관이 하는 일을 적어 보세요

〈표 3-16〉 '대통령'의 역할에 대한 학생들의 답변

기관	구분	학생들의 답변
대통령	A	• 예산안 심의 확정 • 25세 이상이면 할 수 있다. • 국회 본회의에 참석한다.
	B	• 군을 통솔하며 우리나라 원수로서 다른 나라에 우리나라를 대표한다. • 평화롭게 통일할 의무가 있다. • 주요 공무원 임명 • 국군의 해외 파병 • 국가의 중요한 일 결정

학생들의 답변 중에는 대통령의 지위와 역할을 대체로 뚜렷하게 제시하는 경우가 있었다. 그리고 구체적인 권한이나 업무에 해당하는 사례를 통해 대통령이 하는 일을 이해하기도 하였다. 그러나 A에서 보듯이 국회의 권한에 해당하는 것이라든지, 대통령이 될 수 있는 나이에 대한 오개념도 일부 나타났다.

〈표 3－17〉 '행정부'의 역할에 대한 학생들의 답변

기관		학생들의 답변
행정부	A	• 여러 가지 일을 나누어서 하는 기관 • 법을 만듦 • 돈을 걷는 곳 • 예산안 심의 • 대통령이 사는 곳 • 삼권을 분리해 놓는 역할
	B	• 대통령이 지휘하고 돈에 관한 일을 하는 곳 • 나랏일을 맡아 하는 곳 • 나라 살림을 하는 곳 • 각 부서와 청을 두어 나라의 중요한 일을 처리함

행정부는 대통령의 역할과 관련지어 나라 살림을 하는 것으로 이해하고 있는 학생들이 많았다. 행정부에 속해 있는 여러 부처들의 이름을 구체적으로 제시하지는 못하지만, 대체로 나라의 중요한 일을 여러 부처에서 나누어 맡고 있다는 정도로 파악하고 있는 것으로 보인다.

〈표 3－18〉 '국회'의 역할에 대한 학생들의 답변

기관	구분	학생들의 답변
국회	A	• 나랏일을 보살피는 곳 • 정치하는 곳 • 법을 검사하는 곳 • 벌을 내리는 곳 • 대통령이 있는 곳 • 대통령을 중심으로 나라의 중요한 문제를 해결하는 곳
	B	• 법을 제정한다. • 국정 감사 • 조약을 맺는 것에 대한 동의 • 행정부를 견제한다.

6학년 학생들은 대체로 국회의 입법 기능에 대해 많이 파악하고 있었다. 가장 기본적인 것이라고 할 수 있는 입법 기능 이외에 국정 감사, 조약 비준 등과 같은 행정부 견제 기능을 언급하는 경우도 일부 있었다. 그러나 여전히 행정부, 사법부와 구분하지 못하는 경우도 상당수 발견되었다.

〈표 3－19〉 '법원'의 역할에 대한 학생들의 답변

기관	구분	학생들의 답변
법원	A	• 법을 시행하는 곳 • 법을 만드는 곳 • 법을 집행한다. • 죄인들을 돌봐 줌 • ① 빵을 훔치는 일에 대한 재판을 해 주는 곳 • 어떤 일에 대한 오해를 풀어 주는 곳
	B	• 법에 따라 재판한다. • 법에 따라 사건을 판결하는 곳 • 법을 어긴 사람을 공평하게 판결한다.

6학년 학생들은 법원의 기능에 대해 대체로 재판과 관련지어 잘 이해하고 있었다. A와 같이 법원의 기능과 거리가 있는 답변도 일부 제시되었는데 특히 ①과 같은 것은 교과서에 형사재판 사례로 장 발장 이야기가 등장하고 있어서 답변에 영향을 끼친 것으로 보인다.

한편, 6학년 학생들은 4학년과 달리 시민 단체를 취미나 적성을 발휘하는 기관으로 보는 경우는 드물었다. 그보다는 B에서 보는 바와 같이 시민 단체의 자발성에 대한 이해가 높았고 공익성에 대해서도 비교적 높게 인식하고 있었다. A에 나타난 것처럼 시민 단체를 여전히 '지역'의 범주 안에서 이해하는 경우도 일부 있었다.

〈표 3-20〉 '시민 단체'의 역할에 대한 학생들의 답변

기관	구분	학생들의 답변
시민 단체	A	• 시민의 의견을 알려 준다. • 나랏일에 참여하고 쓰레기를 줍거나 교통정리를 한다. • 시민들이 지역을 위해 만든 단체 • 한 가지의 의견을 가지고 모인 단체 • 국가를 대신해 그 지역을 도와주는 사람 • 시민끼리 모여 정치하는 것
	B	• 나라가 잘살기 위해 국민들이 스스로 지지하고 일어난다. • 시민들이 자발적으로 하는 것 • 경제나 환경 문제를 돕는다. • 시민이 자발적으로 단체를 만들어 정치에 참여함 • 보다 나은 시민의 생활을 위해 뜻을 함께하는 사람들이 스스로 만든 단체 • 사회와 국가의 발전을 위해 시민들이 자발적으로 조직하여 활동하는 모임

(3) 자신이 알고 있는 행정부의 각 부서와 시민 단체의 이름을 적어 보세요

〈표 3-21〉 '행정부의 각 부서 이름'에 대한 학생들의 답변

이름	구분	학생들의 답변	
행정부	A	• 교육재정부 • 환경보존부 • 검찰청 • 노동조합	• 식품안전부 • 경찰청 • 소방청
	B	• 교육과학기술부 • 행정안전부 • 환경부 • 국토해양부 • 법무부	• 정보통신부 • 통일부 • 여성부 • 보건복지가족부 • 국방부

학생들이 제시한 각부의 이름을 모두 망라하면 행정부에 속하는 15개 중 2/3 정도에 해당된다. 2008년 정부 조직이 개편되면서 부서가 통폐합 되고 명칭이 길어지면서 학생들이 각부의 이름을 기억하기가 어려워진 것으로 보인다. 더구나 위의 B에 제시한 것은 학생 개개인이 적은 것이 아니고 각 학생들이 적은 것을 모두 모아 놓은 것이다. 학생 개개인이 적은 것은 평균 2개 정도에 해당되었고 대부분의 답변은 주로 교육부(교육과학기술부), 환경부, 여성부에 치우쳤다.

〈표 3-22〉 '시민 단체 이름'에 대한 학생들의 답변

이름	학생들의 답변		
시민 단체	A	• 환경부 • 녹색어머니회 • 여성부 • 촛불집회 • 지방자치단체	• 식품부 • 통일부 • 조기축구회 • 변호사단체 • 전교조
	B	• 녹색 연합 • 경실련 • 인권위원회 • 여성단체연합	• 참여연대 • 아동안전지킴이 • 학부모단체 • 환경운동연합

6학년 학생들은 4학년에 비해 시민 단체의 이름을 좀 더 파악하고 있었다. 4학년 학생들이 상대적으로 동호회나 취미 활동 단체를 시민 단체로 오해하고 있었던 것에 비해, 6학년 학생들은 정부 부처나 이익 단체를 시민 단체로 인식하는 사례들이 많이 나타났다.

(4) 6학년 정치 단원 수업에 대해 다음과 같이 구분하여 적어 보세요

〈표 3－23〉 6학년 정치 단원 수업에 대한 학생들의 반응

구분	내용	
재미있거나 기억에 남는 내용	• 나도 나라의 주인이라는 것 • 선거 활동 • 시민 단체가 문제 해결하는 과정 • 인권 • 북한과의 비교 • 다 지루하다.	• 역할극 • 정치인 • 없다.
어려웠거나 힘들었던 내용	• 전부 다 • 법 • 행정부의 각부 이름 외우기 • 삼권분립에 대한 설명 • 재판	• 여러 기관이 하는 일 • 기본권 • 임기와 자격 외우기 • 선거 종류 외우기

6학년 학생들의 경우에도 대체로 정치 부분을 아주 재미있어 하지는 않았다. 역시 암기해야 할 내용이 많다는 점이 가장 큰 걸림돌로 나타나고 있음을 파악할 수 있다. 학생들이 재미있었다거나 기억에 많이 남는다고 하는 부분은 정치 단원의 내용적인 부분보다는 대체로 특정한 활동(역할극, 선거 등)과 관계된 것이 많았다. 이러한 활동은 교수 · 학습 방법 측면에서 어느 정도 이벤트로서의 요소를 가지고 있는데, 학생들은 대체로 내용적인 면에서는 정치 부분에 대해 큰 흥미와 관심을 갖지 못하고 있는 것으로 보인다.

3 정치 단원 수업의 딜레마, 어떻게 풀어야 할까

1) 다시, 초등학교 정치 단원 수업의 의의를 인식하자

초등학교 사회에서 '정치' 단원이 차지하는 비중은 그리 높지 않다. 3학년 사회부터 6학년 사회까지 총 24개의 대단원이 있는데 그중 정치와 직접적으로 관계되는 단원은 4학년과 6학년에서 각각 1개씩 총 2개에 불과하다. 그러나 정치 단원의 수가 적다고 해서 정치 단원 수업의 의의마저 작은 것은 아니다. 다른 어느 영역 못지않게 정치 단원은 사회과에서 추구하는 '시민으로서의 자질'을 함양하고 발휘하도록 하는 데 있어서 본질적인 기여를 할 수 있는 중요한 부분이다. 정치 단원에서는 학습자들이 일상적으로 경험하는 다양한 문제에 대해 자신의 의사를 자발적, 능동적으로 표현하고 서로 다른 이해관계를 민주적, 합리적으로 조정해 가는 과정을 학습하는 것을 목표로 한다. 이것은 곧 사회와 교육이 지향하는 시민성(citizenship)에 다름 아니다.

따라서 교사와 학생 모두 이러한 정치 단원 수업의 중요성을 반성적으로 새길 필요가 있다. 정치 단원 수업이 목표하는 것이 과연 무엇인지, 그리고 그 목표에 수렴될 수 있도록 현재의 초등학교 정치 단원 수업이 짜여 있는지, 그리고 교사와 학생 모두 그러한 정치 단원 수업의 의의를 과연 인식하고 있는지 등을 살펴보아야 하는 것이다. 정치 단원 수업의 중요성을 인식하지 못한 채 정치 단원을 마지못해 가르치고 배우면서 교육적 효과를 기대하기는 어렵다.

또한, '초등학교'라는 학교급에서 정치 단원 수업이 어느 정도의 비중을 가지고 다루어져야 하는가에 대한 고민도 구체화되어야 한다. 마치

학생들이 앞으로 다시는 정치를 배우지 않을 것처럼 생각하고 초등 정치 단원 수업 단계에서 마냥 넓고 깊게 들어가는 방식은 지양할 필요가 있다. 반대로 초등학교 학생들이 이해하지 못할 것을 염려하여 처음부터 목표를 아예 낮게 잡을 필요도 없다. 따라서 사회과 교육과정 문서와 교과서를 중심으로 초등학교 정치 단원 수업에서 도달해야 할 지점과 멈춰야 할 지점을 파악하고 학습자의 수준과 맥락에 맞게 수업 목표와 내용을 부분적으로 추가하고 부분적으로 배제하는 것이 좋다.

2) 정치 영역 내용 지식을 정교하게 구조화하자

흔히 초등학교 교과수업의 약점으로 지적되는 부분이 바로 내용지식(content knowledge)의 부족이다(설규주, 2007). 물론 그것은 교사의 잘못이 아니라 구조적, 외부적인 영향이 크다. 초등학교 교육과정에서 다루어지는 내용 요소의 절대량 자체가 중·고등학교에 비해 적기 때문이다. 그리고 교사 한 명이 여러 교과를 가르쳐야 하는 상황에서 어느 한 교과에 대해서만 깊이 있는 내용 연구를 하기가 사실상 어렵다.

이러한 문제는 사회과의 정치 단원 수업에도 그대로 적용된다. 이러한 내용지식의 부족을 만회하기 위해 정치와 관련된 내용지식의 양을 일정 부분 확보하는 것 못지않게, 그러한 지식을 구조화, 정교화하는 것이 필요하다. 어느 정도 지식적인 측면을 가르쳐야 하는 것이 사회과 정치 단원 수업이 직면한 현실이라면, 비록 적은 양의 지식일지라도 체계적으로, 그리고 정확하게 가르치자는 것이다. 그래야만 단순한 정치학적 지식의 나열, 파편화된 지식의 습득에 그치는 것을 막을 수 있다.

이를 위해 교사는 정치 단원에 등장하는 주요 개념들을 활용한 개념지도를 그려 낼 수 있어야 한다. 그러한 지식의 구조를 통해 초등학교 정치 단원 수업에서 다루는 개념들의 의미와 관계 및 흐름을 파악할 수 있어야 한다. 또한 4학년과 6학년에서 공통적으로 등장하는 개념에 대해서도 단순 반복이 아닌, 상호 비교 및 누적적 심화 학습으로 이루어질 수 있도록 가르쳐야 한다.

3) 다 가르치려 하지 말고 '선택'하고 '집중'하자

초등학교에 배정된 정치 관련 단원 2개를 가지고서 정치에 관한 모든 것을 다 배운다는 것은 어차피 불가능하다. 그러므로 언제나 부족한 시간만 탓할 수도 없고, 너무나 많은 양을 자랑하는 교과서만 탓할 수도 없다. 시간은 늘 부족하고 다루어야 할 내용은 늘 많다. 이러한 현실에서 초등교사는 이른바 '최적화 행동'을 해야 할 필요가 있다. 조영달(2001)은 학교 문화 체계 속에서 나타나는 중등교사의 적응 양식을 '최적화 행동(optimization in teacher behavior)'이라고 표현하였다. 이것은 교육에 끼치는 한국 문화의 영향, 시간의 제약, 다인수 학급, 교육시설 부족 등의 현실적 여건 속에서 교과서의 진도를 맞추고 교내외의 각종 시험에 대비하는 목적을 추구하기 위해 가장 적절한 방식으로 교실 수업에 접근하려는 교사의 전략적 노력을 일컫는 말이다. 초등교사의 경우에도 초등학교 정치 단원 수업이 직면하고 있는 '현실'과 정치 단원 수업이 지향해야 하는 '이상' 사이에서 최적화된 방식으로 절충을 할 필요가 있다.

이러한 노력은 곧 '정치 단원 수업에서 무엇을 가르칠 것인가'의 문제를 놓고 꼭 필요하다고 판단되는 내용 요소를 취사선택한 후 거기에 집중하는 방식으로 나타날 수 있다. 이를 위해서는 앞의 2장에서 제시했던 〈표 2-6〉을 참고해 볼 수 있을 것이다. 모든 내용을 '다' 가르쳐야 한다는 부담, 많은 내용을 '똑같은 비중으로' 가르쳐야 한다는 부담에서 어느 정도 벗어날 필요가 있다.

특히 주교재인 사회 교과서보다 더 많은 내용을 담고 있는 『사회과 탐구』 교과서에 참고용으로 제시되어 있는 내용까지 자세하게 다루다 보면, 시간의 압박을 받는 것은 당연하고, 심도 있는 정치 단원 수업을 하기도 어렵다. 따라서 취할 것은 취하고, 배제할 것은 배제하는 과감한 선택이 필요하다. 또한, 정치 단원 수업에 있어서의 고저강약(高低强弱)을 조절하여 특히 강조해야 할 부분과 가볍게 다루어도 무방한 부분을 차별화하여 다루어 줄 필요가 있다.

4) 딱딱한 정치 개념과 용어를 학생 눈높이에 맞게 번역하자

정치 단원 수업이 의미 있게 이루어지기 위해서는 수업 과정에서 끊임없는 교수학적 변환이 일어나야 한다. 교수학적 변환은 곧 사회과의 내용교수지식(PCK: pedagogical content knowledge)과도 관계가 깊다. PCK는 교사가 가지고 있는 교과에 대한 지식을 학생들 수준에 맞게 변환시켜 제공하는 데 필요한 실천 지식이다. 교과내용을 학생들을 위한 교육적 경험으로 변환시키기 위해 교사들은 '비유' '비교' '이야기' '사례' 등의 다양한 방식을 활용할 수 있다(설규주, 2008).

비유, 비교, 이야기, 사례 등과 같은 방식은 초등학생들의 정치 개념과 용어 학습에 효과적으로 작용할 수 있다. 초등학생들은 정치와 관련된 용어를 특히 어려워하고 있으며, 그 용어들의 정확한 의미나 사례를 잘 알지 못하고 있다는 사실을 앞에서 언급한 바 있다. 학생들이 정치 용어를 어려워하는 이유는 그것들이 대체로 한자어로 되어 있어서 말 자체가 어려울 뿐 아니라, 학생들의 일상적 경험으로부터 다소 거리가 있기 때문이다. 따라서 정치 개념과 용어를 학습할 때에는 단순히 사전적 의미를 알려 주는 데 그치지 않고 그것을 학생들이 비교적 쉽게 듣고 보고 경험할 수 있는 상황이나 사례로 번역하여 제시해 주는 노력이 필요하다.

예를 들어, '삼권분립'이라는 용어를 보다 쉽게 설명하기 위해 영화화된 소설 『파리 대왕』을 인용할 수도 있고, '지방자치'를 학습하기 위해 학급회와 학생회의 관계를 사례로 제시할 수도 있다. 또한, 민사재판의 사례로 교과서처럼 부동산 관련 문제를 제시하는 대신, 학생들이 체육복이나 학용품의 소유권을 두고 다투는 상황을 활용할 수도 있다. 한 가지 주의할 점은 비유, 사례, 이야기 등을 통해 쉽고 재미있게 정치 개념과 용어를 학습하는 과정에서 혹시 발생할 수 있는 내용적인 측면의 오류가 나타나지 않도록 내용을 꼼꼼하게 따져 보아야 한다는 것이다.

5) 평소에 정치 활동을 일상화하고 의사결정 과정을 연습하자

궁극적으로 '정치'라는 것이 제도 안에 머물러 있는 것이 아니라, 학생들의 일상 속에 깊이 파고들어가 있는 것이라는 사실을 알도록 하는 노력이 중요하다. 즉, 이것은 정치의 개념을 일상생활 속에서 내면화하는 것과 관계된다. 이를 위해서는 우리가 경험하고 있는 수많은 상황이 곧 정치 현상임을 강조할 필요가 있다.

이 과정에서 주의해야 할 것이 있다. 즉, 정치 현상과 정치 개념에 대한 접근 방식을 새롭게 해야 한다. 예를 들어, "우리가 정치라는 개념도 배우고 국회에 대해서도 배웠으니, 앞으로 우리 반의 학급 회의를 할 때는 국회의원들이 정치하는 것처럼 따라서 해 보자."와 같은 방식이 아니라, "우리는 지금까지 매주 학급 회의를 해 왔다. 알고 보니 그게 곧 정치였다. 우리는 부모님이나 친구들과 대화하면서 어떤 결정을 내리기 위해 각자의 의견을 내놓고 그것에 대해 줄다리기를 하기도 한다. 알고 보니 그것도 정치였다."와 같은 방식을 지향해야 한다는 것이다.

그리고 실제로 학급에서의 의사결정 과정에서 정치 활동을 경험할 수 있는 장을 마련해 주는 것이 필요하다. 학급의 규칙을 만든다거나 그 규칙의 집행, 적용, 수정 과정을 주기적으로, 또는 일상적으로 가져 볼 수도 있다. 즉, 4학년 1학기에서 지방의회 선거를 해 본다거나 6학년 2학기에서 모의 국회를 해 보는 것과 같은 이벤트성 활동이 아니라, 바로 학생 자신의 문제, 학급 공동체의 문제를 놓고 상시적으로 정치를 체험할 수 있도록 정치 단원 수업을 일상생활로 연장하는 시도를 해 볼 수도 있다.

6) 사고와 탐구, 조사 중심 등의 수업 방법 활용에 도전하자

정치 단원 수업 속에서 정치 관련 모든 내용을 망라하지 않고, 선택과 집중을 하게 된다면 수업 방법에 있어서도 보다 융통성과 다양성을 기할 수 있을 것으로 기대된다. 지식 전달 위주의 방식만이 아닌, 사고, 탐구, 조사 등의 방법으로 보완하는 것이 가능할 것이다.

이러한 방법이 교사의 강의를 모두 대체해야 한다는 것은 아니다. 강의 일변도의 방식으로 정치 단원 수업이 이루어지고 있다면 거기에 일부 변화를 줄 필요가 있다는 것이다. 물론 강의는 강의대로 그것이 가진 효용이 있으므로 기본적으로 그것을 활용하되, 때로는 해당 정치 단원 수업의 목표와 내용의 특성에 따라 학습자들의 탐구나 조사 중심의 방법도 가미하는 것이 바람직하다. 사회과의 특징을 이야기할 때, 학습의 결과로서 나타나는 지식이나 가치의 '내면화' 이전에 그것을 '탐구'하거나 '정당화'하는 방식도 중요하게 다루어지기 때문이다.

제4장

초등학교 정치 단원 수업, 이렇게 해 보자

앞에서 제시한 대안적인 정치 단원 수업의 방향에 맞추어 보다 쉽고 재미있는 정치 단원 수업을 위한 내용적, 방법적 측면의 방안을 각각 제시해 보고자 한다.

먼저 내용적 측면에서는 정치 단원 교육과정에서 강조하는 주요 개념을 추출하고, 각 학년별로 그 흐름을 세분화하여 살펴보려고 한다. 그리고 그중 일부 개념과 용어에 대한 교수학적 변환의 사례를 제시하려고 한다.

다음으로 방법적 측면에서는 정치 개념과 친숙해지기, 대화와 타협을 통한 의사결정 학습, 모의 정치 활동의 연습 및 일상화, 사고와 탐구 중심의 정치 단원 수업, 조사와 활동 중심의 정치 단원 수업 등의 사례를 살펴보려고 한다.

1 정치 단원 수업 내용, 이렇게 바꿔 보자

1) 주요 개념 추출 및 교육과정 재구성

(1) 주요 내용 요소

정치학 개론서들과 정치 교육과정의 내용을 영역별로 범주화하여 정리하면 〈표 4-1〉과 같다. 이때 정치학과 정치 교육과정의 내용 요소가 반드시 일대일로 대응되는 것은 아니다. 대체로 유사한 내용 요소들을 가지고 있지만, 정치 교육과정에서는 상대적으로 우리나라와 관련된 사항을 보다 많이 담고 있다는 점을 그 특징이라고 할 수 있다.

〈표 4-1〉 정치학과 정치 교육의 내용 요소

영역	정치학의 내용 요소	정치 교육의 내용 요소
정치 사상과 정치 이론	• 정치의 의미와 정치철학 유형 • 민주정치의 의미와 발전 • 서양과 동양의 정치 사상사	• 정치의 본질 • 정치권력과 권위 • 정치사상의 흐름 • 정치철학의 형성
국가, 정부, 시민	• 개인과 국가, 개인과 사회 • 국가론 • 권력론 • 정부의 구조와 기능 • 정부의 형태 • 시민의 기본권	• 국가의 성격과 본질 • 정치권력의 의미와 특징 • 일반적인 정부 형태 • 우리나라의 정부 형태와 통치 구조 • 우리나라의 지방자치 • 우리나라의 헌법과 기본권
정치 문화와 정치과정	• 정치 문화의 의미와 유형 • 정치과정의 특성과 주체 • 정책 형성과 집행 과정	• 정치 문화와 정치 사회화 • 정치과정의 유형 • 시민의 정치 참여 • 우리나라 정치 참여의 현실과 과제
정치발전	• 사회 변동과 정치발전 • 정치발전의 과제	• 현대 민주 사회의 과제 • 우리나라 민주정치의 성격과 과제
국제정치	• 국제사회와 국제 관계 • 국제정치의 범위와 특성 • 국제 문제의 발생과 해결	• 국제사회와 국제 관계 • 국제사회의 협력과 갈등 • 우리나라 외교, 통일 문제

(2) 주요 개념과 용어

정치 교육과정을 중심으로 많이 사용되는 용어들을 〈표 4-1〉에서 설정한 영역에 따라 구분해 보면 〈표 4-2〉와 같이 정리할 수 있다. 물론 여기서의 용어 구분은 절대적인 것은 아니다. 교과서에 따라, 혹은 교사에 따라 다른 영역을 더 비중 있게 다룰 수도 있다.

〈표 4-2〉 정치 교육의 주요 개념

영역	주요 개념		
정치 사상과 정치 이론	(1) 정치	(2) 민주정치	(3) 민주주의
	(4) 인간의 존엄성	(5) 자유와 평등	(6) 천부인권 사상
	(7) 자연권	(8) 소유권	(9) 저항권
	(10) 자유민주주의	(11) 마르크시즘	(12) 공산주의
	(13) 사회민주주의	(14) 사회계약론	
	(15) 직접 민주정치	(16) 간접 민주정치	
	(17) 대의 민주주의	(18) 엘리트 민주주의	
	(19) 참여 민주주의	(20) 숙의 민주주의	
	(21) 전자 민주주의		
국가, 정부, 시민	(1) 야경국가	(2) 복지국가	(3) 정치권력
	(4) 정부	(5) 입헌군주정	(6) 공화정
	(7) 입법부	(8) 행정부	(9) 사법부
	(10) 선거	(11) 정당	(12) 대통령제
	(13) 의원내각제	(14) 헌법	(15) 국민주권
	(16) 국민자치	(17) 권력분립	(18) 법치주의
	(19) 기본권	(20) 의무	(21) 지방자치
	(22) 지방의회	(23) 지방자치단체장	
정치 문화와 정치과정	(1) 정치 문화	(2) 정치 사회화	(3) 정치과정
	(4) 정책 집행	(5) 정치 참여	(6) 압력 집단
	(7) 이익 단체	(8) 시민 단체	(9) 여론
	(10) 대중매체	(11) 시민 불복종	(12) 공공 정책
	(13) 정치적 무관심		
정치발전	(1) 정치발전	(2) 근대화	(3) 혁명
	(4) 민주화		
국제정치	(1) 국제정치	(2) 국제 관계	(3) 국제기구
	(4) 국제법	(5) 국제 분쟁	(6) 국제 평화주의
	(7) 동맹	(8) 블록	(9) 외교
	(10) 신자유주의	(11) 세계화	

(3) 4학년, 6학년 정치 단원의 주요 내용 요소와 그 흐름

여기서는 2007 개정 교육과정의 정치 단원에서 담고 있는 내용 요소를 중심으로 정치학과의 관계 및 정치 단원 수업의 흐름을 살펴보고자 한다. 정치 단원 수업의 흐름은 교육과정 문서의 서술 순서와는 다소 차이가 있다. 2007 개정 교육과정에서는 4학년의 경우에 '민주적 정치 생활의 원리'를 학습한 다음에 '대의 민주주의' '선거'의 순서로 전개되고 있지만, 실제 학습에서는 '선거'보다는 '대의 민주주의'를 먼저 다루는 것이 더 적절할 수 있다.

① 4학년

〈표 4-3〉 4학년 정치 단원의 흐름과 내용 요소

2007 개정 교육과정	정치 단원 수업의 흐름	정치학 관련 요소
민주적 정치 생활의 원리	• 정치의 의미 −좁은 의미: 제도 중심의 정치 −넓은 의미: 이해관계와 갈등을 조정하는 과정 • 민주주의의 의미 −제도로서의 민주주의 −생활양식으로서의 민주주의	정치사상과 정치 이론
	⇩	
대의 민주주의	• 대의 민주주의의 장점 −직접 민주주의와 대의 민주주의 비교 −현대사회에서의 대의 민주주의의 필요성 • 대의 민주주의의 한계와 보완 −한계: 국민의 의사를 정확히 전달하지 못함 −보완: 참여 민주주의적 관점과 방법 보장	정치사상과 정치 이론
	⇩	

선거	• 선거의 의미 • 선거의 종류 –대통령 선거, 국회의원 총선거, 지방선거 • 선거의 원칙 –보통, 평등, 직접, 비밀 선거	국가, 정부, 시민
	⇩	
지방자치	• 지방자치의 의의 –중앙과 지방의 공생적 관계 –지방자치의 의미: '자치(自治)'의 의미 부각 • 지방선거 –지방자치단체장 선거: 광역 단체장, 기초 단체장 –지방의회 선거: 광역 의회, 기초 의회 –지방자치단체와 지방의회의 관계	국가, 정부, 시민
	⇩	
주민 참여의 중요성	• 주민 참여의 의의와 필요성 –시민의 성격과 참여 • 주민 참여의 방법과 사례 –선거, 인터넷, 시민 단체 활동 등 • 시민 단체의 성격과 활동 –성격: 자발성, 공익성 –활동: 주요 시민 단체의 활동	정치 문화와 정치과정
	⇩	
지역의 문제 해결	• 지역 문제의 자치적 해결의 의의 –지방자치와 지역 문제 해결의 관계 –지역 문제 해결에 있어서의 주민 참여의 필요성 • 지역 문제 해결의 과정 –문제 인식 –다양한 의견 표명 –대화와 타협 –의사결정 –실천	정치 문화와 정치과정

② 6학년

2007 개정 교육과정에서는 '민주화와 참여'를 다룬 후 '헌법과 법률', '권력분립'의 순서로 전개되고 '인권존중'은 대체로 뒷부분에서 다루고 있다. 여기에 제시된 정치 단원 수업의 흐름도에서는 '인권존중'을 앞으로 끌어내어 '민주화와 참여'와의 관련 속에서 서술하고, 인권 보호를 법적으로 제도화·구체화한 것으로서 헌법의 원리와 기본권을 배우도록 구성해 보았다. 또한, '공공적 의무' 부분도 앞으로 가져와서 기본권과 대구가 될 수 있도록 하였다.

〈표 4-4〉 6학년 정치 단원의 흐름과 내용 요소

2007 개정 교육과정	정치 단원 수업의 흐름	정치학 관련 요소
민주화와 참여	• 우리나라의 민주화 과정 -4·19 혁명, 5·18 민주화 운동, 6월 민주 항쟁 • 참여의 의의와 방법 -의의: 민주주의의 성취 과정 -방법: 제도적·공식적 참여, 일상적·문화적 참여	정치발전 정치 문화와 정치과정
⇩		
인권 존중	• 인권의 의미와 의의 -의미: 인간이 인간으로서 마땅히 누려야 할 권리 -인권 관련 문서 -인권의 종류: 자유권, 사회권, 연대권 등 -인권 존중의 의의: 민주주의의 실현 -인권 존중과 참여	정치사상과 정치 이론 국가, 정부, 시민
⇩		

헌법과 법률	• 헌법의 원리 –헌법 전문과 주요 조항 –국민의 기본적 권리와 의무(인권과 연계) –국가 조직의 원리	국가, 정부, 시민
권력분립	• 삼권분립 –법을 매개로 한 권력분립 –견제와 균형의 원리 • 국회의 주요 기능과 권한 • 행정부의 주요 기능과 권한 • 사법부의 주요 기능과 권한 • 여러 가지 법률과 생활 –법의 필요성 –법의 종류 –일상생활 속에서 적용되는 사례	
⇩		
공공적 의무	• 법적 의무 –국방, 교육, 납세, 근로의 의무 등 • 공공 생활에서의 의무 • 권리와 의무의 균형	국가, 정부, 시민
⇩		
민주주의 실천	• 민주적 절차 준수 • 대화와 타협 • 관용	국가, 정부, 시민 정치사상과 정치 이론

2) 주요 개념과 용어의 교육적 변환 예시[1)]

초등학생들이 가장 어려워하는 부분 중 하나가 정치 용어에 대한 이해 부분이다. 초등교사들 역시 정치 용어를 어떻게 학생들의 눈높이에 맞게

1) 이 부분을 정리하는 과정에서 경인교육대학교 대학원 사회교육과 소속 선생님들 및 경인교육대학교 부설초등학교 소속 선생님들의 도움을 많이 받았다.

번역하여 가르칠 것인가의 문제로 어려움을 겪고 있다. 여기서는 2007 개정 교육과정을 기준으로 정치 단원 수업에 등장하는 주요 용어들 중 일부에 대해 예화, 비유, 삽화, 관련 사례 등을 이용하여 보다 쉽게 접근할 수 있는 방안을 제시해 보고자 한다. 이것은 학교 현장에서 이미 적용된 사례들로서 각 학교의 상황에 맞게 얼마든지 다양하게 변용될 수 있을 것이다.

(1) 귀납을 통한 교육적 변환 예시

↘ 주요개념: 인간의 존엄성

• 내용 영역: 4학년 〈민주적 정치 생활의 원리〉

인간은 왜 존엄한 존재라고 할까요? 다음 문장들을 보고 그 이유를 생각해 봅시다. 여러분은 다음 각 문장에 동의할 수 있나요?

순재는 나이가 많기 때문에 존엄하다.
재석이는 남자이기 때문에 존엄하다.
동엽이는 대학을 나왔기 때문에 존엄하다.
호동이는 재산이 많기 때문에 존엄하다.
봉선이는 높은 권력 때문에 존엄하다.
수홍이는 높은 지위 때문에 존엄하다.
효리는 한국인이기 때문에 존엄하다.
미선이는 외모가 뛰어나기 때문에 존엄하다.
마르코는 기독교도이기 때문에 존엄하다.
마리아는 백인종이기 때문에 존엄하다.

모든 사람은 태어날 때부터 나이, 성별, 피부색, 직업, 국적 등 서로 다른 조건에 상관없이 단지 인간이기 때문에 존중받을 권리가 있습니다. **인간이 존엄한 이유**는 어떤 '조건' 때문이 아니라, 그저 '인간'이라는 그 이유 하나만으로도 충분합니다. 그것이 바로 민주주의의 바탕이 되는 생각입니다. 그래서 '인간은 단지 인간이기 때문에 존엄하다.'고 할 수 있습니다.

(2) 비유를 통한 교육적 변환 예시

주요개념: 직접 민주주의와 간접 민주주의

• 내용 영역: 4학년 〈대의 민주주의〉

우리 반에서 학급 회장을 뽑을 때 우리는 회장 후보를 정하고 한 표씩 투표를 하죠? 또 우리 반이 체험학습을 가려고 할 때 우리 반끼리 모여서 어디로 갈 것인지 결정하기도 해요. 그리고 우리 반 학생들이 지켜야 할 학급 규칙도 우리 반끼리 모여서 결정을 해요. 이처럼 우리 반 학생들이 모두 모여서 각자의 의견을 이야기하면서 우리 반의 중요한 문제를 결정하는 것은 **직접 민주주의**에 해당됩니다.

그런데 만약 우리 학교 전체에 관계된 일을 결정할 때는 어떻게 해야 할까요? 1학년부터 6학년까지 1000명이 넘는 학생들이 한자리에 모여서 모두 다 자신의 의견을 이야기할 수 있을까요? 아마 그렇게 되면 매우 많은 시간이 들 것이고 학생들이 지쳐서 다른 친구들의 이야기를 다 듣지도 못할 거예요. 모두 모여서 이야기하면 참 좋겠지만 거기에는 시간이나 비용이 너무 많이 든다는 문제점이 있어요. 그래서 각 학급의 대표들이 따로 모여서 전교 어린이회를 통해서 결정하는 방식을 활용하고 있어요. 각 학급의 대표들만 모이면 30~40명 정도 되기 때문에 한 교실에 모여서 보다 많은 이야기를 깊이 있게 나눌 수 있겠지요. 이러한 방식을 **간접 민주주의**라고 합니다. 대표자들이 대신 의사 표현을 하기 때문에 **대의 민주주의**라고도 부르지요.

요즘처럼 인구가 많고 복잡한 현대사회에서는 대부분의 국가들이 직접 민주주의보다는 간접 민주주의 방식을 많이 채택하고 있어요. 우리나라도 마찬가지입니다. 그러나 간접 민주주의만으로는 국민들의 뜻을 정확하게 전달하기 어렵기 때문에 직접 민주주의 방식도 부분적으로 활용되고 있어요. 헌법을 고치는 것과 같이 국가의 아주 중요한 문제에 대해서는 대표자의 결정에만 맡기지 않고 국민투표를 통해 국민의 의견을 직접 물어보고 있습니다.

주요개념: 대표와 유권자

• 내용 영역: 4학년 〈대의 민주주의〉 영역, 4학년 〈선거〉

한 집, 두 집이 모여 마을을 이룹니다. 마을과 마을이 모여 좀 더 넓은 지역을, 지역과 지역이 모여 나라를 이루지요. 마을과 나라에는 여러 가지 해결해야 할 일이 많습니다. 왜냐하면 여러 사람이 모여 살기 때문에 서로 생각하는 것도 다르고, 바라는 것도 다르기 때문입니다. 여러 가정이 함께 모여 살고 있는 아름마을도 마찬가지입니다.

철수네 집에서는 아름마을에 공원이 많이 생겨서 맑은 공기 속에서 산책하기에 좋은 마을이 되기를 바라고, 영수네 집에서는 아름마을에 공장이 많이 생겨서 사람들의 일자리가 늘어나기를 바랍니다. 현진이네 집에서는 아름마을의 도로가 좁으니까 도로를 넓혀서 자동차가 편하게 지나다닐 수 있기를 바라고, 희진이네 집에서는 사람들이 살 집이 많이 지어지기를 바랍니다. 아름마을 한 군데에서도 이러한 다양한 바람이 있고 요구가 있는데 하물며 어떤 지역이나 나라 전체에서 생기는 여러 가지 문제나 바람은 얼마나 많을까요? 그리고 그것을 누가, 어떻게 해결해야 할까요?

자신이 바라고 원하는 것을 혼자서 다 이루어 내려면 힘도 많이 들고 일도 복잡해집니다. 공원이 많이 생기기를 바라는 철수네가 마을에 직접 공원을 만든다고 생각해 보세요. 어디에 지을 것인가 하는 결정에서부터 공원에 심을 나무와 꽃을 구하고 심는 것까지 과연 혼자서 할 수 있을까요? 그렇게 하려면 철수의 부모님은 자신의 직업에도 소홀해지고 철수와 함께 시간을 보내기도 어려울 것입니다. 또한 영수네, 현진이네, 희진이네 집에서 바라는 것과 다르기 때문에 그 문제로 인해 다른 집과 갈등이 생길 수도 있습니다. 이러한 어려움 때문에 사람들은 자신의 요구를 들어 주고 그것을 실천에 옮겨 줄 누군가를 찾게 됩니다.

누가 우리 마을을 위해 열심히 일을 할 수 있을까? 누가 우리나라를 더 발전시킬 수 있을까? 이러한 생각으로 마을과 나라를 위해 일할 수 있는 사람을 뽑는데, 그런 사람을 바로 **대표**라고 합니다. 대표는 사람들의 의견을 잘 들어 줄 수 있는 넓은 마음, 옳고 그름을 판단할 수 있는 현명함, 그리고 사람들이 바라는 것을 실천으로 옮길 수 있는 힘을 가진 사람이어야겠죠.

그 대표를 뽑는 철수네, 영수네, 현진이네, 희진이네 부모님과 같은 사람을 **유권자**라고 합니다. 대표를 뽑을 수 있는 권리를 가졌다는 뜻이죠. 대표로 뽑힌 사람은 유권자의 요구와 바람을 잘 들어 주고 실천으로 옮기려 노력합니다. 왜냐하면 자신이 대표가 될 수 있었던 것은 바로 유권자들이 선택해 주었기 때문이니까요.

대표와 유권자의 관계를 우리의 학교생활에도 적용해 볼 수 있습니다. 우리 반에는 우리 반 학생들을 대표하는 학생이 있고, 우리 학교에는 우리 학교를 대표하는 학생이 있습니다. 대표 학생은 반장, 회장 등의 호칭으로 불리며 우리를 대신해서 학급 일이나 학교 일의 중요한 부분을 맡게 됩니다. 그리고 일반적으로는 학급 대표 학생은 그 반 학생들이, 학교 대표 학생은 그 학교 학생들이 투표를 통해 뽑게 됩니다. 우리 학생들이 곧 유권자가 되는 셈입니다.

주요개념: 중앙정부와 지방정부

• 내용 영역: 4학년 〈지방자치〉

철수네 반에서는 그 반을 대표해서 일을 해 나갈 사람인 회장으로 영희를 뽑았습니다. 영희는 학급 어린이회의를 진행하면서 학급의 문제점을 해결하고 학급의 발전을 위해 노력하고 있어요. 철수네 반의 등교, 자습,

청소, 교우 관계 등에 관한 규칙도 학급 어린이회에서 만듭니다.

한편, 철수네 학교에는 전교 어린이회도 있는데 여기서는 학생들이 학교생활을 하면서 겪을 수 있는 불편함을 덜어 주기 위해 여러 가지 이야기를 함께 나누는 자리랍니다. 예를 들어, 학교 운동장에 있는 수도꼭지를 고친다거나, 음악실의 시설을 개선한다거나, 전교생에게 적용되는 학교 규칙을 고친다거나 하는 문제를 가지고 토론을 하지요.

이처럼 학교 전체를 위해 일하는 전교 어린이회는 **중앙정부**와, 학급을 위해 일하는 학급 어린이회는 **지방정부**와 비교하여 이해해 볼 수 있습니다.

↘ 주요개념: 권력분립/견제와 균형

• 내용영역: 6학년 〈권력분립〉

김씨, 이씨, 박씨 가족이 배로 여행을 하다가 난파되어 무인도에 갇히게 되었다. 먹을 것이 없어 굶주림으로 지쳐 갈 무렵, 몇 그루의 사과나무를 발견하게 되었다. 모두 너무 배가 고팠기 때문에 허겁지겁 사과를 따서 먹다 보니, 사과가 얼마 남지 않게 되었다. 그러자 이씨 가족의 대표가 "구조대가 올 때까지 이 사과로 우리가 버텨야 하는데, 이렇게 마구 먹어 대면 나중에 먹을 것이 없게 되니 규칙을 정해 나누어 먹도록 하자."고 제안했다.

이에 대해 김씨 가족의 대표가 "내가 가장 연장자니 내가 규칙을 정하겠다. 사과를 하루에 한 가족이 3개씩만 먹도록 하고, 혹시 누가 몰래 따 먹을 수도 있으니 우리 가족이 관리하도록 하겠다."고 하여 모두 다 그렇게 하기로 결정하였다. 하지만 김씨 가족이 욕심을 부려 3개씩 공평하게 분배하지 않고 다른 가족들보다 김씨 가족이 사과를 더 많이 먹을 수 있도록 규칙을 마음대로 바꾸었다. 또한, 배가 고픈 이씨, 박씨 가족의 아이들이 밤에 몰래 사과를 따 먹다가 김씨 가족에게 들키면 무척 큰 벌을 받아야 했지만, 김씨 가족의 아이들은 이런저런 핑계를 대어 벌을 받지 않는 날이 많았다.

이런 모습을 지켜보던 이씨와 박씨의 가족 대표들은 김씨 가족이 지나친 권력을 가지고 있다고 비판하였다. 그리고 가족별로 해야 할 일을 나누는 것이 공평하다고 주장하였다. 그래서 제일 연장자인 김씨 가족이 사과를 어떻게 먹는 것이 좋을지 규칙을 정하고, 이씨 가족은 규칙에 따라 딴 사과를 공평하게 나누어 주고 관리하는 역할을 하며, 박씨 가족은 혹시라도 몰래 따서 먹다가 걸린 사람에게 그에 합당한 벌칙을 주는 일을 담당하기로 하였다. 그리고 서로의 역할이 공정하게 이루어질 수 있도록 하기 위해 김씨 가족은 이씨 가족이 사과를 관리하고 나누는 일을 공평하게 하지 못할 경우, 이씨 가족이 사과를 못 먹게 할 수 있도록 하였으며, 이씨 가족은 박씨 가족이 사람에 따라 벌칙을 차별할 경우, 박씨 가족 자신들이 벌칙을 대신 받도록 할 수 있게 하였다. 또한 박씨 가족은 김씨 가족이 규칙을 제멋대로 바꿀 경우, 김씨 가족에게 더 불리한 규칙을 적용할 수 있는 권한을 주었다.

이렇게 어느 한 가족이 모든 권한을 다 차지하지 않고 서로 일을 나누어 맡아 처리하면서 서로가 서로를 **견제**함으로써 김씨, 이씨, 박씨 세 가족은 구조대가 올 때까지 공정하고 평화로운 관계를 유지할 수 있었다.

(3) 사례를 통한 교육적 변환 예시

↘ 주요개념: 형법과 형사재판

• 내용 영역: 6학년 〈헌법과 법률〉

정윤: 형법은 어떤 법을 말하는 거예요?

엄마: **형법**은 범죄와 형벌에 대한 법이란다. 예를 들어, 우리 집에 도둑이 들어와서 돈과 물건을 훔쳐 갔다고 하자. 도둑질은 나라에서 정한 법을 어긴 것이므로 이 도둑은 형법에 의해 벌을 받는단다.

정윤: 그럼 도둑을 잡은 경찰이 벌을 주나요?

엄마: 아니란다. 경찰이 도둑을 잡으면 검사가 도둑이 저지른 범죄에

대해 법원에 재판을 요청한단다. 법원에서는 붙잡힌 사람에게 죄가 있는지 없는지를 가리는 재판을 하지. 이것이 바로 **형사재판**이란다.

정윤: 아! 그때 필요한 법이 형법이군요.

주요개념: 민법과 민사재판

- 내용 영역: 6학년 〈헌법과 법률〉

정윤: 민법은 어떤 법률인가요?

엄마: **민법**은 개인들 간에 다툼이 있을 때 적용하는 법이란다.

정윤: 개인들 간에 다툼이요?

엄마: 예를 들어, 돈을 빌려 간 사람이 약속한 기간이 지나도 돈을 갚지 않을 경우 민법에 의해 도움을 받을 수 있게 되지.

정윤: 그럼 바로 돈을 받을 수 있나요?

엄마: 바로 해결이 되면 좋지만 그렇지 못할 경우 돈을 빌려 준 사람은 빌려 간 사람을 고소하게 되고 이 두 사람은 변호사와 함께 **민사재판**을 받게 되지.

정윤: 서로의 약속을 지키면 그럴 일이 없겠네요?

엄마: 그렇지. 이와 같이 재산에 관한 것 외에도 가족, 상속 등과 관련된 법이 민법이란다.

주요개념: 상법

- 내용 영역: 6학년 〈헌법과 법률〉

정윤: 상법은 어떤 법률인가요?

엄마: 민법은 개인들 사이의 권리에 대한 법이고 **상법**은 기업과 상업에 관한 법이란다.

정윤: 어떤 경우에 상법의 적용을 받게 되나요?

엄마: 예를 들어, 이씨가 "이씨네 치킨"이라는 가게 이름으로 장사를

하였는데 아주 잘되었어. 그런데 박씨가 같은 동네에 "이가네 치킨"이라는 이름으로 가게를 연 거야. 박씨는 가게 이름의 한 글자가 다르니까 괜찮다고 주장하고 이씨는 비슷한 이름 때문에 자기 가게에 손해가 된다고 가게 이름을 바꿔 달라고 주장을 하였지. 이럴 경우 상법을 통해 두 사람 사이의 다툼을 해결한단다.

정윤: 그럼 이럴 경우에는 상사 재판인가요?

엄마: 아니란다. 이 경우에도 민사재판이라고 부르지. 하지만 민법이 아닌 상법의 적용을 받는단다.

주요개념: 행정법

• 내용 영역: 6학년 〈헌법과 법률〉

정윤: 행정법은 어떤 법률인가요?

엄마: **행정법**은 행정기관의 여러 조직과 그 기능에 관한 법을 말한단다.

정윤: 행정기관이라면 어떤 기관을 말하나요?

엄마: 국가나 지방자치단체의 행정사무를 맡아 보는 기관을 말한단다.

정윤: 아, 행정기관의 조직도 법에 정해져 있군요. 그렇다면 행정기관의 기능에 관한 것이라면 어떤 것을 말하나요?

엄마: 국가나 지방자치단체의 일을 하는 활동들이지. 예를 들면, 건물을 지을 때 허가, 세금 부과, 가게를 열기 위한 허가, 여러 가지 면허 등과 관련된 것이 있지.

정윤: 그럼 정부에서 하는 활동들이 나에게 지나치게 피해를 준다고 해도 따라야 하나요?

엄마: 그렇지 않단다. 예를 들어, 행정기관의 잘못으로 세금이 지나치게 많이 나왔을 경우 국가를 상대로 하여 재판을 요청할 수 있지. 이것을 행정재판이라고 한단다.

주요개념: 입법부

• 내용 영역: 6학년 〈권력분립〉

오늘은 윤우의 생일입니다. 온 가족이 외식을 하기로 하고 음식점으로 향했답니다. 엄마, 아빠, 누나의 생일축하를 받으며 맛있는 저녁식사를 하는데, 한쪽 벽면에 걸린 텔레비전에서 뉴스가 나오고 있었어요. 먹음직스러운 음식 화면과 함께 나오는 뉴스라 귀가 솔깃했지요. 자세히 들어보니 다음과 같은 내용이었습니다.

"연말 식당에 '식중독' 공포가 확산되고 있습니다. 음식점들이 장사가 안 되는 데다 재료 가격이 오르자, 먹다 남은 음식을 다시 내놓거나 여러 차례 다시 사용하고 심지어 상한 음식마저 식탁에 올리고 있습니다. 정부와 지방자치단체는 단속도 어려울뿐더러 법적인 처벌 근거가 없다며 이를 내버려 두고 있습니다. 이에 따라 겨울철임에도 불구하고 식중독 환자가 많이 발생하고 있습니다."

맛있는 음식을 먹다가 온 가족은 깜짝 놀라 서로의 얼굴과 먹고 있던 음식을 번갈아 쳐다보았습니다.

"먹었던 음식을 다시 사용하는 것도 문제이지만 이런 잘못을 처벌할 법적 근거가 없다니……." 하시는 엄마의 걱정스러운 말씀에 윤우는 의문이 생겨서 여쭤 보았습니다.

"그럼 빨리 그 법을 만들어 벌을 주면 되지 않나요?"

아버지께서는 "법은 아무나, 쉽게 만들 수 있는 것이 아니란다. 일정한 절차를 거쳐서 국회에서 만드는 것이지. 그래서 국회를 **입법부**라고 한단다. 저런 나쁜 사람들을 처벌하려면 어서 국회에서 이런 문제의 심각성을 알고 그와 관련된 법을 만들어야 국민들이 안심하고 외식을 할 수 있을 것 같구나."라고 말씀해 주셨습니다.

윤우는 아버지의 말씀을 듣고 여러 가지 법이 국회에서 만들어진다는 것을 알 수 있었으며, 어서 빨리 음식을 재사용하는 사람들을 단속하는 법이 만들어져서 마음 놓고 즐거운 외식을 할 수 있었으면 좋겠다는 생각을 했습니다.

주요개념: 행정부

• 내용 영역: 6학년 〈권력분립〉

식사를 마치고 돌아온 윤우는 좀 전에 보았던 뉴스를 인터넷에서 다시 한 번 살펴보기로 하였습니다. 마침 다음과 같은 기사를 찾을 수 있었습니다.

> 구청에서는 식당에서 재사용하는 음식으로 인한 피해가 잇따르자 '반찬 주문제(김치 등 반찬 품목별로 가격을 매겨 먹을 만큼만 시켜 먹음)' '남은 반찬 재탕 안 하기' 등 여러 캠페인을 벌이고 있지만 식당 현장에서는 제대로 적용되지 않고 있다. 그러한 식당에 대한 단속은 사실상 거의 없는 상태다. 식품의약품안전청 관계자는 "3개월마다 10~20명의 팀을 꾸려 단속을 하지만 적발도 어렵고 처벌 조항도 없다."고 밝혔다. 구청 관계자들은 "음식점에서 남은 반찬을 재사용하는 행위에 대해 '영업정지 1개월, 같은 행위로 1년에 3번 적발되면 영업 취소'라는 처벌 조항이 내년부터 시행된다."고 밝혔다.

윤우는 기사를 읽으면서 "우리 엄마와 같은 마음으로 음식을 만들고 판다면 이런 일이 없을 텐데……."라고 중얼거리며 어머니께서 집안 살림을 잘하시는 것이 순간 너무 자랑스러웠습니다.

아버지께서 윤우의 말을 듣고는 "그래, 국가도 하나의 가정과 같단다. 가정에서 살림을 맡아 하는 엄마가 따로 계시는 것처럼 국가의 큰 살림을 맡아 하는 기관이 따로 있지. 그러한 기관을 **행정부**라고 하는데, 대통령, 국무총리, 각부 장관들이 나라 살림에 대해 의논을 하지."라고 말씀해 주셨습니다.

"그럼, 먹다 남은 음식을 다시 사용하는 음식점을 단속하는 식품의약품

안전청이나 캠페인을 벌이는 구청들이 하는 일이 모두 나라 살림과 관련된 일이므로 행정부가 하는 일인가요?"

윤우는 궁금해서 바로 여쭤 보았습니다.

"우와, 우리 윤우 한 번만 설명해 줘도 너무 잘 아는걸!"

엄마의 칭찬하시는 말씀을 들으니 오늘 생일은 그 어느 때보다도 기쁘고 행복했습니다.

주요개념: 사법부

• 내용 영역: 6학년 〈권력분립〉

윤우는 새 학년이 되어 가벼운 발걸음으로 학교로 향하였습니다. 큰길을 지나다 보니 부모님과 함께 종종 외식을 했던 큰 음식점이 없어지고 그곳에는 새로운 가게가 다른 물건들을 팔고 있었습니다.

"어? 어찌 된 일이지?"

학교에서 집으로 돌아온 윤우는 엄마께 이 사실을 알려 드렸습니다.

"응, 그 음식점에서 먹다 남은 음식을 다시 팔다가 손님들이 식중독에 걸리는 사고가 있었다는구나. 식중독에 걸렸던 사람들이 신고를 해서 주인이 잡혀갔는데, 그 사람들이 음식점 주인에게 자신들이 입은 피해에 대해 보상해 달라고 법원에 요청을 해서 곧 재판을 해야 한다지 아마…… 그래서 음식점 문을 닫았다는구나."

"잘못을 하면 당연히 벌을 받아야죠. 벌을 받아야 뉘우치고 다시는 그런 잘못을 하지 않을 것이라 생각해요. 그런데 엄마, 그러한 요청을 법원에 하면 재판을 할 수 있는 거예요?"

윤우가 여쭤 보자 엄마는 자세히 설명해 주셨습니다.

"국민이 행복한 생활을 할 수 있도록 나라의 질서를 유지하고, 법률을 어긴 사람을 찾아 심판하는 일을 '**사법(司法)**'이라고 하는데, 사법을 집행하는 기관이 바로 법원인 것이지. 그렇기 때문에 법원은 올바른 법의 판결을 통해 국민들의 기본권을 보장하는 중요한 곳이란다."

"재판을 해서 판결을 내리고 처벌하는 일을 맡아 하는 곳이 법원이네요. 이번 사건도 법원이 판결을 잘 내려서 다시는 이런 일이 없었으면 좋겠어요."

어머니도 윤우의 말에 고개를 끄덕이셨습니다.

윤우는 이번 일을 보면서 법을 만들고, 법에 따라 나라 살림을 하고, 법에 따라 판결을 내려 사회질서를 유지하는 모든 일들이 서로 어우러져서 좀 더 나은 밝은 우리 사회를 만들어 가고 있다는 것을 알게 되었습니다.

주요개념: 다수결의 원리와 소수 의견 존중

• 내용 영역: 6학년 〈민주주의 실천〉

[예화: 현미네 반에서 있었던 일]

지루했던 장마가 끝나고 모처럼 하늘이 맑게 개었습니다. 현미네 반 아이들은 오랜만에 체육을 할 수 있겠다는 생각으로 잔뜩 기대에 부풀었습니다. 그동안 계속 비가 와서 운동장에 나가 놀 수 없었거든요. 선생님은 체육시간에 무슨 활동을 할 것인지 서로 얘기해 보자고 하셨습니다.

"축구요 !! 무조건 축구해요!"

현미네 반에서 제일 목소리가 큰 동우가 말했습니다.

그러자 여학생들이 목소리 높여 얘기합니다.

"안 돼! 남자만 체육하냐? 다 같이 피구해요."

"선생님, 날도 더운데 운동장에 나가지 말고 그냥 교실에서 책 읽어요."

"아니야, 운동장에서 달리기 시합하자."

모두들 서로 하고 싶어 하는 활동이 다 달랐습니다. 각자가 큰 소리로 떠드니까 교실은 금방 소란스러워졌습니다. 결국 선생님은 화가 나서 현미네 반 아이들에게 야단을 쳤습니다.

"이렇게 시끄럽게 떠들기만 하니 체육을 못하겠구나! 선생님이 돌아올 때까지 무슨 활동을 할 것인지 정해 놓도록 해."

그러고는 선생님은 교실을 나가셨습니다. 현미는 정말 속상했답니다. 즐겁게 체육 수업을 하고 싶은데, 아이들의 의견은 서로 다르기만 하고…….

어떻게 하면 모두 즐겁게 체육을 할 수 있을까? 현미는 곰곰이 생각했답니다.

위의 예에서 알 수 있듯이, 우리는 생활하면서 다른 사람과 의견이 다른 경우를 많이 겪게 됩니다. 가까운 친구 한두 명끼리는 쉽게 의견을 일치시킬 수 있지만, 여러 사람이 모였을 때는 각자 생각도 다르고 바람도 다르기 때문에 그렇게 하기가 어렵습니다. 그럴 때는 어떻게 하는 것이 좋을까요?

여러 사람들이 내놓은 다양한 의견이 좁혀지지 않을 때는 대부분의 경우, 보다 많은 사람들이 원하는 쪽으로 결정을 내리게 됩니다. 이것을 '**다수결의 원리**'라고 하죠. 현미네 반 친구들에게 어떤 활동을 했으면 좋겠냐고 물었을 때, 가장 많이 선택한 활동을 체육 시간에 하기로 하는 것이 바로 '다수결의 원리'에 따르는 것입니다.

하지만 다수결로 무언가를 결정하기 전에 몇 가지 필요한 과정이 있습니다.

우선 각자의 생각을 자유롭게 말할 수 있어야 합니다. 현미네 반에서 목소리 큰 동우만 축구하자고 말하는 게 아니라, 친구들 각자가 자신이 원하는 활동에 대해 말할 수 있어야 합니다.

그런 다음, 자신과 다른 사람의 의견에 대한 토론이 이루어지게 됩니다. 동우가 왜 축구를 하고 싶어 하는지 이유도 들어 보고, 피구를 하고 싶어 하는 친구 역시 자신의 의견을 말하면서 생각의 차이를 좁혀 나가게 되는 거죠.

이 과정에서 몇몇 친구들의 생각이 바뀔 수도 있습니다. 처음에는 피구를 하고 싶었는데 토론을 하다 보니 달리기가 하고 싶어질 수도 있고, 그냥 교실에서 책을 읽고 싶어질 수도 있을 것입니다. 이러한 친구들의 말과 생각을 모두 인정하면서 의견을 모은 후, 다수결의 원리에 따라 결정을 하게 됩니다.

다수결의 원리에 의해 결정이 내려지면 비록 내가 원하는 대로 안 되었더라도 그 결정에 따르는 것이 바람직합니다. 현미네 반에서 피구를 하기로 결정이 되었는데 혼자서 축구를 하겠다고 계속 고집을 부리거나 혼자 달리기를 하겠다고 의견을 고집하면 체육 활동 자체가 불가능하겠죠?

참 ! 이때 잊지 말아야 할 것이 있습니다.

교실에서 그냥 책을 읽자고 얘기하는 몇몇 친구들. 이 친구들의 얘기도 잘 들어 줘야 해요. 이를 **'소수 의견 존중'**이라고 하지요. 대부분의 사람이 옳다고 생각하는 것에 대해 아니라고 생각하는 사람들도 그 나름대로의 이유가 있답니다. 교실에서 책을 읽고 싶어 하는 친구들은 혹시 그날 몸이 아프거나 혹은 황사가 있다는 일기예보를 미리 들었거나 하는 나름의 이유가 있을 것입니다.

다수결의 원리로 무언가를 결정할 때는 소수의 의견이라고 무시할 것이 아니라 배려하고 존중하는 태도가 필요합니다.

↘ 주요개념: 공익과 준법

• 내용 영역: 6학년 〈민주주의 실천〉

길게 이어져 있는 학교 복도는 끝까지 뛰어가 보고 싶게 만듭니다. 체육 시간 후, 정수기 앞에 친구들이 많이 줄서 있을 때는 새치기를 해서라도 빨리 물을 먹고 싶습니다. 하지만 그럴 수는 없습니다. '복도에서 뛰지 말자' '질서를 잘 지키자' 등과 같이 학급에서 정한 규칙이 있기 때문입니다.

이런 규칙들을 지키는 것이 때로는 귀찮을 때도 있습니다. '급한 일이 있을 때는 좀 뛰면 어때?' '선생님도 안 보는데 새치기 좀 하면 어때?' 이런 생각으로 한두 명의 친구가 규칙을 어기기 시작하면 규칙을 지키는 사람만 억울한 생각이 들겠죠.

그래서 곧 너도 나도 자기 편한 대로만 행동하려고 할 것입니다. 그렇게 되면 규칙을 지키면서 지낼 때보다 더 귀찮고 힘든 일이 많이 생기게 됩니다. 복도에서는 서로 뛰다가 친구들끼리 부딪혀 다치게 되고 정수기 앞에서는 항상 싸움이 일어나서 학교가 조용할 날이 하루도 없게 될 것입니다.

공부하는 시간보다 선생님에게 야단맞는 시간이, 친구와 사이좋게 노는 시간보다 서로 다투는 시간이 더 많아진다면 어떻게 될까요? 아마 모두가 재미없는 학교생활을 하게 될 것입니다. 그래서 이런 혼란이 일어나는 것을 미리 예방하고자 규칙을 정해 두는 것입니다. 모두가 의논해서 규칙을 정한 다음, 그 규칙을 잘 지켜 생활한다면 나도 편하고 친구도 편한, 그래서 결국은 모두가 편한 학교 생활을 할 수 있게 된답니다.

여러 사람이 모여 생활하는 사회도 마찬가지입니다. 사람들은 모두 생각하는 것도 다르고 바라는 것도 다르기 때문에 각자 자신이 원하는 대로 행동하려고 합니다. 원하는 대로 행동하는 것, 이것은 우리의 당연한 권리이기도 하죠. 하지만 여기에도 지켜야 할 규칙은 있답니다. 바로 사회에 피해를 주는 행동을 하지 않는 것입니다. 사회는 여러 사람이 모여 이룬 것이니까 결국은 다른 사람에게 피해 주는 행동을 하지 말자는 뜻이기도 합니다.

사회에서 정한 규칙을 어기지 않고 지켜 나가는 것을 '**준법**'이라고 합니다. 위의 예에서 알 수 있듯이 법을 지키지 않는 것보다 법을 지키는 것이 여러 사람에게 도움이 됩니다. 정수기 앞에서 서로 새치기하며 싸움만 하기보다는, 질서를 지켜 차례로 물을 먹는 게 훨씬 나은 것처럼 말이죠. 이처럼 나 혼자만의 이익이 아닌, 모든 사람이 이익을 누리고 편하게 되는 것이 '**공익**'입니다. 사회에서 정한 규칙을 지키는 준법생활은 결국 우리 모두가 규칙을 지킴으로써 누리게 되는 공동의 이익을 위한 것이라 할 수 있습니다.

(4) 비교를 통한 교육적 변환 예시

주요개념: 민주주의

• 내용 영역: 4학년 〈민주적 정치 생활의 원리〉

A 국가에는 왕이 있어요. 이 왕은 자신이 하고 싶은 것은 다 할 수 있고 백성들은 그 왕이 시키는 대로 다 해야 해요. A 국가에서는 왕의 명령이 곧 법이랍니다. 그래서 왕의 마음이 바뀌면 명령도 바뀌고 법도 바뀔 수 있어요. 어제의 법과 오늘의 법이 다르고 하루 동안에도 법이 그때그때 다를 수도 있지요. 왕이 죽으면 왕의 아들이나 딸이 그 자리를 이어받아서 또 그렇게 나라를 통치한답니다.

B 국가에도 왕이 있어요. 하지만 B 국가의 왕은 하고 싶은 대로 다 할 수 있는 것이 아니에요. 왕은 있지만 나라를 다스리는 일은 다른 지도자에게 맡기고 있어요. 왕은 죽을 때까지 왕이고 그 이후에는 자기 자녀에게 왕의 자리를 물려주지만, B 국가의 지도자는 그 나라에서 정한 법에 의해 국민들이 선출해요. 그리고 일정한 기간이 지나면 지도자는 또 다른 사람으로 바뀌게 돼요.

C 국가에는 왕이 없어요. 여기서는 투표를 통해 지도자를 선출하고 일정 기간 동안 나라를 통치할 수 있는 권한과 책임을 줍니다. 그런데 이 지도자가 선출된 이후에 자신의 임기 동안 마치 왕처럼 자기가 하고 싶은 대로 행동을 해요. 그래서 국민들을 무시하고 마음대로 법을 바꾸기도 해요.

D 국가에도 왕이 없어요. 이 나라에서는 지도자를 선출하고 일정한 임기 동안 나라의 통치를 맡겨요. 이 지도자는 자기 마음대로 하지 않고 법에 정해진 절차에 따라, 그리고 국민의 뜻에 따라 통치해요.

A, B, C, D 중 민주주의를 실천하고 있는 국가는 어느 것일까요?

민주주의 국가는 왕이 있느냐 없느냐에 따라 구분되는 것이 아닙니다. 국민이 정말로 주인 노릇을 하느냐 아니냐에 따라 구분되지요. 그래서 왕이 마음대로 통치하는 A 국가와, 왕은 없지만 지도자가 마음대로 통치하는 C 국가는 민주주의 국가라고 하기 어렵습니다. 반대로 왕은 있지만 실제로 통치하지 않고 법이 정한 절차에 따라 세워진 지도자가 다스리는 B 국가와, 왕 없이 국민이 주인 되는 나라인 D 국가는 민주주의 국가라고 할 수 있어요.

민주주의 국가에서는 다음과 같은 민주정치 원리를 실천하고 있습니다. 이 표를 보면, 민주주의 국가와 절대군주 국가 또는 독재국가와의 차이를 분명히 알 수 있어요.

민주정치 원리	민주주의 국가	절대군주 국가 또는 독재국가
국민주권주의	권력은 국민으로부터 나온다.	권력은 절대군주나 독재자에게서 나온다.
입헌주의	헌법과 법률에 따라 통치한다.	군주나 독재자의 뜻에 따라 통치한다.
권력분립	한 곳에 권력이 집중되지 않도록 나누어 놓는다.	군주나 독재자에게 모든 권력이 집중된다.

↘ 주요개념: 시민 단체

• 내용 영역: 4학년 〈주민 참여의 중요성〉, 6학년 〈민주화와 참여〉

A 단체는 법에 따라 정부가 만든 기관입니다. 국가인권위원회, 국민권익위원회 등이 여기에 해당됩니다.

B 단체는 소속된 회원들의 이익과 복지 향상을 위해 활동합니다. 대한변호사협회, 대한의사협회, 대한약사회, 노동조합 등이 여기에 해당합니다. 이러한 단체를 특별히 이익 단체라고 부릅니다.

C 단체는 소속된 회원들의 취미나 봉사 활동을 위해 활동합니다. 조기축구회, 부녀회 등이 여기에 해당합니다.

A, B, C, 모두 시민 단체가 아닙니다. **시민 단체**는 시민들 스스로 조직해야 하고(자발성) 정부나 기업으로부터 간섭을 받지 않아야 하고(독립성) 단체 자신의 이익보다는 사회와 국가, 더 나아가 세계의 보편적 이익을 추구하는 데 관심을 갖고 있습니다(공익성). 이러한 요건을 갖춘 단체

로는 환경운동연합, 참여연대, 경실련, YMCA, 녹색소비자연대, 함께 하는 시민행동 등이 있습니다.

시민 단체는 좀 더 나은 세상을 만들기 위해 사회에서 일어나는 여러 가지 일에 적극적으로 참여하려는 시민들의 모임입니다. 시민 단체는 정부나 기업의 잘못에 대해 문제를 제기하기도 하고, 환경, 빈곤, 전쟁, 자연재해 등과 같은 인류의 공통적인 문제에 대해서는 다른 나라의 시민 단체들과 협력하여 문제 해결을 위해 공동으로 노력하기도 합니다.

(5) 삽화를 통한 교육적 변환 예시

주요개념: 대화, 타협, 관용

• 내용 영역: 6학년 〈민주주의 실천〉

우리는 살아가면서 많은 대화를 주고받습니다.

사소한 얘기도 하고……

제법 진지한 대화까지……

우리들의 대화 중에는 안 하고 넘어가도 되는 것도 있지만, 꼭 해야 하는 것도 있습니다.

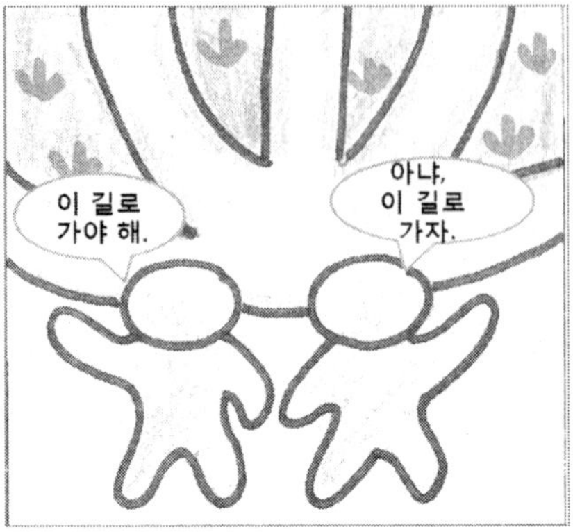

바로 문제와 갈등이 생겼을 때

문제를 해결하기 위해 우리는 서로 많은 **대화**를 주고받습니다.

다양한 의견도 말하고

서로 의논하면서

해결해 나갑니다

하지만, 쉽게 해결되지 않을 때도 있습니다.

자기 이익만을 생각

자신이 옳다는 생각

이럴 때, 우리에게 필요한 것은 무엇일까요?

고집? 자존심?

바로 **관용**입니다. 다른 사람의 입장을 이해하고 너그러이 받아들이는 마음

"나도 양보할게."로……

그런 다음, **타협**이 이루어집니다. 문제를 해결하기 위한 가장 좋은 방법을 찾아내는 것이죠.

갈등과 문제를 해결할 수 있는 세 가지 열쇠. 대화, 관용, 타협 ! 잊지 마세요.

2 정치 단원 수업 방법, 이렇게 바꿔 보자

1) 정치의 개념과 친숙해지기[2] 활동 예시

(1) 준비물

종이카드 20장(A4 용지를 잘라서 쓰면 됨), 깎지 않은 연필 1자루, 연필깎이 1개

(2) 절차

① 학생들을 세 집단으로 나눈다.

2) 이 내용은 필자가 2001년 국회에서 실시한 '의정연수'에서 경험한 것을 바탕으로 재구성한 것이다.

세 집단을 나누는 기준은 어떻게 정하든 상관없으나 각 집단의 수가 어느 정도 비슷한 것이 좋다. 그리고 학습자가 집단을 선택하기보다는 자동적으로 집단이 구성되도록 하는 편이 나중에 정치 개념을 설명할 때 더 적절하게 활용될 수 있다. 예를 들어, 태어난 달이 1~4월인 학생, 5~8월인 학생, 9~12월인 학생으로 각각 나눌 수도 있고, 학생들의 번호로 1~10번, 11번~20번, 21번~30번과 같이 나눌 수도 있다. 또는 세 개의 분단으로 원래부터 나뉘어 있다면, 그것을 그대로 활용해도 되고, 여섯 개의 모둠으로 구분되어 있다면 1~2모둠, 3~4모둠, 5~6모둠과 같은 식으로 구분해도 된다. 팀이 결정되면 팀별로 자리를 이동하여 각각 원형으로 둘러앉는다.

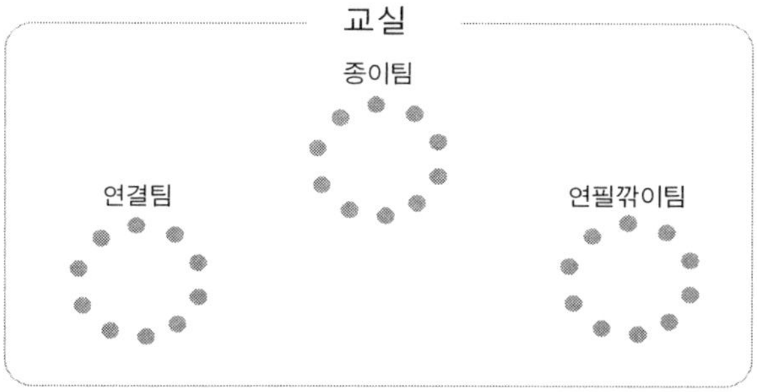

② 각 팀의 대표를 뽑는다.

각 팀의 대표 학생은 팀별 작전 회의를 이끌게 되며 팀 대표 간 협상에 나선다는 사실을 알려 준다. 대표 학생은 성적이 좋거나 인기가 있는 학생보다는 가급적 발표력이 있는 학생이 맡는 것이 좋다.

③ 세 가지 물건(종이카드, 연필, 연필깎이)을 학생들에게 보여 주며 이 시뮬레이션 게임의 규칙에 대해 설명한다.

각 팀은 그 세 가지 물건을 모두 활용하여 종이카드에 별표를 그려야 한다. 별표가 그려진 종이카드를 다른 팀보다 많이 차지하는 팀이 이긴다. 이때 각 팀은 세 가지 물건 중에서 한 가지만 가질 수 있으며 다른 물건을 쓰기 위해서는 그 물건을 가지고 있는 팀과 협상하여 그 물건을 얻어야(또는 빌려야) 한다. 협상을 통해 거래될 수 있는 것은 세 가지 물건으로 한정된다. 예를 들어, 밥을 사 주겠다든가, 돈으로 그 물건을 사겠다든가 하는 것은 해당되지 않는다.

④ 각 팀별로 원하는 물건을 하나씩 선택한다.

세 가지 물건 중 어느 것이 특별히 더 유리하지는 않다는 점을 학생들에게 알려 준다. 어느 것을 선택하더라도 다른 두 팀의 도움이 없으면 종이카드에 별표를 그릴 수 없으므로 반드시 협상이 필요하다는 사실을 강조한다. 만약 어떤 물건을 두 팀 이상이 원하면 팀 대표끼리 가위바위보를 해서 이긴 쪽이 원하는 것을 가져간다.

⑤ 각 팀별로 전략 회의를 연다(1차 회의).

팀별 전략 회의에서는 자기 팀이 이기기 위해서는 무엇이 필요한지, 자기 팀이 갖지 못한 물건을 얻기 위해 다른 팀에게 어떤 조건을 제안할 것인지 등에 대해 팀원끼리 의논한다. 협상력을 높이기 위해서는 전략을 1개만 만들 것이 아니라 여러 개를 가지고 있어야 하며, 상대 팀이 두 팀이므로 각각 거기에 맞는 전략을 가지고 있는 것이 유리하다. 이때 다른 팀에게 전략이 노출되지 않도록 가급적 작은 소리로 의논하도록 한다. 교사는 각 팀을 돌아다니면서 전략 수립 분위기를 조성하고 학생들의 질문에 답해 준다.

⑥ 팀 대표들은 자기 팀의 물건을 가지고 앞으로 나와서 협상을 벌인다(1차 협상).

교사는 각 팀 대표들을 위해 교실 중앙에 자리를 세 개 마련하고 팀 대표들이 서로 얼굴을 볼 수 있도록 의자와 책상을 배치한다. 팀 대표들은 자기 팀에서 짠 전략을 다른 팀 대표에게 서로 제안하면서 협상을 벌인다. 이때 교실의 모든 학생들이 다 들을 수 있도록 큰 소리로 이야기한다. 다른 학생들은 말하지 않고 팀 대표 간 협상을 지켜본다. 여기서 협상이 잘되어 어떤 결정이 나면 실행에 옮긴다.

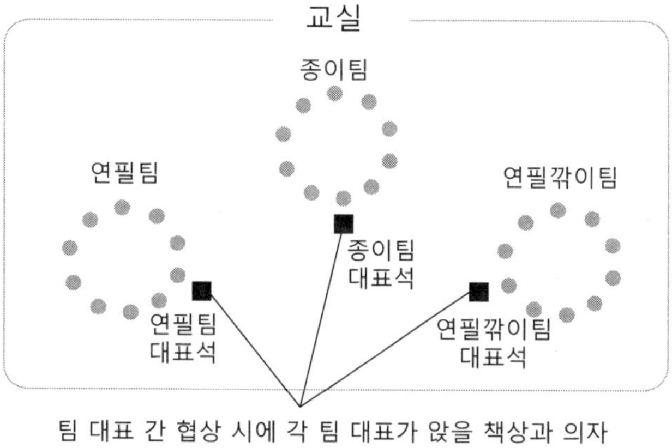

⑦ **팀별로 다시 전략 회의를 갖는다**(2차 회의).

대개의 경우 1차 팀 대표 간 협상은 결렬되기 쉽다. 서로 자기 팀에게만 유리한 주장을 펼치기 때문이다. 이것은 자연스러운 일이므로 나무라거나 당장 타협점을 찾도록 강제할 필요는 없다. 각 대표들은 자기 팀으로 돌아가 두 번째 전략 회의를 갖는다. 교사는 이때 지나치게 자기 팀에게만 유리한 협상안 대신, 다른 팀에서도 수용할 만한 협상안을 만들어 보도록 독려한다. 각 팀에서는 2차 협상에 나갈 대표 학생을 교체할 수 있다. 교사는 각 팀을 돌아다니면서 학생들이 보다 세련된 전략과 협상안을 수립할 수 있도록 독려한다.

⑧ 팀 대표끼리 다시 협상을 벌인다(2차 협상).

각 팀 대표들은 1차 팀 대표 간 협상에 비해 보다 진전되고 완화된 협상안을 제시한다. 이때도 역시 팀 대표들만 발언할 수 있으며 다른 학생들은 팀 대표 간 협상을 지켜본다. 여기서 협상이 잘되어 어떤 결정이 나면 실행에 옮긴다. 협상이 또다시 결렬될 경우 교사는 수업 시간이나 학생들의 반응과 요구 등을 살펴보면서 3차 팀별 전략 회의 및 팀 대표 간 협상을 가질 수도 있고, 마무리 단계로서 평가와 반성의 시간을 가질 수도 있다.

⑨ 평가와 반성의 시간을 갖는다.

어느 팀이 이겼는지는 중요한 문제가 아니다. 2차 팀 대표 간 협상도 결렬되어 승부 자체가 결정되지 않아도 상관이 없다. 보다 중요한 것은, 이 시뮬레이션 게임이 무엇을 의미하는지, 이것이 정치 단원 수업과 어떤 관련이 있는지 설명하는 것이다. 이 게임을 현실 정치와 연관 지어 비교해 보면서 정치 개념을 학습하는 데 도움을 얻을 수 있다.

지금까지의 단계를 정리해 보면 다음과 같다.

단계	시간 (40 ~ 60분)
1. 학생들을 세 팀으로 나누기	2~3분
2. 각 팀 대표 결정	2~3분
3. 세 가지 물건을 보여 주며 게임 설명	3~5분
4. 각 팀에게 물건 1개씩 배부	2~3분
5. 팀별 전략 회의 (1차)	5~10분
6. 팀 대표 간 협상 (1차)	5~10분
7. 팀별 전략 회의 (2차)	5~10분
8. 팀 대표 간 협상 (2차)	5~10분
9. 평가와 반성	5~10분

(3) 시뮬레이션 게임을 정치 관련 '개념'으로 전이시키기

먼저 이 게임에서 유추할 수 있는 정치적 상황이나 요소들은 다음과 같다.

시뮬레이션 게임		현실 정치
종이, 연필, 연필깎이	⇨	어떤 이념이나 가치
종이팀, 연필팀, 연필깎이팀	⇨	다양한 정당들
별표가 그려진 종이	⇨	권력 또는 국회의 의석

① 정치의 개념화: 넓은 의미의 정치 개념 인식

이 활동은 '정치란 무엇인가?'에 대한 하나의 답을 줄 수 있다. 학생들은 각자 종이팀, 연필팀, 연필깎이팀이 되어 자기 팀이 이기기 위해서(별표가 그려진 종이를 많이 차지하기 위해서) 다른 팀과 협상을 벌였다. 이처럼 정치는 서로 다른 이익을 추구하며 갈등하는 사람이나 집단들이 대화와 타협을 통해 그 이익을 조정하는 과정이라고 할 수 있다. 어느 한쪽이 힘을 써서 일방적으로 이익을 차지하는 것이 아니다. 간단히 말해서 정치란 각자 추구하는 이익을 조정하는 과정인 것이다.

② 정치 개념의 일상화: '아하! 내가 하고 있는 것이 바로 정치였구나!'

그렇게 본다면 정치라는 것은 결코 멀리 있지 않다. 지금까지 학생들이 벌인 활동이 곧 정치다. 정치는 국회의원을 뽑고 대통령을 뽑고 시장이나 도지사가 연설하는 것만이 아니다. 마치 종이팀, 연필팀, 연필깎이팀이 서로 협상하듯이, 우리가 소풍을 어디로 갈 것인지, 학급 규칙을 어떻게 만들 것인지 등에 대해 토론하면서 어떤 결정을 내리는 것도 모두 정치에 해당된다. 어떤 학생은 소풍을 놀이공원으로 가고 싶어 하고 어떤 학생은 박물관으로 가고 싶어 하고 어떤 학생은 바닷가로 가고 싶어 할 수 있다. 또 어떤 학생은 청소 당번 몇 명이 일주일씩 청소하는 것을 규칙으로 삼고 싶어 하고, 어떤 학생은 청소 당번을 매일 바꾸는 것을 규칙으로 삼고 싶어 할 수 있다.

이처럼 서로 다른 생각을 조정하기 위해서는 각자 자신의 생각을 이야기하고 왜 그렇게 생각하는지, 왜 그것이 필요한지 등에 대해 토론해 보아야 한다. 그러면서 가장 타당한 의견을 만들어 가는 것이다. 이것이 곧 정치다. 알고 보면, 정치는 정치인들만 하는 것이 아니라 이미 우리도 일상생활 속에서 다 하고 있었던 것이다.

③ 정치에 대한 따뜻한 시선 갖기

학생들이 전략을 짜거나 협상 후 그것을 실행하는 과정에서 일종의 '권모술수'나 '합의 파기'에 해당하는 것들이 나올 수도 있다. 예를 들어, 연필깎이팀에서 연필을 깎아 준다고 하고서 실제로는 연필심이 나올 만큼 깎아 주지 않는다거나, 연필팀에서 연필을 쓰고 나서 다른 팀에게 주기 전에 연필심을 부러뜨린다거나, 종이팀에서 별표를 많이 갖기 위해 종이 한 장을 두세 장으로 잘라서 거기에 별표를 그린다거나 하는 행동이 나올 수도 있다.

교사는 이에 대해 굳이 제지하지 않아도 된다. 물론 그것은 규칙을 위반하고 약속을 깨뜨린 행동이지만 게임이 진행되는 동안에는 그대로 두고 게임이 모두 끝난 후에 그러한 행동의 의미에 대해 평가함으로써 그것을 오히려 교육적으로 활용할 수 있다.

교사는 이와 관련하여, 우리는 흔히 정치인들이 거짓말하고 다투는 것을 보고 정치인들을 혐오하거나 정치 자체에 대해 무관심해지기 쉽다는 점을 언급할 수 있다. 그러나 사실 그러한 모습을 우리도 가지고 있다는 것을 인정할 필요가 있다는 점을 아는 것이 더 중요하다. 이념을 달리하는 정치인들 또는 정당이 권력을 더 많이 얻기 위해 싸우는 모습이나, 종이팀, 연필팀, 연필깎이팀이 별표가 그려진 종이를 많이 차지하기 위해 때로는 거짓말을 하고 약속을 어기는 모습이 근본적으로 다르지 않다는 점을 인식시키는 것이다.

물론 여기서 주의해야 할 점은, 우리 학생들이 협상하는 과정에서도 기성 정치인이 보이는 것과 같은 부정적인 모습이 일부 나타났다고 해서 기성 정치인의 잘못된 행태를 정당화해서는 안 된다는 점이다. 이러한 수업의 취지는 그러한 모습에 대해 면죄부를 주고자 하는 것이 아니라, 그러한 부정적인 행태 자체 때문에 정치를 기피하거나 정치에 무관심해지지 말자는 것이다.

2) 대화와 타협의 과정을 통한 집단 의사결정 연습 예시

정치 교육은 학생들이 다양한 정치적 상황에 대한 과학적인 이해와 논리적·체계적인 분석 및 건전한 가치관을 바탕으로 합리적이고 올바른 의사결정을 내릴 수 있도록 하는 교육이다. 이에 따라 대화와 타협을 통한 의사결정 능력 함양이 매우 중요하다. 여기서는 스탈(Stahl)의 의사결정 학습모형을 제시하고자 한다(정문성 외, 2008).

(1) 수업 절차

- 수업 목표와 내용 설정: 의사결정 능력 함양이라는 목표에 맞도록 내용 구조화
- 교사의 배경 설명: 수업하고자 하는 내용에 대한 배경 설명
- 학습과제지 배포: '열린 상황 이야기'가 적혀 있는 학습과제지 읽기
- 개인 의사결정: 학습과제지의 문제 상황을 검토하고 개인 의사결정지에 기록

- 집단 의사결정: 각자 자신의 의사결정지를 가지고 협동적인 소집단 토론을 통해 집단 의사결정을 이끌어 냄(만장일치제)
- 각 집단의 발표: 소집단 의사결정 내용을 발표
- 평가: 개인별로 평가

(2) 학습지 예시 및 활동

"레미콘 공장과의 대화"

김포군 통진면 월곶마을은 강화도로 가는 길목에 위치한 마을로서 아름다운 산과 물의 맑기가 이루 말할 수 없을 정도이고 이곳 주민들의 대부분은 논농사와 약간의 가축을 기르며 조용하고 한적함을 즐기면서 살고 있다.

그런데 얼마 전부터 이곳의 물과 땅을 이용해 레미콘 공장을 짓겠다며 대기업에서 보낸 낯선 사람들이 모여들기 시작했다. 그들은 산의 나무를 베어 내고 공사를 위해 물길을 돌렸으며 엄청나게 큰 트럭에 모래와 흙을 싣고 드나들기 시작했다. 평온하던 마을은 금세 소음과 먼지, 더러워진 물, 낯선 사람들로 인해 본래의 모습을 잃어 갔다. 깨끗하던 산과 냇가에는 시멘트 먼지가 쌓였고 각종 기계들의 소음에 주민과 가축 모두 견디기 힘들어했다. 자신들의 삶의 터전을 잃어버릴지도 모를 위기에 처한 주민들은 공장 짓는 작업을 물리적으로 방해했고, 이에 대해 그동안 나름대로 합법적인 절차를 밟아 가며 공장을 짓던 대기업도 중도에 포기할 수 없다는 입장을 보였다. 결국 주민 대표들과 회사 운영자들이 협상의 자리를 마련하기로 하였다.

이제 당신은 그 협상에 나갈 주민 대표로 뽑혔고, 협상안의 내용은 다음과 같다.

1. 각종 소음으로 인한 주민과 가축의 피해를 줄이기 위해 작업시간은 오전 8시에서 오후 6시까지로 정한다.
2. 회사의 직원을 뽑을 때, 가능한 한 마을의 주민들을 우선적으로 채용한다.
3. 공장에 폐수처리장을 설치한다.
4. 회사 측 대표는 한 달에 한 번 열리는 마을 회의에 의무적으로 참석해서 주민들의 여론을 회사 경영에 반영한다.
5. 공장 차가 많이 다니는 길가에 스프링클러를 설치하여 먼지가 나지 않도록 한다.
6. 회사는 매달 이익금의 일부를 마을시설과 주민복지를 위한 찬조금으로 기부한다.

그러나 주민들은 이 협상안을 기업 운영진들이 받아들이지 않을 것이라는 것을 잘 알고 있다. 그래서 주민 대표들은 협상 전에 다음과 같은 계획을 세워서 협상안을 세 단계로 나누기로 했다.

A. 반드시 관철해야 할 요구 2가지를 먼저 선택한다. 이 2가지는 회사 측에서도 충분히 받아들일 수 있는 것이어야 한다.
B. 지금 당장은 아니더라도 앞으로의 협상에서 회사가 받아들일 수 있는 요구 2가지를 선택한다.
C. 최악의 경우 주민들이 포기할 수 있는 2가지를 선택한다.

월곶마을 주민 대표 중 한 사람인 당신은 어떻게 할 것인가? 각 조건의 장단점을 잘 생각하여 자신의 의견을 먼저 결정한 후 주민회의에서 당신의 의견이 월곶마을의 전체 의견으로 결정될 수 있도록 해 보자.

개인 의사결정지

중요도	대안 번호	선택한 이유
A. 반드시 관철해야 할 요구인 동시에 회사도 받아들일 수 있는 것		
B. 지금 당장은 아니라도 차후의 협상에서 회사가 받아들일 수 있는 요구		
C. 최악의 경우 주민들이 포기할 수 있는 요구		

집단 의사결정지

중요도	대안 번호	선택한 이유
A. 반드시 관철해야 할 요구인 동시에 회사도 받아들일 수 있는 것		
B. 지금 당장은 아니라도 차후의 협상에서 회사가 받아들일 수 있는 요구		
C. 최악의 경우 주민들이 포기할 수 있는 요구		

(3) 몇 가지 주의할 점

- 대안의 개수: 교사는 미리 대안을 준비해 놓아야 하는데 개수는 6개 혹은 9개 정도가 적당하다. 대안의 등급이 A, B, C 모두 3단계이므로 3의 배수 중에서 취하는 것이 좋으며 소집단 구성원의 수에 따라 대안의 개수를 조절할 수 있다. 소집단 구성원의 수가 많으면 대안의 개수를 6개 정도로 줄이고, 소집단 구성원의 수가 적으면 9개 정도로 늘리는 것이 좋다. 그래야 만장일치를 이루어 나가는 과정에서 충분한 토론이 이루어질 수 있다.

- 만장일치: 소집단에서 집단 의사결정을 할 때는 평소에 공부를 잘하는 학생이나 말을 잘하는 학생 위주로 결정되지 않도록 계속 주의를 기울여야 한다. 또는 다수결이나 가위바위보 등의 방식으로 결정되어서도 안 된다. 반드시 만장일치를 통한 합의에 의해 집단 의사결정이 이루어질 수 있도록 한다.
- 집단 의사결정 실패 시: 학생들이 활발하게 토론을 벌이다 보면, 서로 쉽게 설득되지 않아서 어떤 소집단은 만장일치에 이르지 못할 수도 있다. 그러나 이 학습은 만장일치에 도달했느냐 아니냐의 문제로 소집단 활동을 평가하는 것이 아님을 강조해야 한다. 각자의 의견이 팽팽할 경우 만장일치가 이루어지지 않을 수도 있는 것이므로 그러한 경우에 어떤 의견들이 제시되었는지를 들어 봄으로써 좋은 의견들을 공유하는 쪽으로 유도하는 것도 가능하다.

3) 모의 정치 활동의 연습 및 일상화 예시

교과서에서만 배우는 이론적 차원의 정치 학습에 머물지 않고 정치 활동이 궁극적으로 학생들의 일상 속에 녹아들 수 있도록 하는 노력이 필요하다. 이를 위해서는 우선 모의 정치 활동의 구조와 절차를 파악하는 연습이 선행되어야 한다. 이 과정에서 모의 국회, 모의 청문회, 모의 국무회의, 모의 재판 등의 활동을 실시해 볼 수 있다.

여기에 그러한 활동의 사례를 대본을 통해 제시하였는데 이것은 실제 학교 현장에서 사용되었던 것으로서 어떤 가상의 상황을 전제한 것이다. 이러한 활동의 교육적 효과를 보다 높이기 위해서는, 모의 상황을 활용한 연습 단계를 넘어, 실제 학생들 자신의 학교생활, 학급생활의 문제를 가지고 학급회의에서 규칙을 만들고 그것을 집행하고 적용하는 과정으로 전이될 수 있도록 하는 것이 바람직하다. 그러할 때 그것은 더 이상

'모의' 정치 활동이 아니라, 정치 활동의 '일상화' 단계로 나아가는 셈이 된다.

(1) 모의 국회 역할극 대본 예시

안건 명: 수업 중 잠자는 학생에 대한 처벌법

국회의장: 지금부터 제 311차 임시국회 본회의를 시작하겠습니다. (뿅망치 땅땅땅) 에…… 이미 잘 아시다시피 요즘 학생들이 학교 수업 시간에 잠을 많이 잔다고 합니다. 많은 선생님들과 학부모님들이 그에 대한 대책을 세워야 한다고 주장하고 있습니다. 이런 여론에 따라 국회 교육위원회에서 수업 시간에 잠자는 학생에 대한 처벌 법안을 통과시켰습니다. 오늘 본회의에서는 이 처벌 법안에 대한 표결을 하도록 하겠습니다. 표결을 하기에 앞서 각 당 의원님들께서 하시고 싶은 말씀이 있으시면 의견을 한 번 더 듣도록 하겠습니다. 먼저 이 법안을 대표로 발의한 만세당 김유신 의원께서 말씀해 주십시오.

김유신(만세당): 만세당 김유신 의원입니다. 저희 당에서 만든 처벌 방안을 설명하겠습니다. 우리 당에서는 학생이 수업 시간에 잠을 자는 정도에 따라 처벌의 강도를 조금씩 높였습니다. 처음에 잠깐 졸았을 때는 간단한 꾸중으로 그칩니다. 그러나 좀 심하게 존다 싶으면 눈꺼풀에 성냥개비를 끼우는 벌을 줍니다. 만약 완전히 엎어져 자는 학생이 있으면 운동장을 돌게 합니다. 더 나아가 코를 골았다 하면 창문 사이에 얼굴을 넣고 창문을 닫는 벌을 줍니다. 최악의 경우 잠꼬대를 했다 하면 창문에 얼굴과 손을 대고 미끄러지게 하는 고통을 주도록 했습니다.

이순신(기쁘당): 기쁘당의 이순신 의원입니다. 그게 말이 된다고 생각하십니까? 잠을 자는 학생에게 벌을 주는 이유가 뭡니까? 수업 시간에 잠을 자면 수업이 제대로 진행되지 않기 때문이지 않습니까? 그런데 저런 방법으로 처벌을 한다면 처벌하는 데 시간이 얼마나 많이 걸릴지 걱정하지 않을 수 없습니다. 게다가 저렇게 우스운 방법으로 처벌을 하면 다른 학생들의 수업 분위기까지 흐트러지고 말 것입니다. 게다가 수업 시간에 졸거나 자는 학생이 한두 명도 아닌데 그런 학생들에게 일일이 다 저런 벌을 준다면 오히려 수업에 더 방해가 될 것입니다.

유관순(만세당): 만세당 유관순 의원입니다. 이순신 의원 말씀이 맞습니다. 저런 처벌을 일일이 다 한다면 물론 수업이 제대로 진행되지 않을 것입니다. 그러나 처음에는 힘도 들고 시간도 많이 들겠지만 습관이 되면 저런 벌을 받기 싫어하는 학생들은 잠을 자지 않게 될 것입니다. 그리고 그런 벌을 받는 학생들의 모습을 보면, 수업을 듣는 다른 모든 학생들이 많이 웃게 될 것입니다. 그 학생들 또한 잠이 달아나게 될 테니까 결국 수업 분위기가 훨씬 좋아진다 이겁니다.

신사임당(기쁘당): 기쁘당의 신사임당 의원입니다. 정말 우습군요. 무슨 애들 장난도 아니고 이게 뭡니까? 수업 시간은 공부를 하라고 있는 시간인데 벌이 너무 장난스럽지 않습니까? 게다가 교사에게 수업 시간에 너무 많은 부담을 주고 말 것입니다. 교사가 한두 시간 수업하는 것도 아닌데 어떻게 다 일일이 잠자는 학생들을 체크합니까?

을지문덕(만세당): 만세당의 을지문덕 의원입니다. 그러면 기쁘당 의원들은 지금 수업 시간에 잠자는 학생들을 그냥 놔두자는 겁니까?

허준(기쁘당): 기쁘당의 허준 의원입니다. 물론 그냥 놔두자는 것은 아닙니다.

을지문덕(만세당): 그렇다면 어떤 해결 방안을 생각하고 계십니까?

허준(기쁘당): 수업 시간에 선생님께 양해를 구하고 자기 자리에서 일어서서 수업을 들을 수도 있습니다. 또 선생님께 말씀을 드리고 세수를 하고 올 수도 있습니다. 아니면 졸다가 걸릴 때는 벌금을 내게 하는 방법도 있습니다. 만세당에서 제시한 그런 우습고 유치한 방법이 아니라도 충분히 잠을 깨우는 방법은 많습니다.

김유신(만세당): 뭐가 유치합니까? 졸지 말라고 만드는 법인데 유치하면 어떻고 좀 우스우면 어떻습니까? 잠 깨고 수업 열심히 들으면 되는 것 아닙니까?

이순신(기쁘당): 듣고 보니 그 말은 어떤 처벌 방법도 괜찮다는 말씀 아닙니까? 그런 비인격적인 방법까지도 된다는 것입니까?

유관순(만세당): 그게 아니라 이왕이면 좀 특이하고 웃긴 방법을 써서 다른 학생들까지 깨울 수 있는 게 더 효과적이라는 거지요. 잠자는 학생들을 그냥 놔둬도 안 된다, 우리가 제시한 방법은 유치하다, 그럼 도대체 기쁘당은 어쩌자는 건데요?

신사임당(기쁘당): 어쩌자는 게 아니라 좀 더 나은 방안을 찾아보자 이 말이지…….

을지문덕(만세당): 이 말이지? 이 사람이 어따 대고 반말이야? 그럼 니네가 괜찮은 법 하나 만들어 보라구…… 우리가 내세운 방법대로 안 하면 학생들이 잠이 깨냐 말이야……. (삿대질을 한다)

허준(기쁘당): 지금 어따 대고 삿대질이야?

국회의장: 자자, 조용히 하십시오. 신성한 회의장에서 이게 뭣들 하는 짓입니까? 더 이상 하다가는 싸움 나겠습니다. 이제 표결에 들어가겠습니다. 21세기를 맞이하여 이번 투표는 최첨단 기술로 업그레이드된 전자 투표를 실시하도록 하겠습니다. 의원님들 책상에 보시면 찬성 버튼과 반대 버튼이 있습니다. 만세당이 제시한 수업 시간에 잠을 자는 학생에 대한 처벌 방안에 찬성하시는 의원들은 찬성 버튼을 눌러 주시고 반대하시는 분들은 반대 버튼을 눌러 주시기 바랍니다. 그럼 시작하겠습니다. 준비…… 눌러 주세요……. 아, 거기 이독녀 의원, 버튼을 확실히 눌러 주시기 바랍니다. 그것도 못합니까? 다시 눌러 주시기 바랍니다……. (5초 후) 이제 투표가 끝난 것 같군요. 그럼 전광판에 결과를 띄워 보겠습니다.

(전광판 펼쳐) 재적 의원은 34명인데 백간디 의원께서 원활한 외교관계를 조성하기 위해 지금 북한 금강산에 가 계십니다. 그러므로 현재 출석 의원수는 33명입니다. 음…… 결과를 보니 18명이 찬성, 15명이 반대로 나왔습니다. 찬성 의견이 과반수 이상 나왔으므로 수업 시간에 잠을 자는 학생에 대한 처벌법안은 가결되었음을 선포합니다.(뿅망치)

만세당 의원들: (웅성웅성웅성 환호성)^^

기쁘당 의원들: 이건 분명히 잘못된 것입니다. 다시 합시다!!

국회의장: 표결은 끝났습니다. 이 법안을 정부로 보내겠습니다.

(2) 모의 재판 역할극 대본 예시

↘ 사건 명: 김승현 씨 폭행 사건

기자(최현아): 안녕하십니까. MBS 〈여기는 법원〉의 최현아 기자입니다. 지금 김승현 씨가 밥을 먹다가 박은이 양을 폭행한 사건의 재판 모습입니다.

재판장(송은진): 지금부터 김승현 씨의 폭행 사건에 대한 재판을 시작하겠습니다. (탕탕탕) 검사 이진주 씨, 변호사 엄지은 씨, 피고 김승현 씨, 증인에 박은이 씨, 정수진 씨, 석진홍 씨, 김은혜 씨 나오셨습니다. 먼저 피고 김승현 씨에게 검사 측 질문을 해 주십시오.

검사(이진주): 김승현 씨는 지난밤 박은이 씨를 때린 사실이 기억납니까?

피고(김승현): 저는 그런 사실이 없습니다.

검사: 그럼 김승현 씨는 자신이 박은이 씨를 때린 것이 사실무근이란 말씀인가요? 그렇다면 지금 김승현 씨의 손에 나 있는 상처 자국은 무엇입니까?

피고: 이…… 이건 어제 발을 헛디뎌 비틀거리다 넘어져서…… 그때 생긴 것 같습니다.

검사: 하지만 김승현 씨의 동료들도 박은이 씨를 때린 모습을 보았다고들 말하는데요.

피고: 그…… 그런 사실은 없습니다.

검사: 아…… 그런데 왜 이렇게 말을 더듬으실까? 여러 목격자가 있는데 그래도 아니라고 발뺌을 하실 생각입니까?

피고: 아…… 아닙니다……!!! 전…… 전…… 그저 박은이 씨가 먼저 저의 뺨을 때렸습니다. 그래서 저도 화가 나서 홧김에 때린 것뿐입니다!! 절대로 일부러 그런 건 아닙니다.

검사: 오호, 그렇다면 박은이 씨를 때린 것이 사실이라는 말이군요.

변호사(엄지은): 이의 있습니다. 지금 검사는 유도심문을 하고 있습니다.

재판장: 기각합니다.

변호사: (자리에 앉는다)

검사: 김승현 씨는 분명 자기 입으로 박은이 씨를 때렸다고 말했습니다. 정당한 이유 없이 사람을 쳤다면 당연히 유죄가 되는 게 아닐까요? 이상입니다.

재판장: 다음 변호사 측 질문해 주십시오.

변호사: 방금 피고는 박은이 씨를 때렸다고 말했습니다. 하지만 그 이유가 있을 것 같은데요.

피고: 저…… 잘 기억이 나질 않습니다. 하지만 박은이 씨가 저를 먼저 때린 것은 확실합니다. 여기 이 왼쪽 뺨을 아주 세게 맞았죠.

변호사: 그럼 이쯤에서 증인을 모셔 보겠습니다. 석진홍 씨, 앞으로 나오십시오.

증인 1(석진홍): 저는 이 자리에서 진실만을 말할 것을 선서합니다.

변호사: 석진홍 씨는 김승현 씨와 그날 밤 늦게까지 식사를 함께 하셨나요?

증인 1: 예, 그렇습니다.

변호사: 그럼 그날 김승현 씨가 박은이 씨를 때린 장면을 목격하셨습니까?

증인 1: 예.

변호사: 그렇다면 박은이 씨가 먼저 김승현 씨를 때리는 장면도 보셨겠군요.

증인 1: 예, 박은이 씨가 김승현 씨의 뺨을 먼저 때렸습니다.

변호사: 그러자 김승현 씨가 바로 주먹을 날렸습니까?

증인 1: 아닙니다. 김승현 씨는 정신이 없었고 갑작스럽게 맞았기 때문에 비틀거렸는데 박은이 씨의 옆에 있던 덩치 큰 여자가 '저런 변태 같은 인간은 상대도 하지 마.'라며 모욕을 주었습니다.

변호사: 그 덩치 큰 여자는 박은이 씨의 동료였습니까?

증인 1: 그런 것으로 보였습니다.

변호사: 석진홍 증인 감사합니다. 상대방이 먼저 때렸고, 모욕적인 말을 들어서 그에 대해 반응을 보인 것이 그렇게 큰 죄가 될까요? 이상입니다.

재판장: 검사 측 질문해 주십시오.

검사: 증인을 부르겠습니다. 박은이 씨, 앞으로 나와 주십시오.

증인 2(박은이): 저는 이 자리에서 진실만을 말할 것을 선서합니다.

검사: 박은이 씨에게 묻겠습니다. 박은이 씨는 정말로 김승현 씨의 뺨을 때렸습니까?

증인 2: 예…….

검사: 그렇군요. 박은이 씨는 왜 김승현 씨의 뺨을 때린 것입니까?

증인 2: 저는 김승현 씨를 처음 보았습니다. 모르던 사이였죠. 그런데 길을 가고 있는데 저 사람이 갑자기 저에게 이상한 말을 했습니다. '너랑 친구하고 싶어.'라면서요. 그러고는 갑자기 제 손을 잡았습니다.

검사: 오호, 그렇다면 박은이 씨는 매우 불쾌함을 느꼈겠군요.

증인 2: 그…… 그렇습니다.

검사: 김승현 씨가 다른 행동을 하지는 않았습니까? 박은이 씨와 어깨동무를 한다든가…… 뭐…… 그런 거 있잖습니까.

증인 2: 해…… 했습니다. 처음에는 손만 잡더니 나중에는 어깨동무까지 하려고 했습니다. 전 살짝 피했죠. 그러자 막 화를 내며 어깨동무를 하려고 했습니다.

검사: 그때 박은이 씨가 김승현 씨의 뺨을 때렸다는 것이죠?

박은이: 그렇습니다.

검사: 그렇다면 김승현 씨가 먼저 억지로 어깨동무를 하려는 행동을 보였다고 할 수 있겠네요?

박은이: 예, 그렇습니다.

검사: 김승현 씨가 먼저 강제적이고 폭력적인 행동을 보였다. 이상입니다. 감사합니다.

재판장: 변호사 질문해 주십시오.

변호사: 증인 정수진 씨, 앞으로 나와 주십시오.

증인 3(정수진): 저는 이 자리에서 진실만을 말할 것을 선서합니다.

변호사: 정수진 씨는 김승현 씨의 모친이 되시지요?

증인 3: 예, 그렇습니다.

변호사: 정수진 씨는 아들 김승현 씨가 박은이 씨를 폭행한 사실을 인정하십니까?

증인 3: 예…… 하지만 이것만은 알아주십시오. 일반적인 남자들은 여자에게 관심이 많습니다. 그때 지나가던 박은이 씨는 옷차림이 지나치게 화려했습니다. 남자가 호기심이 생겨 그쪽에 관심을 갖는 것이 당연하지 않습니까?

변호사: 그렇다면 박은이 씨가 남자들의 호기심을 자극하는 옷을 입었다는 말씀입니까?

증인 3: 그렇습니다. 노출이 심한 옷을 입고 지나갔습니다.

변호사: 충분히 남자들의 눈길이 쏠렸겠군요. 감사합니다, 정수진 씨.

검사: 증인 김은혜 씨, 앞으로 나와 주십시오.

증인 4(김은혜): 저는 이 자리에서 진실만을 말할 것을 선서합니다.

검사: 어젯밤 김은혜 씨는 박은이 씨와 함께 있었지요 ? 그때 김승현 씨가 어떤 모습으로 나타났었습니까?

증인 4: 김승현 씨는 좀 불량스러워 보였습니다. 그러면서 지나가는 우리에게 이상한 말을 했습니다. '어이~ 옷이 참 멋지네요. 저랑 사귀어요. 이 몸이 한턱 크게 쏘시겠다 이거야.'라며 먼저 귀찮게 했습니다. 박은이 씨와 제가 피하려고 하자 손을 붙잡고 놓아주질 않았습니다.

검사: 김승현 씨가 박은이 씨의 손을 강제로 잡았다는 것입니까 ?

증인 4: 예, 그렇습니다. 그리고 박은이 씨에게 자꾸 어깨동무를 하려고 했습니다.

검사: 그럼 그때 박은이 씨의 복장이 많이 불량스러웠나요?

증인 4: 아닙니다. 제가 보기엔 전혀 그렇지 않았습니다. 반바지가 좀 짧긴 했지만 여름에는 더우니까 많은 여성들이 그 정도 길이의 반바지를 입습니다. 거리에 나가 보면 알 수 있죠. 그리고 화려한 옷을 입었다고 했지만 그 위에 흰색 겉옷을 걸쳤었습니다. 복장에 관한 정수진 씨의 말에 약간 억지가 있다고 봅니다.

검사: 그럼 정수진 씨는 박은이 씨가 겉에 걸친 흰옷에 대한 얘기는 쏙 빼고 김승현 씨에게 유리한 말만 했다는 소리군요. (비꼬듯이) 하지만 말을 할 때 이것저것 골라서 말을 한다는 것은 뭔가 찔린다는 게 아닐까요?

변호사: 이의 있습니다. 검사는 지금 증인을 모욕하는 발언을 하고 있습니다.

재판장: 인정합니다. 검사는 말을 조심해 주십시오.

검사: 죄송합니다. 그럼 김은혜 씨는 옆에서 어떤 행동을 취하던가요?

증인 4: 전 박은이 씨 옆에 서서 김승현 씨를 말렸습니다.

검사: 그 이후 박은이 씨의 생활이 괜찮았나요?

증인 4: 그 충격으로 며칠을 두려워하더군요. 이것저것 모두 다…….

검사: 알겠습니다. 김승현 씨가 한 행동으로 박은이 씨가 정신적인 피해를 입었다 이거군요. 이상입니다. 재판장님.

재판장: 판결을 위하여 잠시 쉬겠습니다……. (잠시 후) 피고 김승현 씨는 유죄임을 판결합니다. 지나가는 평범한 시민인 박은이 씨를 폭행하여 육체적, 정신적으로 박은이 씨에게 피해를 입힌 혐의가 인정되었습니다. 박은이 씨가 김승현 씨의 뺨을 때린 일이 있으나 그것은 정당한 행동이었으므로 그 일에 대해서는 더 이상 언급하지 않겠습니다. 김승현 씨에게는 5만 원의 벌금과 정신적인 피해 보상으로 박은이 씨에게 500장의 사죄의 글, 그리고 박은이 씨에게 맛있는 저녁식사를 5번 대접하는 벌을 내리는 바입니다. (탕탕탕)

기자: 지금까지 김승현 씨의 폭행사건에 대한 재판이었습니다. 김승현 씨는 유죄를 선고받았고 그에 따른 벌을 받았습니다. 이 모습을 보며 우리는 어떤 생각을 해 볼 수 있을까요? 크건 작건 잘못한 일은 아무리 숨기려 해도 결국엔 모두 드러나기 마련이고, 그 죗값을 받아야 합니다. 우리는 남에게 폭력을 행사해서는 안 됩니다. 폭력은 사회의 질서를 어지럽힐 뿐 아니라 그 사람 자신의 인생에도 큰 타격이 되니까요. 더 이상 이런 일이 생기지 않도록 폭력에 대한 사람들의 인식과 법적 처벌을 강화해야겠다는 생각이 듭니다. 이상 최현아 기자였습니다.

4) 사고와 탐구 중심의 정치 단원 학습 예시

(1) 인간의 존엄성의 진정한 의미 탐구하기

다음 표의 왼쪽에 있는 문장들은 '인간의 존엄성'이라는 민주주의의 근본 이념을 잘못 설명하고 있는 것들이다. 표의 오른쪽에 각각의 주장에 대한 반론을 1~2가지씩 적고, 아래 표의 빈칸에 '인간의 존엄성'의 진정한 의미가 무엇인지 써 보자.

잘못된 견해	반론
• 자영이는 나이가 많기 때문에 존엄하다.	• (예) 나이가 어린 청소년, 어린이, 아기도 존엄하다.
• 영민이는 남자이기 때문에 존엄하다.	• (예) 남자와 여자는 똑같이 존엄하다.
• 은진이는 대학을 나왔기 때문에 존엄하다.	•
• 사민이는 재산이 많기 때문에 존엄하다.	•
• 고운이는 높은 권력 때문에 존엄하다.	•
• 준영이는 높은 지위 때문에 존엄하다.	•
• 호연이는 한국인이기 때문에 존엄하다.	•
• 석모는 외모가 뛰어나기 때문에 존엄하다.	•
• 제인은 기독교도이기 때문에 존엄하다.	• (예) 불교가 종교인 사람도 존엄하다. • (예) 이슬람교도인 사람도 존엄하다. • (예) 종교가 없는 사람도 존엄하다.
• 토마스는 백인종이기 때문에 존엄하다.	•

⇩

• 인간은 ______________________ 때문에 존엄하다.

(2) 민주정치의 기본 원리 탐구하기

우리나라에서 채택하고 있는 민주정치의 기본 원리로 다음과 같은 것들을 꼽을 수 있다. 각 원리의 뜻, 사례, 관련 헌법 조항 등을 조사하고, 학교에서의 일상생활에 적용했을 때 어떤 모습으로 나타날 수 있는지 알아보자.

	국민주권	국민자치	권력분립	입헌주의
뜻				
실제의 예	• 왕이나 귀족이 없다. • 나라 이름이 대한 '民國'이다.	• 국가의 중요한 일은 국민의 다수 의사에 따라 결정된다. • 지역 주민이 그 지역 일꾼을 뽑는다.	• 입법부, 행정부, 사법부가 분리되어 있다. • 입법부, 행정부, 사법부끼리 서로 견제한다.	• 헌법은 국가 최고의 법으로 인정받고 있다. • 헌법은 함부로 바꿀 수 없다.
관련 헌법 내용				
학급 생활에 적용하기				

5) 조사와 활동 중심의 정치 단원 학습 예시

(1) 우리 지역의 지방의회와 지방자치단체 조사하기

자신이 살고 있는 지역의 지방의회와 지방자치단체에 대하여 다음의 사항들을 조사해 보자. 각 기관의 홈페이지를 검색하여 관련 자료를 활용하도록 한다.

	지방의회		지방자치단체	
	광역 의회	기초 의회	광역 단체장	기초 단체장
홈페이지 주소				
명칭	예) 인천광역시의회 충청남도의회	예) 남동구의회 당진군의회	예) 인천광역시장 충청남도지사	예) 남동구청장 당진군수

단체장/ 의장 이름				
기능과 권한				
게시판에 올라온 질문과 답변 사례 2가지	〈질문 내용〉 〈답변 내용〉	〈질문 내용〉 〈답변 내용〉	〈질문 내용〉 〈답변 내용〉	〈질문 내용〉 〈답변 내용〉
	〈질문 내용〉 〈답변 내용〉	〈질문 내용〉 〈답변 내용〉	〈질문 내용〉 〈답변 내용〉	〈질문 내용〉 〈답변 내용〉

(2) 민주적 가정, 학급, 학교를 만들기 위한 활동

우리가 몸담고 있는 가정, 학급, 학교에서 찾아볼 수 있는 비민주적인 모습에는 어떤 것들이 있을까? 그것들을 좀 더 민주적인 모습으로 바꾸기 위해서는 어떤 노력이 필요할까? 자신이 경험하고 느낀 것을 솔직하게 나누면서 다음 표를 완성해 보자.

가정

		현재의 모습	민주적 가정의 모습
가훈(家訓)			
가정의 규범	꼭 지켜야 할 것		
	어겼을 때		
민주적 가정을 위해 꼭 고쳐야 할 것			
민주적 가정을 위해 꼭 필요한 것			

학급

		현재의 모습	민주적 학급의 모습
급훈(級訓)			
학급 규칙	꼭 지켜야 할 것		
	어겼을 때		
민주적 학급을 위해 꼭 고쳐야 할 것			
민주적 학급을 위해 꼭 필요한 것			

학교

		현재의 모습	민주적 학교의 모습
교훈(校訓)			
학교 규칙	꼭 지켜야 할 것		
	어겼을 때		
민주적 학교를 위해 꼭 고쳐야 할 것			
민주적 학교를 위해 꼭 필요한 것			

(2) 내가 국회의원이라면…… 활동하기

신문과 방송, 인터넷을 참고하여 다음 활동을 과제로 해 보자.

만들고 싶은 법

분야	법률의 내용	이유
교육(학교, 입시, 사교육 등)		
어린이(어린이 보호, 인권 등)		
정치(선거, 정당 등)		
경제(실업, 세금, 물가 등)		
사회복지(남녀, 빈부, 노동 등)		
남북 관계(통일, 이산가족, 금강산 관광 등)		
기타		

없애고 싶은 법

분야	법률의 내용	이유
교육(학교, 입시, 사교육 등)		
어린이(어린이 보호, 인권 등)		
정치(선거, 정당 등)		
경제(실업, 세금, 물가 등)		
사회복지(남녀, 빈부, 노동 등)		
남북 관계(통일, 이산가족, 금강산 관광 등)		
기타		

(3) 대통령 후보 되어 보기

모둠별로 대통령 선거 후보자를 낸다고 생각하고 홍보물과 공약을 만들어서 교실 뒷면에 붙여 보자(전지 사용).

<table>
<tr><th colspan="2">당 이름</th><th></th><th>후보 이름</th><th></th></tr>
<tr><td colspan="2">구호</td><td colspan="3"></td></tr>
<tr><td colspan="2">출마한 이유</td><td colspan="3"></td></tr>
<tr><td colspan="2">선거 포스터</td><td colspan="3"></td></tr>
<tr><td rowspan="6">주요
공약

나는
이렇게
하겠습니다.</td><td>정치</td><td colspan="3">1.
2.
3.</td></tr>
<tr><td>경제</td><td colspan="3">1.
2.
3.</td></tr>
<tr><td>교육</td><td colspan="3">1.
2.
3.</td></tr>
<tr><td>통일
외교</td><td colspan="3">1.
2.
3.</td></tr>
<tr><td>복지</td><td colspan="3">1.
2.
3.</td></tr>
<tr><td>어린이</td><td colspan="3">1.
2.
3.</td></tr>
</table>

3 보다 재미있고 쉽고 유익한 초등학교 정치 단원 수업을 위하여

지금까지 초등 정치 단원 수업의 내실화를 위한 실제적인 방안과 사례들을 살펴보았다. 이를 좀 더 일반화하여 초등학교에서 정치 단원 수업을 의미 있게 이끌어 가기 위해 대략 세 가지의 방향을 정할 수 있다. ① 재미있고 ② 쉽고 ③ 유익한 정치 단원 수업이 바로 그것이다. 물론 그 셋을 동시에 추구하는 것은 어려운 일임에 틀림없고 그 셋이 동일한 중요성을 띠는 것도 아닐 수 있다. 아무래도 ①에서 ③으로 갈수록, '수단'으로서의 성격보다는 '목적'으로서의 성격이 강조되는 것은 당연할 것이다.

초중고를 막론하고 일단 정치 단원 수업이 재미있지 않으면 학생들을 수업에 참여하도록 하기란 쉽지 않다. 수업의 재미를 높이기 위해 교사 자신의 개인기든, 인터넷에 떠도는 유머나 잡기(雜記)든, 어느 반이나 꼭 한두 명씩은 있게 마련인 '기발한 학생들'이든, 새로운 수업 소재와 방법이든, 무언가 '활용'하는 노력이 필요하다.

그러나 재미만 가지고 정치 단원 수업을 이끌어 가는 데에도 한계가 있다. 재미가 있어도 어려우면 오래 지속하기 힘들기 때문이다. 수업의 주인공으로서 적극적으로 참여하는 학생들의 수를 더욱 늘리기 위해서는 내용과 방법을 학생들의 눈높이에 보다 가깝게, 보다 쉽게 맞추어 주어야 한다.

그러면서도 정치 단원 수업은 유익해야 한다. 아마 대부분의 초등교사들도 사실 이 점을 목표로 삼고 있을 것이다. 다만, 이것을 정치 단원 수업 처음부터 전면에 내세우느냐, 아니면 수업 속에 녹여 내느냐의 차이가 있을 뿐인 것이다. 보다 시민다운 모습에 다가가기 위해서는 재미와 쉬움에 머물지 않고 그래도 뭔가 유익하고 중요한 메시지 하나쯤은 공유하고 싶은 것이 정치 단원 수업을 하는 초등교사의 꿈이자 존재 이유다.

그러나 그 메시지가 지나치게 정치학을 향해 있어서는 안 된다. 정치 교육은 정치학의 축소판이 아니다. 정치 교육과 정치학은 각각의 정체성을 가지고 있다. 정치학이 상대적으로 학문적 맥락과 배경을 강조한다면, 정치 교육은 시민적 자질 함양이라는 교육적 측면을 보다 강조하는 특징을 띤다. 또한, 정치 교육은 그 목표에 도달하기 위해 정치학적 지식을 도구적으로 활용하는 측면이 있다. 정치학적 개념과 용어, 지식 등은 정치 교육에서 매우 중요한 부분임에 틀림없지만, 단지 거기에만 머물러서는 안 된다. 그것을 학교, 가정 등의 일상적 생활세계는 물론, 국내외적 정치적 사건에 적용할 수 있어야 한다.

초등교사는 상대적으로 내용 영역에 대한 지식이 약한 반면, 방법 영역 지식에 있어서 강점을 가지고 있다. 따라서 방법 영역의 강점은 계속 살리면서 부족한 내용을 강화하는 노력을 기울여야 한다. 그것은 정치 단원 수업에 있어서도 마찬가지다. 정치학의 도움을 받아 이론적 틀과 연구 방법의 틀을 튼튼히 하고, 각종 미디어의 도움을 받아 시사성 높은 콘텐츠를 보강하며, 동료 교사와의 협력을 통해 재미있는 활동을 정치 단원 수업에 도입함으로써 학생들의 눈높이에 맞는 교육적 변환이 정치 단원 수업에서 일상적으로 일어나야 한다. 재미있고 쉽고 유익한 정치 단원 수업을 하는 초등교사의 전문성은 그와 같은 과정을 통해 점진적으로 높아질 수 있을 것이다.

참고문헌

21세기 정치연구회 편(2005). 정치학으로의 산책. 서울: 한울아카데미.

강대현(2008). 시민교육과 사회과. 서울: 한국학술정보.

고성국(2007). 10대와 통하는 정치. 서울: 철수와 영희.

교육과학기술부(2008). 사회과 교육과정 해설서.

교육인적자원부(2007). 사회과 교육과정.

구영록 외(1992). 정치학개론. 서울: 박영사.

김계동 외 공역(2008). 정치학 개론–권력과 선택. 서울: 명인문화사.

김세균 외(2008). 정치학의 이해. 서울: 박영사.

김영인 외(2008). 시민교육론. 서울: 한국방송통신대학교 출판부.

설규주(2007). "초등 사회과 수업의 패턴 고찰을 통한 수업 전문성 제고 방안 연구". 사회과교육, 제47권 제4호.

설규주(2008). "정치교육과정의 이해". 서울: 한국교육과정평가원 미발표 원고.

이극찬(1999). 정치학. 서울: 법문사.

이정희 외(2005). 정치학이란. 서울: 인간사랑.

정문성 외(2008). 사회과 교수학습법. 파주: 교육과학사.

정치학대사전편찬위원회(2002). 21세기 정치학대사전. 서울: 아카데미아리서치.

조영달(2001). 한국 중등학교 교실수업의 이해. 파주: 교육과학사.

조현수(2003). 정치학: 현대 정치의 이론과 실천. 서울: 성균관대학교출판부.

한국정치학회 편(2008). 정치학 이해의 길잡이: 정치과정. 서울: 법문사.

한국정치학회 편(2008). 정치학 이해의 길잡이: 정치사상. 서울: 법문사.

Banks, J. A. (1977). *Teaching strategies for the social studies*. New York: Longman. 최병모 외 공역(1987). 사회과 교수법과 교재연구. 파주: 교육과학사.

Langeveld, W. (1979). *Political Education for Teenagers*. 박용헌 역(1982). 정치교육. 서울: 대한교과서주식회사.

Savater, F. (1992). *Politica Para Amador*. 안성찬 역(2006). 청소년을 위한 이야기 정치학. 서울: 웅진지식하우스.

[정치 용어 해설에 주로 사용된 참고문헌]

김영인 외(2008). 시민교육론. 한국방송통신대학교 출판부.
네이버 백과사전.
두산 엔싸이버.
서울대학교 정치학과 교수 공저(2002). 정치학의 이해. 박영사.
오산고등학교(http://osan.hs.kr)
위키피디아 백과사전.

http://100.naver.com/100.nhn?docid
http://blog.daum.net/norojohan1/7632211
http://blog.naver.com/akgtn815
http://blog.naver.com/brthing?Redirect=Log&logNo=40005382664
http://blog.naver.com/cjseong123?Redirect=Log&logNo=60055918917
http://blog.naver.com/nori_imedia?Redirect=Log&logNo=110035724032
http://blog.naver.com/tmdalszz2?Redirect=Log&logNo=40055174422
http://cafe.naver.com/sugeuncafe.cafe?iframe_url
http://terms.naver.com/item.nhn
아림골학당(http://soback.kornet.net/~daldong/mainframe.htm)

찾아보기

인명

내용

| 저자 소개 |

▒ 설규주

서울대학교 대학원 사회교육과 일반사회전공(교육학박사)
한국사회과교육학회 연구이사
현 경인교육대학교 사회과교육과 교수

〈주요 저서 및 논문〉
오봉, 삼권 분립랜드에 가다(북멘토, 2007)
시민교육론(공저, 한국방송통신대학교출판부, 2008)
초등 사회과 수업 패턴 고찰을 통한 수업 전문성 제고 방안 연구(2007)
초등 사회과 수업에서의 교수 · 학습매체 활용실태 분석(2008) 외 다수

▒ 강대현

서울대학교 대학원 사회교육과 일반사회전공(교육학박사)
한국사회과교육학회 연구이사
현 한국교육과정평가원 연구위원

〈주요 저서 및 논문〉
한국 시민사회와 시민교육(한국학술정보, 2006)
시민교육과 사회과(한국학술정보, 2008)
사회과 교육내용 구성원리와 실제에 대한 탐색(2007)
사회과 지식교수 PCK 분석 연구(2008) 외 다수

경인교육대학교 특성화사업단
C-멘토링 총서 4

초등교사를 위한 정치 교육 입문

2010년 1월 7일 1판 1쇄 인쇄
2010년 1월 12일 1판 1쇄 발행

지은이 • 설규주 · 강대현
펴낸이 • 김진환
펴낸곳 • (주) 학지사
121-837 서울특별시 마포구 서교동 352-29 마인드윌드빌딩 5층
대표전화 • 02)330-5114 팩스 • 02)324-2345
등록번호 • 제313-2006-000265호

홈페이지 • http://www.hakjisa.co.kr
커뮤니티 • http://cafe.naver.com/hakjisa

ISBN 978-89-6330-104-4 94370
978-89-6330-100-6 (set)

정가 13,000원